बन्दियों को छुटकारा

धन्य है यहोवा,
जिसने हमको उनके दाँतों तले जाने न दिया!

हमारा जीव पक्षी के समान चिड़ीमार के जाल से छूट गया;
जाल फट गया, हम बच निकले!

यहोवा जो आकाश और पृथ्वी का कर्ता है,
हमारी सहायता उसी के नाम से होती है।

भजन संहिता 124

मार्क डूरी

db

DEROR BOOKS

बन्दियों को छुटकारा का चौथा संस्करण
Copyright © 2022 by Mark Durie
सभी अधिकार सुरक्षित

Title: *Liberty to the Captives (Hindi)*
Freedom from Islam and Dhimmitude through the Cross
Description: Melbourne: Deror Books, 2022.
ISBN: 978-0-6452239-8-9

पवित्रशास्त्र के पद
The Holy Bible, Hindi OV Copyright © The Bible Society of India
से लिए गए हैं और अनुमति के साथ उपयोग किए गए हैं।

मार्क डूरी की पुस्तकों और लेखों की अतिरिक्त जानकारी के लिए markdurie.com पर जाएँ।

बन्दियों को छुटकारा के संसाधनों को विभिन्न भाषाओं में प्राप्त करने के लिए नीचे दी वेबसाइट पर जाएँ:
Luke4-18.com

Deror Books, Melbourne Australia
www.derorbooks.com

विषय-वस्तु

प्रस्तावना	1
1. इस्लाम से नाता तोड़ने के ऐलान की आवश्यकता	3
2. क्रूस के द्वारा आज़ादी	9
3. इस्लाम को समझना	33
4. मुहम्मद और अस्वीकृति	49
5. *शहादा* से आज़ादी	69
6. *दिम्मा* से आज़ादी	93
7. झूठ बोलना, झूठी श्रेष्ठता, और श्राप देना	111
8. एक मुक्त कलीसिया	129
अतिरिक्त संसाधन	145

प्रस्तावना

आज अविश्वसनीय संख्या में मुस्लिम समुदाय के लोग मसीह के अनुयायी बन रहे हैं। दुख की बात यह है कि इनमें से अनेक लोगों के लिए तिरस्कार और इस संसार की चिन्ताओं का सामना करना बहुत कठिन हो जाता है। कुछ राष्ट्रीय मसीही अगुवों के अनुसार इनमें से लगभग 80% लोग पहले दो वर्षों के दौरान ही मसीही विश्वास को त्याग देते हैं। परमेश्वर हमसे इस बारे में क्या करने के लिए कह रहा है?

2002 में मैंने दिम्मी अवस्था के बारे में सिखाना आरम्भ किया और यह भी कि मसीही लोग इस्लाम और मुसलमानों के डर से कैसे मुक्त हो सकते हैं। इन शिक्षा सत्रों के बाद प्रायः प्रार्थना में समय बिताया जाता था, जिसके दौरान लोग प्रार्थना करवाने के लिए सामने आते थे। इन शिक्षा सत्रों में शामिल होने वाले अनेक लोगों ने बाद में गवाही दी कि उनके जीवन में परमेश्वर का शक्तिशाली काम हुआ, जिसके द्वारा उनमें जीवन जीने की आज़ादी और सेवाकार्य करने का सामर्थ्य आया है।

आगे चलकर मैंने इस्लाम के आत्मिक बन्धनों से लोगों को मुक्त करने के लिए शिक्षा सत्र तैयार किए। इन दोनों प्रकार की शिक्षाओं को इस पुस्तक में संयोजित किया गया है।

संसार भर में सुसमाचार का प्रचार करने वाले लोगों को *बन्दियों को छुटकारा* के बारे में पता चला और वे इसका उपयोग करने लगे, इसलिए अब इस पुस्तक का अनुवाद अनेक भाषाओं में किया जा चुका है।

2010 में *बन्दियों को छुटकारा* का पहली बार प्रकाशन होने के बाद के वर्षों के दौरान यह स्पष्ट होता गया कि इस पुस्तक का संशोधन और पुनः प्रकाशन किया जाना अनिवार्य है, ताकि इसे उपयोग करने वाले लोगों की, विशेषकर मुस्लिम परिवारों से आने वाले मसीही अनुयायियों की आवश्यकताओं की बेहतर पूर्ति की जा सके। इस चौथे संस्करण में अनेक बदलाव किए गए हैं, और नए अध्याय शामिल किए गए हैं।

क़ुरआन के सन्दर्भों को लघु रूप क़ु. के द्वारा इंगित किया गया है : उदहारण के लिए क़ु.9:29, सूरह 9:29 की ओर संकेत करता है। इन संसाधनों के अधिक विस्तृत सन्दर्भों के लिए मार्क डूरी की अन्य पुस्तक *The Third Choice* को देखें।

सार्वभौमिक कलीसिया के लिए इन संसाधनों को उपलब्ध कराते हुए मैं इस बात पर बल देना चाहता हूँ कि नफरत और हर प्रकार की पूर्वधारणाओं को एक तरफ करके सभी धर्मों और दृष्टिकोणों पर आलोचनात्मक सोच लागू की जानी चाहिए। मुसलमानों और गैर-मुसलमानों को यह अधिकार है कि वे इस्लाम के बारे में अपनी खुद की विचारधारा तक पहुँचें, और इस्लाम की शिक्षाओं से सहमति अथवा असहमति के लिए अपने विवेक और ज्ञान के मार्गदर्शन का सहारा लें।

मसीही सेवाकार्यों को अनुमति है कि वे अपनी आवश्यकताओं की पूर्ति के लिए luke4-18.com से संसाधनों को डाउनलोड और प्रिण्ट कर सकते हैं और दूसरों के साथ बाँट सकते हैं।

इस पुस्तक की, इसके प्रशिक्षण पुस्तिका वाले संस्करण की और *बन्दियों को छुटकारा* के अन्य संसधानों की PDF प्रतियाँ luke4-18.com पर उपलब्ध हैं, जिन्हें डाउनलोड किया जा सकता है।

मैं ये गवाहियाँ सुनकर हमेशा आभारी होता हूँ कि इस प्रशिक्षण ने लोगों की कैसे सहायता की है और इसमें सुधार के सुझावों को सुनकर भी खुशी होती है।

मैं उन सभी अनमोल भाइयों और बहनों का आभारी हूँ, जिन्होंने इस संसाधन में सुधार करने के लिए टिप्पणियाँ और सहायक सुझाव दिए हैं। मैं आपके उत्साह की हृदय से सराहना करता हूँ। मैं अनेक लोगों के आर्थिक योगदान और प्रार्थनाओं के लिए भी आभारी हूँ, जिनके बिना यह पुस्तक लिखी नहीं जा सकती थी।

मसीह के ये शब्द मेरे कानों में गूँजते हैं: "जैसे पिता ने मुझे भेजा है, वैसे ही मैं भी तुम्हें भेजता हूँ" और "जाओ, सब लोगों को चेला बनाओ!" खेतों के स्वामी से मेरी प्रार्थना है कि *बन्दियों को छुटकारा* इस कार्य में सार्वभौमिक कलीसिया के लिए एक शक्तिशाली संसाधन और एक आशीष बने।

मार्ग डूरी

जून 2022

1

इस्लाम से नाता तोड़ने के ऐलान की आवश्यकता

"मसीह ने स्वतन्त्रता के लिये हमें स्वतन्त्र किया है!"
गलातियों 5:1

एक अत्यन्त महत्त्वपूर्ण आवश्यकता

यह मुस्लिम परिवार से आए एक व्यक्ति की गवाही है, जिसने मसीही विश्वास को अपनाया और फिर जब उसने इस्लाम से नाता तोड़ने का ऐलान किया तो बहुत आज़ादी महसूस की:

> मेरा पालन-पोषण पश्चिम में एक मुस्लिम परिवार में हुआ था। हम मस्जिद में जाते थे और हमने अरबी में नमाज पढ़ना भी सीखा था। लेकिन बचपन से युवावस्था तक मेरे धर्म में मेरी बस इतनी ही आस्था थी। लेकिन उस समय सबकुछ बदल गया जब मैं यूनिवर्सिटी में पढ़ाई के दौरान किसी विषय पर शोध कर रहा था। शोध के अन्त तक मैंने जान लिया कि यीशु मसीह वास्तव में कौन था और कैसे उसने मेरी आत्मा को बचा लिया था।
>
> कैम्पस में रहते हुए मैं मसीही विद्यार्थियों के एक समूह के साथ जुड़ गया। हर सप्ताह एक अलग विद्यार्थी बाइबल में से कुछ सन्देश देता था। मुझे मसीही आस्था को अपनाए अभी एक वर्ष भी नहीं हुआ था, लेकिन फिर भी उन्होंने मुझसे कहा कि मैं बाइबल में से कुछ सन्देश दूँ। जिस दिन शाम को मुझे सन्देश देना था, उस दिन मैं प्रार्थना करने के लिए लाइब्रेरी में चला गया। मेरा सन्देश था, "यीशु मेरे लिए मरा; क्या मैं यीशु के लिए मरूँगा?"
>
> जब मैंने प्रार्थना करना आरम्भ किया, तो कुछ अजीब होने लगा। मुझे मेरे गले पर बहुत दबाव महसूस होने लगा, मानो कोई मेरा गला दबा रहा हो, या मेरा दम घुट रहा हो। जब ऐसा होता रहा और बढ़ने लगा, तो मैं बहुत घबरा गया। फिर मुझे महसूस हुआ कि कोई आवाज़ मुझसे कह रही है, "इस्लाम से नाता तोड़ने का ऐलान करो! इस्लाम से नाता तोड़ने का ऐलान करो!" मुझे यकीन है कि यह प्रभु यीशु की आवाज़ थी। उसी समय मेरा मन मुझे यह तर्क दे रहा था: "प्रभु,

मैं तो इस्लाम में कभी सही रीति से रहा ही नहीं हूँ और न ही मैंने इस्लाम का कभी गम्भीरता से पालन किया है।"

लेकिन फिर भी मेरा दम घुटना जारी रहा। इसलिए मैं बोलने लगा, "मैं इस्लाम से नाता तोड़ने का ऐलान करता हूँ!" यह सबकुछ चुपचाप ही हो रहा था, क्योंकि मैं लाइब्रेरी में था। फिर अचानक से मेरे गले पर पड़ रहा दबाव चला गया और मेरे ऊपर बड़ा चैन छा गया! मैंने फिर से प्रार्थना करना आरम्भ किया और मीटिंग की तैयारी आरम्भ कर दी। मीटिंग के दौरान प्रभु की उपस्थिति बहुत ही शक्तिशाली रीति से प्रकट हुई और मुझे याद है कि सारे विद्यार्थी अपने घुटनों पर थे और रो-रो कर प्रभु को पुकार रहे थे और अपने आप को प्रभु को अर्पित कर रहे थे।'

आज दुनिया भर के लोगों की सबसे बड़ी ज़रूरत इस्लाम से नाता तोड़ने का ऐलान करना है। यह पुस्तक बताती है कि ऐसा करना जरूरी क्यों है और ऐसा कैसे किया जाता है। इसमें मसीहियों की सहायता करने के लिए कुछ जानकारी और प्रार्थनाएँ दी गई हैं, ताकि वे इस्लाम के आत्मिक प्रभाव के नियन्त्रण से मुक्त हो सकें।

इस पुस्तक का मुख्य विचार यह है कि इस्लाम की आत्मिक ताकत का उपयोग दो वाचाओं के द्वारा किया जाता है, जिन्हें *शहादा* और *दिम्मा* के नाम से जाना जाता है। *शहादा* मुसलमानों को और *दिम्मा* गैर-मुसलमानों को इस्लामिक शरीअत द्वारा निर्धारित की गई शर्तों के साथ बाँधता है।

निम्नलिखित बातों को जानना महत्त्वपूर्ण है:

- वह व्यक्ति, जो पहले मुसलमान था और अब मसीह का अनुयायी है, *शहादा* के साथ वाचा के तौर पर की गई निष्ठा और उसमें शामिल हर एक प्रतिबद्धता से नाता तोड़ने का ऐलान कैसे कर सकता है और उससे छुटकारा कैसे पा सकता है।
- कोई मसीही व्यक्ति अपनी आज़ादी कैसे हासिल कर सकता है और इस्लामिक *शरीअत* के अन्तर्गत *दिम्मा* के द्वारा गैर-मुसलमानों पर थोपी गई अपमानजनक हीनता से छुटकारा कैसे पा सकता है।

मसीही लोग इन दोनों वाचाओं से नाता तोड़ने का ऐलान करके अपनी आधिकारिक आज़ादी प्राप्त कर सकते हैं। (इस उद्देश्य से, इस्लाम से नाता तोड़ने का ऐलान करने की प्रार्थनाएँ इस पुस्तक में शामिल की गई हैं।)

दो वाचाएँ

अरबी भाषा के *इस्लाम* शब्द का अर्थ 'अधीनता' अथवा 'समर्पण' होता है। मुहम्मद की आस्था संसार के सामने दो प्रकार की अधीनता लाती है। पहली प्रकार की अधीनता की माँग उन लोगों से की जाती है जो इस्लाम को कबूल कर लेते हैं। दूसरे प्रकार के समर्पण की माँग उन गैर-मुसलमानों से जाती है जो इस्लाम को कबूल किए बिना इस्लाम की अधीनता को स्वीकार करते हैं।

इस्लाम को कबूल करने वालों की वाचा को *शहादा* कहा जाता है, जो एक इस्लामिक सिद्धान्त है। यह अल्लाह, उसके रसूल मुहम्मद और उसका अनुकरण करने के लिए अनिवार्य सभी रीतियों की एकता में विश्वास का अंगीकार है।

इस्लाम को कबूल किए बिना इस्लाम की राजनीतिक अधीनता को स्वीकार करने वाले गैर-मुसलमानों की वाचा को *दिम्मा* कहा जाता है। यह इस्लामिक शरीअत द्वारा स्थापित किया गया एक कानून है जो उन मसीहियों और अन्य गैर-मुसलमानों की सामाजिक स्थिति को निर्धारित करता है, जो इस्लाम को कबूल नहीं करते, लेकिन इस्लाम के अधीन रहने के लिए मजबूर किए जाते हैं।

शहादा का अंगीकार करके अथवा *दिम्मा* को स्वीकार करके मनुष्यजाति को अपनी अधीनता में लाने की इस्लाम की माँग का विरोध किया जाना जरूरी है।

अनेक मसीहियों को यह बात हैरानीजनक नहीं लगेगी कि जिस व्यक्ति ने मसीह का अनुकरण करने के लिए मुस्लिम आस्था को छोड़ दिया है, उन्हें इस्लाम से नाता तोड़ने का ऐलान करने की आवश्यकता है। लेकिन बहुत सारे मसीहियों को यह जानकर हैरानी होगी कि जो मसीही गैर-मुसलमान पृष्ठभूमि से हैं, वे भी इस्लामिक प्रभुता के आत्मिक प्रभाव की अधीनता में आ सकते हैं। इसका विरोध करने के लिए उन्हें *दिम्मा* सन्धि के दावों के विरुद्ध विशिष्ट रूप से व्यक्तिगत तौर पर खड़े होना होगा, ताकि वे उस डर और हीन स्थिति को ठुकरा सकें जो गैर-मुसलमान होने के कारण इस्लाम उन पर थोपता है।

हम प्रभुता की इन दो वाचाओं अर्थात् *शहादा* और *दिम्मा* के पीछे के सिद्धान्तों को विस्तार से देखेंगे और आपको निमन्त्रित करेंगे कि मसीह पर, उसके जीवन के सामर्थ्य पर और आज़ादी के आत्मिक संसाधनों पर केन्द्रित हों, जो उसने क्रूस के द्वारा प्राप्त किए हैं। बाइबल में से दिए गए सिद्धान्त और प्रार्थनाएँ आपको मसीह द्वारा आपके लिए अर्जित की गई आज़ादी को प्राप्त करने में सक्षम बनाती हैं।

प्रभुसत्ता का स्थानान्तरण

अनेक इस्लामिक विद्वान बल देकर कहते हैं कि प्रभुसत्ता "केवल अल्लाह" की ही है। ऐसा कहने के द्वारा उनका भाव यह होता है कि इस्लामिक *शरीअत* को हर प्रकार की न्यायपालिका अथवा अधिकार के सिद्धान्तों के ऊपर प्राथमिकता दी जानी चाहिए।

इस पुस्तक का एक मुख्य विचार यह है कि मसीह के अनुयायियों का यह अधिकार और कर्त्तव्य है कि वे अन्य किसी भी प्रकार की आत्मिक प्रभुसत्ता से नाता तोड़ने का ऐलान करें।

मसीही समझ के अनुसार मसीह का अनुकरण करने का अर्थ यह है कि अपनी आत्मा के ऊपर से हर प्रकार के आत्मिक अधिकार अथवा दावे को ठुकराया जाए और उससे नाता तोड़ने का ऐलान किया जाए, ताकि उसके ऊपर केवल मसीह की प्रभुसत्ता रहे। पौलुस ने कुलुस्सियों को लिखे पत्र में समझाया कि मसीह में आस्था लाने का अर्थ एक राज्य से दूसरे राज्य में स्थानान्तरण होना है:

> उसी ने हमें अन्धकार के वश से छुड़ाकर अपने प्रिय पुत्र के राज्य में प्रवेश कराया, जिसमें हमें छुटकारा अर्थात् पापों की क्षमा प्राप्त होती है। (कुलुस्सियों 1:13-14)

इस पुस्तक में प्रस्तुत की गई आत्मिक पद्धति यह है कि एक राज्य से दूसरे राज्य में स्थानान्तरण किए जाने के सिद्धान्त का वास्तविकता में पालन किया जाए। मसीही विश्वासी अपने छुटकारे के द्वारा मसीह की प्रभुता की अधीनता में आ जाते हैं। इस कारण अब वे "अन्धकार के राज्य" की अधीनता में नहीं रहते।

यदि सभी मसीही विश्वासी इस्लाम के दावों के विरुद्ध जाकर अपने लिए इस आज़ादी को प्राप्त करना चाहते हैं, उसे अपना बनाना चाहता हैं—जो कि वास्तव में उनका जन्मसिद्ध अधिकार है—तो उन्हें यह समझना होगा कि उन्हें *कहाँ से* स्थानान्तरित किया गया है और *कहाँ पर* स्थानान्तरित किया गया है। यह पुस्तक यही ज्ञान प्रदान करती है और इसे लागू करने के संसाधन उपलब्ध कराती है।

तलवार समाधान नहीं है

प्रभुता करने की इस्लाम की चाहत का विरोध करने के बहुत सारे तरीके हैं। इसके लिए अलग-अलग प्रकार के कदम उठाए जा सकते हैं, जैसे कि राजनीतिक और सामाजिक कदम उठाना, मानवाधिकार के क्षेत्र में आवाज़ उठाना, शिक्षा के क्षेत्र में अनुसन्धान करना, सच्चाई को सबके सामने रखने के लिए मीडिया का उपयोग करना। कुछ समुदायों और देशों में कभी-कभी ऐसे हालात पैदा हो जाते हैं, जिनका समाधान करने के लिए सैन्य कार्यवाही करना जरूरी हो जाता है, परन्तु इस्लामिक *जिहाद* का उत्तर तलवार से नहीं दिया जा सकता।

जब मुहम्मद ने अपने अनुयायियों से कहा कि वे उसकी आस्था का प्रचार सारे संसार में करें, तो उसने उन्हें निर्देश दिया कि वे पराजित हुए गैर-मुसलमानों के सामने *तीन* विकल्प रखें। पहला विकल्प था इस्लाम को कबूल करना (*शहादा*), दूसरा विकल्प था राजनीतिक समर्पण (*दिम्मा*) और तीसरा विकल्प था तलवार, अर्थात अपने जीवन की रक्षा के लिए या तो मर जाओ या मार डालो, जैसा कि क़ुरआन में सिखाया गया है (क़ु.9:111; साथ ही क़ु.2:190-193, 216-217; क़ु.9:5, 29 भी देखें)।

जिहाद का सैन्य विरोध करने के मार्ग पर पराजित होने के अतिरिक्त आत्मिक जोखिम भी पाए जाते हैं। जब यूरोप के मसीहियों ने इस्लामिक विजय-अभियान का विरोध करने के आन्दोलन का आरम्भ किया, तो उन्हें एक हजार से अधिक वर्षों तक तलवार उठाए रखनी पड़ी। आइबेरियन प्रायद्वीप पर "पुनः अधिकार" करने में ही उन्हें आठ सौ से अधिक वर्ष का समय लगा था। अरबियों द्वारा ऐण्डालुसिया (आइबेरियन प्रायद्वीप) पर आक्रमण करके कब्जा कर लेने के एक सौ वर्षों से अधिक समय के बाद और ईसवी सन 846 में अरबी मुसलमानों द्वारा रोम में लूटपाट मचाने के सात वर्षों के बाद, ईसवी सन 853 में पोप लिओ ने यह ऐलान कर दिया कि जो लोग ईसाई चर्चों और नगरों की *जिहाद* से रक्षा के लिए अपने प्राणों की बलि देंगे, उन्हें सीधा स्वर्ग में जगह मिलेगी। लेकिन यह इस्लाम की रणनीति की

नकल करके इस्लाम से लड़ने का एक प्रयास था, क्योंकि युद्ध में मारे जाने वालों को स्वर्ग में जगह देने का वायदा यीशु ने नहीं, बल्कि मुहम्मद ने किया था।

तौभी इस्लाम की ताकत की जड़ सैन्य या राजनीतिक नहीं, बल्कि आत्मिक है। इस्लाम ने अपने विजय-अभियानों में मौलिक तौर पर *आत्मिक* माँगों को *शहादा* और *दिम्मा* के कानून के द्वारा इस्लामिक *शरीअत* में कानूनी रूप दिया और सैन्य बल के द्वारा इसे लागू करवाया। इसी कारण, लोगों को इस्लाम का विरोध करने तथा इससे आज़ाद करने के लिए जो संसाधन इस पुस्तक में दिए गए हैं, वे आत्मिक हैं। ये इस रीति से तैयार किए गए हैं कि मसीही विश्वासी इन्हें उपयोग करें और क्रूस की बाइबल-आधारित समझ को लागू करते हुए लोगों को आज़ादी तक आने का मार्ग प्रदान करें।

"किसी के हाथ के बिना"

दानिय्येल की पुस्तक में नबूवत के तौर पर एक हैरानीजनक दर्शन दर्ज है, जो मसीह के जन्म से छः सौ वर्ष पहले दिया गया था। यह दर्शन उस शासक के बारे में था, जिसके शासन का उदय सिकन्दर महान के बाद आने वाले साम्राज्यों में से होना था:

> उन राज्यों के अन्त समय में जब अपराधी पूरा बल पकड़ेंगे, तब क्रूर दृष्टिवाला और पहेली बूझनेवाला एक राजा उठेगा। उसकी सामर्थ्य बड़ी होगी, परन्तु उस पहले राजा की सी नहीं; और वह अद्भुत रीति से लोगों का नाश करेगा, और सफल होकर काम करता जाएगा, और सामर्थियों और पवित्र लोगों के समुदाय को नष्ट करेगा। उसकी चतुराई के कारण उसका छल सफल होगा, और वह मन में फूलकर निडर रहते हुए बहुत लोगों का नाश करेगा। वह सब हाकिमों के हाकिम के विरुद्ध भी खड़ा होगा; परन्तु अन्त को वह किसी के हाथ से बिना मार खाए टूट जाएगा। (दानिय्येल 8:23-25)

इस शासक का विवरण मुहम्मद के शासनकाल और विरासत के विवरण से बहुत अधिक मेल खाता है, जिसमें इस्लाम को प्रधानता दिए जाने के भाव के साथ-साथ, इसे सफल बनाने की भूख, छल का उपयोग, अपनी ताकत को बढ़ाने के लिए दूसरों के बल और धन-सम्पत्ति पर कब्जा करके उनका उपयोग, सुरक्षा का झूठा वायदा करके अपने अधीन किए गए लोगों को अपनी ताकत से दबाने का भाव, परमेश्वर-पुत्र और क्रूसित प्रभु यीशु का विरोध, और मसीही तथा यहूदी लोगों के विनाश का इतिहास भी शामिल है।

क्या इस नबूवत का संकेत मुहम्मद की ओर तथा उस धर्म की ओर है, जिसका उदय मुहम्मद के जीवन तथा विरासत के नैतिक तथा आत्मिक पतन में से हुआ था, जैसा कि मुस्लिम संसाधनों में बताया गया है? यह विरासत सुस्पष्ट है। यदि इसका संकेत मुहम्मद की ओर है, तो फिर दानिय्येल की नबूवत इस "राजा" की ताकत को परास्त करने के लिए एक आशा प्रदान करती है, लेकिन साथ ही एक चेतावनी भी देती है कि यह विजय "किसी के हाथ से बिना" आएगी। इस "क्रूर दृष्टि वाले राजा" की ताकत पर

विजयी होने के लिए आज़ादी की प्राप्ति केवल राजनीतिक, सैन्य अथवा आर्थिक माध्यमों के द्वारा नहीं की जा सकती।

दूसरों पर प्रभुता करने के इस्लाम के दावे के प्रकाश में यह नबूवत सच्ची है। इस दावे के पीछे की ताकत आत्मिक है और इसका प्रभावशाली विरोध, जिससे सदाकाल की आज़ादी आती है, केवल आत्मिक माध्यम से ही किया जा सकता है। दूसरों पर प्रभुता करने की इस्लाम की चाहत के लक्षणों पर रोक लगाने के लिए अन्य प्रकार के विरोध, जैसे कि सैन्य बल, भी अनिवार्य हो सकते हैं, लेकिन उनके द्वारा समस्या का जड़ से समाधान सम्भव नहीं है।

इस्लाम द्वारा दूसरों को नीचा दिखाने वाले दावों से चिरस्थाई और पूर्ण आज़ादी केवल तथा केवल मसीह और उसके क्रूस की शक्ति से ही आ सकती है। इसी कायलता के कारण ही यह पुस्तक लिखी गई है। इस पुस्तक का लक्ष्य परमेश्वर के विश्वासियों को सुसज्जित करना है कि वे मानवीय प्राणों पर प्रभुता करने की इस्लाम की दोहरी रणनीति से आज़ादी प्राप्त कर सकें।

2
क्रूस के द्वारा आज़ादी

"उसने मुझे इसलिये भेजा है कि बन्दियों को छुटकारे का सुसमाचार प्रचार करूँ"
लूका 4:18

रज़ा नाम के एक युवक ने इस्लाम को त्यागने और यीशु मसीह का अनुयायी बनने का फैसला किया। एक शाम एक सभा के दौरान उसे प्रोत्साहित किया गया कि वह इस्लाम से नाता तोड़ने का ऐलान करने की प्रार्थना करे। उसने स्वेच्छा से ऐसा करना आरम्भ किया। लेकिन प्रार्थना के दौरान जब ये शब्द कहने की बारी आई, "मैं मुहम्मद के आदर्श से नाता तोड़ने का ऐलान करता हूँ," उसे यह देखकर हैरानी हुई कि वह 'मुहम्मद' शब्द नहीं बोल पा रहा था। यह देखकर वह हैरान रह गया, क्योंकि एक मुस्लिम परिवार में पालन-पोषण के बावजूद उसे न तो इस्लाम पसन्द था और न ही उसने लम्बे समय से इसका पालन किया था। उसके मसीही दोस्त उसके पास आए और यीशु मसीह के अधिकार को याद दिलाने वाले शब्द बोलते हुए उसे प्रोत्साहित करने लगे। उसके बाद वह अपनी प्रार्थना को पूरा कर पाया, और ये शब्द बोल पाया कि वह मुहम्मद के आदर्श से नाता तोड़ने का ऐलान करता है।

उस शाम की सभा के बाद रज़ा के जीवन में दो बड़े बदलाव आए। पहला, वह दूसरों पर बहुत क्रोधित हो जाने वाली अपनी पुरानी आदत से आज़ाद हो गया; और दूसरा, वह सुसमाचार का प्रचार करने तथा इस्लाम का त्याग करके आने वालों को चेला बनाने में प्रभावी हो गया। उस शाम, जब रज़ा ने इस्लाम से नाता तोड़ने का ऐलान किया, उसने सुसमाचार का प्रचार करने और चेले बनाने का अभिषेक प्राप्त किया, जोकि उसके सेवाकार्य में प्रभावशाली होने के लिए महत्त्वपूर्ण कुंजी प्रमाणित हुई। वह सुसमाचार का सेवाकार्य करने के लिए आज़ाद हो गया।

यह अध्याय सिखाता है कि शैतान की ताकत से कैसे आज़ाद हों। यह आने वाले अध्यायों के लिए मार्ग तैयार करता है, जो इस्लामिक बन्धनों पर केन्द्रित हैं।

इस अध्याय में सिखाए गए सिद्धान्तों को केवल इस्लाम के सन्दर्भ में ही नहीं, बल्कि अन्य अनेक परिस्थितियों में भी लागू किया जा सकता है।

यीशु ने सिखाना आरम्भ किया

रोम की कलीसिया को लिखे अपने पत्र में पौलुस ने "परमेश्वर की सन्तानों की महिमा की स्वतन्त्रता" के बारे में बात की (रोमियों 8:21)। यह "महिमामय स्वतन्त्रता" प्रत्येक मसीही का जन्मसिद्ध अधिकार है। यह एक अद्भुत उपहार है, एक अनमोल मीरास, जो परमेश्वर यीशु पर भरोसा करने वाले और उसका अनुकरण करने वाले प्रत्येक व्यक्ति को देना चाहता है।

जब यीशु ने उपदेश देने के अपने सेवाकार्य का आरम्भ किया, तो उसका सबसे पहला सार्वजनिक उपदेश आज़ादी के बारे में था। यह बपतिस्मा देने वाले यूहन्ना द्वारा यीशु को बपतिस्मा दिए जाने और शैतान द्वारा मरुभूमि में यीशु की परीक्षा किए जाने के तुरन्त बाद हुआ। मरुभूमि से लौटने के तुरन्त बाद यीशु ने सुसमाचार का प्रचार करना आरम्भ कर दिया। उसने ऐसा कैसे किया? उसने अपना परिचय देने के द्वारा इसका आरम्भ किया। हम लूका में पढ़ते हैं कि यीशु अपने गृहनगर नासरत के यहूदी आराधनालय में आया, और यशायाह की पुस्तक के अध्याय 61 में से पढ़ने लगा:

"प्रभु का आत्मा मुझ पर है,
इसलिये कि उसने कंगालों को सुसमाचार सुनाने के लिये
मेरा अभिषेक किया है,
और मुझे इसलिये भेजा है कि बन्दियों को छुटकारे का
और अंधों को दृष्टि पाने का सुसमाचार प्रचार करूँ
और कुचले हुओं को छुड़ाऊँ,
और प्रभु के प्रसन्न रहने के वर्ष का प्रचार करूँ।"

तब उसने पुस्तक बन्द करके सेवक के हाथ में दे दी और बैठ गया; और आराधनालय के सब लोगों की आँखें उस पर लगी थीं। तब वह उनसे कहने लगा, "आज ही यह लेख तुम्हारे सामने पूरा हुआ है।" (लूका 4:18-21)

यीशु लोगों को बता रहा था कि वह लोगों को आज़ाद करने आया है। उसने कहा कि आज़ादी की जो प्रतिज्ञा यशायाह द्वारा दी गई थी, वह "आज" पूरी हो गई थी: नासरत के लोग उसे देख रहे थे, जो बन्दियों को छुटकारा दे सकता था। वह उन्हें यह भी बता रहा था कि उसे पवित्र आत्मा द्वारा अभिषेक किया गया है: वह अभिषिक्त, मसीह, परमेश्वर का चुना हुआ राजा, प्रतिज्ञा किया हुआ उद्धारकर्ता था।

यीशु उन्हें आज़ादी को चुनने के लिए बुला रहा था। वह शुभ समाचार ला रहा था: कंगालों के लिए आशा, बन्दियों के लिए रिहाई, अन्धों के लिए दृष्टि-दान, सब कुचले हुओं के लिए आज़ादी।

जहाँ कहीं यीशु गया, वह लोगों के लिए अलग-अलग प्रकार से आज़ादी लाया—सच्ची आज़ादी। जब हम सुसमाचारों को पढ़ते हैं, हम पाते हैं कि यीशु ने अनेक लोगों के लिए भलाई की: आशाहीनों को आशा दी, भूखों को भोजन दिया, दुष्टात्माओं के सताए हुओं को आज़ाद किया, और रोगियों को चंगा किया।

यीशु आज भी लोगों में आज़ादी ला रहा है। यीशु प्रत्येक मसीही को उस आज़ादी का आनन्द उठाने के लिए बुला रहा है, जो वह उनके जीवन में लाता है।

जब यीशु ने यहूदी आराधनालय में ऐलान किया कि वह "प्रभु के प्रसन्न रहने के वर्ष" का प्रचार करने आया है, तो वास्तव में वह लोगों से कह रहा था कि यह उनका विशेष समय था जब परमेश्वर उन पर कृपादृष्टि करने जा रहा था। यीशु उन्हें बता रहा था कि परमेश्वर अपने सामर्थ्य तथा प्रेम के साथ सब लोगों को आज़ाद करने आ रहा था और वे भी आज़ाद हो सकते थे।

क्या आप यह आशा और विश्वास कर सकते हैं कि इस पुस्तक को पढ़ने का समय आपके लिए परमेश्वर के अनुग्रह और आज़ादी का अनुभव करने का विशेष समय हो सकता है?

चयन करने का समय

कल्पना करें कि आप एक पिंजरे में कैद हैं, और पिंजरे के दरवाज़े पर ताला लगा है। प्रतिदिन आपके लिए भोजन और पानी पिंजरे के अन्दर पहुँचा दिया जाता है। आप वहाँ अपना पूरा जीवन बिता सकते हैं, लेकिन आप कैदी ही रहेंगे। मान लीजिए कि कोई आकर पिंजरे के दरवाज़े पर लगा ताला खोल देता है। अब आपके पास चयन है। यदि आप चाहें तो आप पिंजरे में रहना जारी रख सकते हैं, या फिर आप दरवाज़ा खोल कर बाहर आ सकते हैं और पिंजरे के बाहर के जीवन का अनुभव कर सकते हैं। पिंजरे का दरवाज़ा खोलना ही काफी नहीं है। आपको पिंजरे के बाहर कदम रखने का चयन करना होगा। यदि आप ताला खुलने के बाद भी आज़ाद होने का चयन नहीं करते, तो मानो आपके पिंजरे के दरवाज़े पर अभी भी ताला लगा हुआ है।

गलातियों की कलीसिया को लिखे हुए पत्र में पौलुस ने कहा, "मसीह ने स्वतन्त्रता के लिये हमें स्वतन्त्र किया है; अतः इसी में स्थिर रहो, और दासत्व के जूए में फिर से न जुतो" (गलातियों 5:1)। यीशु मसीह लोगों को आज़ाद करने आया, और जब हम उसके द्वारा दी जाने वाली आज़ादी को जान लेते हैं, तो फिर हमें चयन करना पड़ता है। क्या हम आज़ाद लोगों जैसा जीवन जीने का चयन करेंगे?

पौलुस कह रहा है कि हमें अपनी आज़ादी का दावा करने के लिए जागृत और सचेत होना होगा। आज़ादी में जीने के लिए हमें समझना होगा कि आज़ाद होने का अर्थ क्या होता है, और फिर हमें अपनी आज़ादी का दावा करना है और उसमें जीना है। यीशु का अनुकरण करते हुए हमें सीखना होगा कि हमें "स्थिर" कैसे रहना है और "दासत्व के जूए" को कैसे ठुकराना है।

यह शिक्षा उन लोगों की सहायता करने के लिए तैयार की गई है, जो आज़ाद होने का और फिर आज़ाद लोगों जैसा जीवन जीने का चयन करते हैं।

अगले कुछ भागों में हम शैतान की भूमिका के बारे में सीखेंगे, और जानेंगे कि कैसे हमें शैतान के राज्य में से परमेश्वर के राज्य में स्थानान्तरित कर दिया गया है, और कैसे हम एक आत्मिक युद्ध का हिस्सा हैं।

शैतान और उसका राज्य

बाइबल हमें बताती है कि हमारा एक शत्रु है, जो हमें नष्ट करना चाहता है। उसका नाम शैतान है। उसके बहुत सारे सहायक हैं। इनमें से कुछ सहायकों को दुष्टात्माएँ कहा जाता है।

यूहन्ना 10:10 में यीशु ने शैतान का विवरण देते हुए उसे चोर कहा : "चोर किसी और काम के लिये नहीं परन्तु केवल चोरी करने और घात करने और नष्ट करने को आता है; मैं इसलिये आया कि वे जीवन पाएँ, और बहुतायत से पाएँ।" कितना शक्तिशाली अन्तर है! यीशु जीवन लाता है—बहुतायत का जीवन; शैतान हानि, विनाश, और मृत्यु लाता है। यीशु ने हमें बताया है कि शैतान "तो आरम्भ से हत्यारा है" (यूहन्ना 8:44)।

सुसमाचारों और नए नियम के पत्रों के अनुसार शैतान के पास असली सामर्थ्य तो हैं, लेकिन इस संसार के ऊपर उसका यह सामर्थ्य और अधिकार सीमित है। उसका राज्य 'अन्धकार का राज्य' कहलाता है (कुलुस्सियों 1:13) और उसे इन नामों से सम्बोधित किया गया है:

- "इस संसार का सरदार" (यूहन्ना 12:31)

- "इस संसार का ईश्वर" (2 कुरिन्थियों 4:4)

- "आकाश के अधिकार का हाकिम" (इफिसियों 2:2)

- "वह आत्मा है जो अब भी आज्ञा न मानने वालों में कार्य करता है" (इफिसियों 2:2)

प्रेरित यूहन्ना ने हमें बताया है कि सारा संसार शैतान कि नियन्त्रण में है: "हम जानते हैं कि हम परमेश्वर से हैं, और सारा संसार उस दुष्ट के वश में पड़ा है।" (1 यूहन्ना 5:19)

यदि हम जानते हैं कि "सारा संसार उस दुष्ट के वश में पड़ा है," तो फिर हमें यह देखकर हैरान नहीं होना चाहिए कि इस संसार की सभी संस्कृतियों, विचारधाराओं और धर्मों में शैतान के कामों का प्रमाण पाया जाता है। यहाँ तक कि शैतान कलीसियाओं में भी क्रियाशील है।

इसी कारण हमें इस्लाम में, इसकी विचारधारा में और इसके आत्मिक अधिकार में शैतान के सम्भव कार्य पर ध्यान देना चाहिए; लेकिन पहले हम सामान्य सिद्धान्तों पर ध्यान देंगे कि उस दुष्ट से आज़ाद कैसे हों।

एक महत्त्वपूर्ण स्थानान्तरण

ट्रिनिटी कॉलेज ऑक्सफोर्ड के फेलो, जे.एल. होल्डन ने पौलुस के थियोलॉजिकल दृष्टिकोण का सार इस प्रकार लिखा। उनके अनुसार पौलुस

> . . . मनुष्य को लेकर कुछ मान्यताएँ रखता था। न केवल मनुष्य पापी है और अपनी स्वेच्छा से परमेश्वर से अलग हुआ है . . . बल्कि वह दुष्टात्माओं की शक्ति के अधीन भी है, जो सारे विश्व में विचरण करती हैं और व्यवस्था-विधान का उपयोग करती हैं, लेकिन परमेश्वर के आज्ञापालन के लिए नहीं, बल्कि अपनी क्रूरता के साधन के लिए। परमेश्वर से जुदाई की शिकार सारी की सारी मनुष्यजाति है—यह न तो पूर्ण रूप से यहूदी है और न ही पूर्ण रूप से अन्यजाति है। आदम की सन्तान होने के नाते मनुष्य की अवस्था यही है।[1]

होल्डन आगे समझाते हैं कि पौलुस के दृष्टिकोण में मनुष्यजाति को इस बन्धन से मुक्त करवाए जाने की आवश्यकता है: "जहाँ तक दुष्टात्माओं की शक्ति का सवाल है, उसके सन्दर्भ में मनुष्य की आवश्यकता केवल इतनी है कि उसे उनके नियन्त्रण से मुक्त करवाया जाए।" इस मुक्ति की कुंजी मसीह द्वारा अपनी मृत्यु और पुनरुत्थान के द्वारा पूरा किया गया कार्य है। इससे पाप पर और मनुष्यजाति को अपने बन्धन में रखने वाली दुष्टात्माओं की शक्ति पर विजय प्राप्त हुई।

हालाँकि मसीही होने के बावजूद हम "इस अन्धकार भरे संसार" में जी रहे हैं (इफिसियों 6:12; इसकी तुलना फिलिप्पियों 2:15 से करें), तौभी क्या इसका अर्थ यह है कि हम शैतान के अधिकार और नियन्त्रण के अधीन रह रहे हैं? नहीं! क्योंकि हमें यीशु के राज्य में स्थानान्तरित कर दिया गया है।

जब यीशु ने एक दर्शन के माध्यम से स्वयं को पौलुस पर प्रकट किया, तो उसे अन्यजातियों में जाने के लिए बुलाया और उसे कहा कि वह मनुष्यों की आँखें खोलेगा और उन्हें "अन्धकार से ज्योति की ओर, और शैतान के अधिकार से परमेश्वर की ओर फेरेगा" (प्रेरितों 26:18)। इस कथन का अर्थ यह है कि मसीह के द्वारा बचाए जाने से पहले मनुष्य शैतान के अधिकार में होते हैं, लेकिन मसीह के द्वारा वे दुष्ट के अधिकार में से छुड़ाए जाते हैं और अन्धकार के वश से छुड़ाकर परमेश्वर के राज्य में लाए जाते हैं।

कुलुस्सियों के लिखे अपने पत्र में प्रेरित पौलुस उनके लिए प्रार्थना करते हुए समझाता है:

> . . . पिता का धन्यवाद करते रहो, जिसने हमें इस योग्य बनाया कि ज्योति में पवित्र लोगों के साथ मीरास में सहभागी हों। उसी ने हमें अन्धकार के वश से छुड़ाकर अपने प्रिय पुत्र के राज्य में प्रवेश कराया, जिस में हमें छुटकारा अर्थात् पापों की क्षमा प्राप्त होती है (कुलुस्सियों 1:12-14)।

जब कोई व्यक्ति किसी अन्य देश में स्थानान्तरित हो जाता है, तो वे इस नए देश में नागरिकता के लिए आवेदन दे सकते हैं, लेकिन ऐसा करने के लिए उन्हें अपने पुराने देश की नागरिकता त्यागनी पड़ती है।

---

1. J. L. Houlden, *Paul's Letters from Prison*, p. 18.

मसीह में उद्धार भी ऐसा ही है: जब आप परमेश्वर के राज्य में प्रवेश करते हैं, तो आपको नई नागरिकता प्राप्त होती है और आप अपनी पुरानी नागरिकता त्याग देते हैं।

मसीह के प्रति आपकी पूरी निष्ठा का स्थानान्तरण पूरी इच्छा के साथ होना चाहिए। इसमें निम्नलिखित तत्व शामिल हो सकते हैं:

- शैतान और सारी दुष्टता से नाता तोड़ने का ऐलान।

- उन सब लोगों से नाता तोड़ने का ऐलान, जिन्होंने आपके ऊपर ईश्वरहीन अधिकार रखा था।

- आपके पुरखों द्वारा आपके बदले में स्थापित की गई वाचाओं या आपको किसी न किसी प्रकार से प्रभावित करने वाली वाचाओं को भंग करना और उनसे नाता तोड़ने का ऐलान करना।

- ईश्वरहीन ताकतों से निष्ठा के द्वारा आने वाली सभी आत्मिक क्षमताओं से नाता तोड़ने का ऐलान करना।

- अपने जीवन का सारा अधिकार यीशु मसीह को सौंपना और आज से आगे हमेशा के लिए प्रभु के तौर पर आपके हृदय में शासन करने के लिए उसे आमन्त्रित करना।

युद्ध

जब भी कोई फुटबॉल खिलाड़ी किसी नई टीम में शामिल होता है, तो उसे इस नई टीम के लिए खेलना पड़ता है। वह अब अपनी पुरानी टीम के लिए नहीं खेल सकता। जब हम परमेश्वर के राज्य में स्थानान्तरित हो जाते हैं, तो हमारे साथ भी ऐसा ही होता है: अब हमें शैतान की टीम के लिए खेलना बन्द करके यीशु की टीम के लिए खेलना आरम्भ करना है।

बाइबल के अनुसार परमेश्वर और शैतान में एक आत्मिक युद्ध जारी है। यह परमेश्वर के राज्य के विरुद्ध आकाश की शक्तियों का एक सार्वजनिक विद्रोह है (मरकुस 1:15; लूका 10:18; इफिसियों 6:12)। यह दो साम्राज्यों में चल रहा युद्ध है, जिसमें किसी के लिए भी छिपने का कोई स्थान नहीं है। मसीही लोग इस लम्बे चलने वाले युद्ध का हिस्सा हैं, जिसमें पहले से ही क्रूस पर विजय प्राप्त कर ली गई है और अन्तिम परिणाम भी किसी से छिपा हुआ नहीं है, अर्थात यह कि मसीह जयवन्त हुआ है और जयवन्त रहेगा।

मसीह के अनुयायी मसीह के प्रतिनिधि हैं, इसलिए इस युग में अन्धकार की ताकतों के साथ प्रतिदिन उनका सामना होता है। इस अन्धकार के विरुद्ध युद्ध में केवल मसीह की मृत्यु और पुनरुत्थान ही हमें अधिकार देता है और उसके विरुद्ध सामर्थ्य का आधार प्रदान करता है। इस युद्ध के युद्ध-क्षेत्र में लोग, समुदाय, समाज और राष्ट्र शामिल हैं।

यहाँ तक कि इस युद्ध में कलीसिया भी एक युद्ध-क्षेत्र बन सकती है, और इसके संसाधनों को लूटकर दुष्ट के उद्देश्यों के लिए उपयोग किया जा सकता है।

यह बहुत गम्भीर और महत्त्वपूर्ण मसला है। लेकिन पौलुस विजय की सुनिश्चितता का वर्णन करते हुए लिखता है कि क्रूस के द्वारा और इसके माध्यम से आने वाली पापों की क्षमा के द्वारा इस अन्धेरे युग की ताकतों से अधिकार छीन लिया गया है, उनका तमाशा बनाया गया है और उन्हें पराजित कर दिया गया है:

> उसने तुम्हें भी, जो अपने अपराधों और अपने शरीर की खतनारहित दशा में मुर्दा थे, उसके साथ जिलाया, और हमारे सब अपराधों को क्षमा किया, और विधियों का वह लेख जो हमारे नाम पर और हमारे विरोध में था मिटा डाला, और उसे क्रूस पर कीलों से जड़कर सामने से हटा दिया है। और उसने प्रधानताओं और अधिकारों को ऊपर से उतारकर उनका खुल्लमखुल्ला तमाशा बनाया और क्रूस के द्वारा उन पर जय-जयकार की ध्वनि सुनाई। (कुलुस्सियों 2:13-15)।

इन आयतों में रोमी विजय-यात्रा की छवि प्रस्तुत की गई है, जिसे 'विजयोल्लास' कहा जाता था। किसी शत्रु को पराजित करने के बाद, विजयी होने वाला सेनानायक और उसकी सेना रोम नगर को लौटती थी। अपनी विजय की खुशी मनाने के लिए वह सेनानायक एक विजय-यात्रा निकालता था, जिसमें पराजित शत्रुओं को जंजीरो से बाँध कर नगर की सड़कों पर घुमाया जाता था, और उनके अस्त्र-शस्त्र उनसे छीन लिए जाते थे। रोम के नागरिक इस विजय-यात्रा को देखते, विजयी सेनानायक और उसकी सेना का उत्साह बढ़ाते और पराजित शत्रुओं का उपहास करते थे।

क्रूस का अर्थ समझाने के लिए पौलुस इस रोमी विजय-यात्रा की छवि का उपयोग करता है। जब मसीह हमारे लिए मरा, तो उसने पाप की ताकत को भंग कर दिया। यह ऐसा था मानो हमारे विरुद्ध जितने भी दोष लगाए गए थे, उन्हें क्रूस पर जड़ दिया गया था। इन आरोपों को रद्द किए जाने के फैसले को अन्धकार की ताकतों के सामने प्रदर्शित किया गया था। इसके कारण हमें नष्ट करने के प्रयास में लगे शैतान और उसकी दुष्ट सेना ने हमारे ऊपर से अपना अधिकार खो दिया है, क्योंकि अब वे हमारे ऊपर कोई दोष नहीं लगा सकते। वे रोमी विजय-यात्रा में लाए गए शत्रु के समान हो गए हैं : पराजित, शक्तिहीन और सार्वजनिक रूप से लज्जित।

क्रूस के द्वारा इस अन्धेरे युग की ताकतों और अधिकारों के ऊपर विजय प्राप्त कर ली गई है। इस विजय ने इन दुष्ट ताकतों को लूट लिया है और उनसे शासन करने का अधिकार छीन लिया है, जिसमें वह अधिकार भी शामिल है, जो उन वाचाओं के द्वारा उन्हें सौंपा गया था, जिसमें लोग या तो स्वेच्छा से या अनिच्छा से अथवा जानते हुए या अनजाने में शामिल हुए थे।

यह एक शक्तिशाली सिद्धान्त है : शैतान द्वारा हमारे विरुद्ध उपयोग की जाने वाली प्रत्येक चालबाजी और लगाए जाने वाले प्रत्येक दोष पर विजयी होने और उससे आज़ाद होने की कुंजी क्रूस के द्वारा मिलती है।

अगले दो भागों में हम विचार करेंगे कि दोष लगाने वाले के रूप में शैतान की क्या भूमिका है और वह लोगों के विरुद्ध किन रणनीतियों का उपयोग करता है। इसके बाद हम वे छः तरीके देखेंगे, जिनके द्वारा शैतान लोगों को बाँधने की कोशिश करता है, अर्थात पाप, क्षमा न करने की आदत, शब्द, अन्तरात्मा के घाव, झूठ (ईश्वरहीन मान्याताएँ), पीढ़ीगत पाप और उनके परिणामस्वरूप आने वाले श्राप। शैतान की प्रत्येक रणनीति के लिए हम एक उपचार बताएँगे, जिसके द्वारा मसीही लोग अपने जीवन पर से इनके प्रभावों को तोड़ सकते हैं और अपनी आज़ादी का दावा कर सकते हैं। जब हम इस्लाम के बन्धनों से आज़ाद होने पर विचार करेंगे, तब इन सब मसलों का महत्त्व सामने आएगा।

दोष लगाने वाला

शैतान हमारे विरुद्ध बहुत सारी चालें चलता है। इन चालबाजियों को जानना और समझना बहुत अच्छा है, ताकि हम उनके विरुद्ध तैयार रह सकें। हमें अपनी आज़ादी का दावा करना है और उसमें जीना है। इसके लिए हमें इस बात पर ध्यान देने की जरूरत है कि मसीहियों के लिए शैतान की चालों को जानना, उन्हें समझना और उनका सामना करना महत्त्वपूर्ण है।

पौलुस इफिसियों 6:18 में लिखता है कि मसीहियों को "जागते" रहना चाहिए। इसी प्रकार पतरस भी मसीहियों को चेतावनी देते हुए कहता है, "सचेत हो, और जागते रहो; क्योंकि तुम्हारा विरोधी शैतान गर्जनेवाले सिंह के समान इस खोज में रहता है कि किस को फाड़ खाए" (1 पतरस 5:8)। हमें किस बात के लिए सचेत रहना है? हमें शैतान द्वारा दोष लगाए जाने के बारे में सचेत रहना है।

बाइबल में शैतान को "दोष लगाने वाला" कहा गया है (प्रकाशितवाक्य 12:10) और 'शैतान' के लिए उपयोग होने वाले इब्रानी शब्द का वास्तविक अर्थ 'दोष लगाने वाला' अथवा 'मुद्दई' होता है। इस शब्द का उपयोग अदालत में एक कानूनी विरोधी के लिए किया जाता था। बाइबल में 'शैतान' शब्द का इस भाव में उपयोग भजन 109 में किया गया है: "कोई विरोधी [शैतान] उसकी दाहिनी ओर खड़ा रहे। जब उसका न्याय किया जाए, तब वह दोषी निकले" (भजन 109:6-7)। इसी प्रकार जकर्याह 3:1-3 में एक पात्र को "शैतान" कहा गया है, जो महायाजक यहोशू के दाएँ हाथ खड़ा होता है और परमेश्वर के एक स्वर्गदूत के सामने उस पर दोष लगाता है। इसका एक अन्य उदाहरण वह भी है जहाँ शैतान परमेश्वर की उपस्थिति में आकर अय्यूब पर दोष लगाता है (अय्यूब 1:9-11), और उसे परखने के लिए परमेश्वर से अनुमति माँगता है।

शैतान *किसकी दृष्टि में* हमें दोषी ठहराता है? हम जानते हैं कि वह परमेश्वर के सामने हमें दोषी ठहराता है। वह दूसरों के सामने भी हमें दोषी ठहराता है, और वह दूसरों के शब्दों द्वारा और हमारे खुद के विचारों द्वारा हमें हमारी ही दृष्टि में दोषी ठहराता है। वह चाहता है कि हम इन दोषों के कारण दुखी हों, उन पर विश्वास करें, उनसे डरें, और उनके कारण सीमित हो जाएँ।

शैतान हम पर किन बातों का दोष लगाता है? वह हमारे पापों का दोष हम पर लगाता है और हमारे जीवन के उन हिस्सों के कारण भी वह हम पर दोष लगाता है, जो किसी न किसी प्रकार से हमने उसे सौंप रखे हैं।

हमें यह भी समझने की आवश्यकता है कि जब शैतान हम पर दोष लगाता है, तो उसके दोष में झूठ भरा रहता है। यीशु ने शैतान के बारे में इस प्रकार कहा:

> तुम अपने पिता शैतान से हो और अपने पिता की लालसाओं को पूरा करना चाहते हो। वह तो आरम्भ से हत्यारा है और सत्य पर स्थिर न रहा, क्योंकि सत्य उसमें है ही नहीं। जब वह झूठ बोलता, तो अपने स्वभाव ही से बोलता है; क्योंकि वह झूठा है वरन् झूठ का पिता है। (यूहन्ना 8:44)

शैतान की झूठ से भरी चालें क्या हैं, और जब वह हम पर दोष लगाता है, तो हम दृढ़ कैसे बने रह सकते हैं? यदि हमें उसकी चालों की जानकारी हो, तो इससे हमें जरूर सहायता मिलती है। उदाहरण के लिए, 1 कुरिन्थियों में पौलुस मसीहियों से आग्रह करता है कि वे एक दूसरे को क्षमा करने की आदत डालें। ऐसा करना महत्त्वपूर्ण क्यों है? पौलुस कहता है कि हम इसलिए एक दूसरे को क्षमा करें ताकि "शैतान का हम पर दाँव न चले, क्योंकि हम उसकी युक्तियों से अनजान नहीं" (2 कुरिन्थियों 2:11)। पौलुस कह रहा है कि हम यह जान सकते हैं कि शैतान क्या चालें चल रहा है, और क्योंकि हम जानते हैं कि शैतान की एक चाल यह है कि वह हम पर दोष लगा सकता है कि हम एक दूसरे को क्षमा नहीं करते, इसीलिए हमें एक दूसरे को तत्परता से क्षमा करना है, ताकि उसे हम पर दोष लगाने का मौका न मिले।

शैतान अन्य चालें भी चलता है। यहाँ पर हम इनमें से छः प्रमुख चालों को देखेंगे, जिनके द्वारा वह विश्वासियों पर दोष लगाता है। हम यह भी देखेंगे कि हम उनका सामना कैसे करते हैं। ये छः चालें इस प्रकार हैं:

- पाप
- क्षमा न करने की आदत
- अन्तरात्मा के घाव
- शब्द (और प्रतीकात्मक क्रियाएँ)
- झूठ (ईश्वरहीन मान्याताएँ)
- पीढ़ीगत पाप और उनके परिणामस्वरूप आने वाले श्राप

हम देखेंगे कि आत्मिक आज़ादी पाने का एक मुख्य कदम यह है कि हम शैतान द्वारा हमारे विरुद्ध किए जाने वाले दावों को पहचानें और उनका नाम लेकर उन्हें रद्द करें। यह उन सभी दावों पर लागू होता है जो चाहे सच्चे हों, चाहे पूरी तरह से झूठे।

खुले द्वार और पाँव रखने के अवसर

इन छः क्षेत्रों में से प्रत्येक को देखने से पहले हमें शैतान द्वारा लोगों के ऊपर किए जाने वाले अधिकारों का नाम लेकर उल्लेख करना होगा, जिनका उपयोग करके वह उन्हें सताता है। इनमें से दो मुख्य नाम 'खुले द्वार' और 'पाँव रखने के अवसर' हैं।

खुला द्वार एक प्रवेश बिन्दु होता है, जिसे लोग अपनी अज्ञानता, आज्ञा-उल्लंघन, या लापरवाही के कारण शैतान को सौंप देते हैं, और फिर उसका उपयोग करके शैतान उन पर आक्रमण करता है और उन्हें सताता है। हमें याद करना चाहिए कि यीशु ने शैतान का विवरण देते हुए उशे "चोर" कहा था, जो चोरी करने, हत्या करने और नष्ट करने की ताक में रहता है (यूहन्ना 10:10)। एक सुरक्षित घर के द्वार खुले नहीं रहते। प्रत्येक द्वार सुरक्षित रीति से बन्द किया जाता है।

पाँव रखने का अवसर मनुष्य के जीवन में शैतान के लिए पाँव रखने का एक स्थान होता है, जिसके बारे में शैतान दावा करता है कि वह स्वयं मनुष्य ने ही उसे सौंपा है अर्थात हमारा एक अंश, जिस पर शैतान ने कब्जा कर लिया है।

पौलुस इस सम्भावना का उल्लेख करता है कि एक मसीही व्यक्ति अपने भीतर क्रोध को रखकर शैतान को अवसर दे सकता है: "क्रोध तो करो, पर पाप मत करो; सूर्य अस्त होने तक तुम्हारा क्रोध न रहे, और न शैतान को अवसर दो" (इफिसियों 4:26-27)। यहाँ पर जिस यूनानी शब्द का अनुवाद "अवसर" किया गया है, वह *टोपोस* है, जिसका अर्थ "निवास स्थान" होता है। *टोपोस* का शाब्दिक अर्थ एक ऐसा स्थान होता है, जहाँ कोई रह रहा है, और यूनानी अभिव्यक्ति "*टोपोस* देने" का अर्थ 'पाँव रखने का अवसर देना' होता है। पौलुस कह रहा है कि यदि कोई व्यक्ति क्रोध का अंगीकार करने और उसे पाप मान कर छोड़ देने के बजाय उसे थामे रहता है, तो वह शैतान को आत्मिक तौर पर पाँव रखने का अवसर दे देता है। तब शैतान उस स्थान पर कब्जा कर लेता है और उसका उपयोग अपने दुष्ट उद्देश्यों की पूर्ति के लिए करता है। क्रोध को थामे रखने के द्वारा वह व्यक्ति शैतान को अवसर दे सकता है।

यूहन्ना 14 में यीशु कानूनी अधिकार वाली भाषा का उपयोग करते हुए कहता है कि शैतान का उस पर कोई अधिकार नहीं है:

> मैं अब तुम्हारे साथ और बहुत बातें न करूँगा, क्योंकि इस संसार का सरदार आता है। मुझ पर उसका कोई अधिकार नहीं; परन्तु यह इसलिये होता है कि संसार जाने कि मैं पिता से प्रेम रखता हूँ, और जैसे पिता ने मुझे आज्ञा दी मैं वैसे ही करता हूँ (यूहन्ना 14:30-31)।

आर्चबिशप जे. एच. बरनार्ड ने इन आयतों की व्याख्या देते हुए लिखा कि यीशु वास्तव में यह कह रहा है, "शैतान को मेरे व्यक्तित्व में ऐसा एक भी स्थान नहीं मिला है, जहाँ पर वह अपने बन्धन को बाँध

सके।"² यहाँ पर जिस मुहावरे का उपयोग किया गया है, वह कानूनी है, जिसका विवरण डी.ए. कारसन ने इस प्रकार दिया:

> "मुझ पर उसका कोई अधिकार नहीं" एक प्रकार का मुहावरा है, जिसका अर्थ यह है कि "उसका मुझमें कुछ भी नहीं है," जो कि एक इब्रानी मुहावरा है, जिसका उपयोग कानूनी सन्दर्भ में किया जाता है कि "वह मुझ पर किसी भी प्रकार का दावा नहीं कर सकता," या "मेरे ऊपर उसका कोई कर्ज नहीं है।" . . . यीशु के ऊपर शैतान का किसी भी प्रकार का कब्जा केवल तभी हो सकता था, यदि शैतान को यीशु पर कोई कानूनी दोष लगाने का कारण मिलता।³

ऐसा क्यों है कि यीशु के ऊपर शैतान का कोई दावा नहीं है? ऐसा इसलिए है क्योंकि यीशु पाप से रहित है। यीशु ने कहा, "जैसे पिता ने मुझे आज्ञा दी मैं वैसे ही करता हूँ" (यूहन्ना 14:31; साथ ही यूहन्ना 5:19 भी देखें)। इसी कारण यीशु में ऐसा कुछ भी नहीं था जिससे शैतान को उसके ऊपर कोई भी कानूनी दावा करने का अवसर मिलता। यीशु के जीवन में शैतान को पाँव रखने का कोई अवसर नहीं मिला।

यीशु को निर्दोष होने के बावजूद क्रूस पर चढ़ाया गया था। क्रूस की शक्ति के लिए यह अत्यन्त महत्त्वपूर्ण था। क्योंकि यीशु निर्दोष था, इसलिए शैतान यह दावा नहीं कर सकता कि क्रूस पर उसकी मृत्यु कानूनी तौर पर उसका सही दण्ड था। प्रभु के मसीह की मृत्यु मनुष्यों के बदले में दी गई एक निर्दोष बलि थी, यह शैतान द्वारा यीशु को दिया गया दण्ड नहीं था। यदि मसीह ने शैतान को पाँव रखने के लिए कोई स्थान दिया होता, तो फिर यीशु की मृत्यु उसके लिए पाप का दण्ड रही होती। इसकी बजाय, क्योंकि यीशु निर्दोष था, इसलिए उसकी मृत्यु सारे संसार के लिए एक प्रभावशाली बलिदान बन सकी।

हम अपने जीवन में खुले द्वारों और अवसरों के बारे में क्या कर सकते हैं? हम खुले द्वारों को बन्द कर सकते हैं, और उसके लिए पाँव रखने के अवसरों को समाप्त कर सकते हैं। अपनी आत्मिक आज़ादी का दावा करने के लिए ये कदम अनिवार्य हैं। हमें इसे व्यवस्थित रीति से करने की आवश्यकता है, अर्थात अपने जीवन में सारे खुले द्वारों को बन्द करना और अपने जीवन में से सारे अवसरों को समाप्त करना।

लेकिन हम ऐसा कैसे करते हैं? आइए इन छ: क्षेत्रों को एक-एक करके देखते हैं। जब हम यह देखेंगे कि इस्लाम लोगों को कैसे बाँधता है, तब हम पाएँगे कि ये सारे क्षेत्र महत्त्वपूर्ण हैं।

पाप

यदि यह खुला द्वारा हमारे द्वारा किया गया कोई पाप है, तो फिर हम उस पाप का अंगीकार करके उस द्वार को बन्द कर सकते हैं, क्योंकि इस पाप को करने के द्वारा हमने शैतान को अपने जीवन के ऊपर

---

2. J. H. Bernard, *A Critical and Exegetical Commentary on the Gospel According to John*, vol. 2, p. 556.

3. D. A. Carson, *The Gospel According to John*, pp. 508-9.

अधिकार दिया था। इस प्रक्रिया में मुख्य बात क्रूस की शक्ति है। मसीह को उद्धारकर्ता के रूप में पुकारते हुए हम परमेश्वर की क्षमा प्राप्त कर सकते हैं। यूहन्ना इस प्रकार लिखता है, "उसके पुत्र यीशु का लहू हमें सब पापों से शुद्ध करता है" (1 यूहन्ना 1:7)। यदि हम अपने पापों से शुद्ध कर दिए गए हैं, तो फिर पाप का हम पर कोई सामर्थ्य नहीं रह जाता। पौलुस इस प्रकार लिखता है, "हम अब उसके लहू के कारण धर्मी ठहरे" (रोमियों 5:9)। इसका अर्थ यह है कि परमेश्वर हमें धर्मी के रूप में देखता है। जब हम पश्चाताप करके मसीह के पास आते हैं, तब हम उसके साथ दफनाए जाते हैं। हम मसीह के साथ एक हो जाते हैं। तब हम ऐसे व्यक्ति बन जाते हैं, जिसके विरुद्ध शैतान कानूनी तौर पर कोई दोष नहीं लगा सकता। हम ऐसा व्यक्ति बन जाते हैं, जिसके ऊपर शैतान का कोई अधिकार नहीं रह जाता क्योंकि हमारे पाप "ढाँपे" जाते हैं (रोमियों 4:7)। हम हमारे खिलाफ लगाए जाने वाले सारे आरोपों के दावों से मुक्त हो जाते हैं।

यह व्यावहारिक रूप में कैसे काम करता है? यदि कोई व्यक्ति लगातार झूठ बोलने की आदत से जूझता है, तब उस व्यक्ति को यह देखना होगा कि झूठ बोलना परमेश्वर की दृष्टि में गलत है, उसे इसका अंगीकार करना होगा, झूठ बोलने से पश्चाताप करना होगा, और फिर मसीह के कार्य के द्वारा आने वाली क्षमा के प्रति आश्वस्त होना होगा। यह सब होने के बाद झूठ को ठुकराया और उससे नाता तोड़ने का ऐलान किया जा सकता है। दूसरी ओर, यदि उस व्यक्ति को झूठ बोलना पसन्द है, इससे उसे लाभ मिलता है, और वह इसे छोड़ने का इरादा नहीं रखता, तो फिर झूठ से आज़ादी पाने के सारे प्रयास विफल हो जाएँगे, और शैतान इस अवसर का लाभ उठाकर उसके जीवन में प्रवेश कर जाएगा।

हम पाप से पश्चाताप करके, अपने पापों से नाता तोड़ने का ऐलान करके और मसीह के क्रूस पर भरोसा करके पाप के द्वार को बन्द कर सकते हैं। ऐसा करके हम पाप को हमारे विरुद्ध इस्तेमाल करने के शैतान के अधिकार को समाप्त कर देते हैं।

क्षमा न करने की आदत

इसके अतिरिक्त, दूसरों को क्षमा न करने की हमारी आदत को भी शैतान हमारे विरुद्ध एक चाल के तौर पर इस्तेमाल करता है। यीशु ने अक्सर दूसरों को क्षमा करने की शिक्षा दी। उसने कहा कि हमें परमेश्वर से तब तक क्षमा नहीं मिलेगी, जब तक कि हम दूसरों को क्षमा नहीं करते (मरकुस 11:25-26; मत्ती 6:14-15)।

दूसरों को क्षमा न करने की आदत हमें उनके अपराध के साथ या किसी पीड़ादायी घटनाक्रम के साथ बाँध देती है। इससे शैतान को हमारे जीवन में पाँव रखने का अवसर और हमारे विरुद्ध एक कानूनी अधिकार मिल जाता है। पौलुस ने इस बारे में कुरिन्थियों को लिखे अपने दूसरे पत्र में चर्चा की है:

> जिसका तुम कुछ क्षमा करते हो उसे मैं भी क्षमा करता हूँ, क्योंकि मैं ने भी जो कुछ क्षमा किया है, यदि किया हो, तो तुम्हारे कारण मसीह की जगह में होकर क्षमा किया है कि शैतान का हम पर दाँव न चले, क्योंकि हम उसकी युक्तियों से अनजान नहीं (2 कुरिन्थियों 2:10-11)।

हमारी क्षमा न करने की आदत के कारण शैतान का हम पर दाँव क्यों चल जाता है? क्योंकि वह हमारी क्षमा न करने की आदत को हमारे विरुद्ध एक अवसर के रूप में इस्तेमाल कर सकता है। लेकिन यदि हम "उसकी युक्तियों से अनजान नहीं हैं," जैसा पौलुस कहता है, तो फिर हम जान जाएँगे कि दूसरों को क्षमा करने की आदत बनाने के द्वारा हम अपने जीवन में उसे मिले अवसर को समाप्त कर सकते हैं।

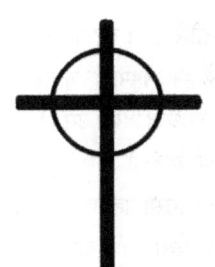

क्षमा के तीन आयाम होते हैं: दूसरों को क्षमा करना, परमेश्वर की क्षमा प्राप्त करना, और कभी-कभी अपने आप को क्षमा करना। क्षमा के क्रूस[4] का यह चिह्न हमें इन तीनों आयामों को याद रखने में मदद करता है। लेटी हुई छड़ हमें याद दिलाती है कि हमें दूसरों को क्षमा करना है। खड़ी छड़ हमें याद दिलाती है कि हमें परमेश्वर से क्षमा प्राप्त करनी है। चक्र हमें याद दिलाता है कि हमें अपने आप को क्षमा करना है।

क्षमा करने का अर्थ यह नहीं है कि हम भुला दें कि सामने वाले व्यक्ति ने हमारे विरुद्ध क्या किया था या हम उसे अनदेखा कर दें। इसका अर्थ यह नहीं है कि हमें उस व्यक्ति पर भरोसा कर लेना चाहिए। दूसरों को क्षमा करने का अर्थ यह है कि हम परमेश्वर के सामने उन्हें दोषी ठहराने के अपने अधिकार का त्याग कर दें। हम उनके विरुद्ध जो भी दावा कर सकते हैं, हम उससे उन्हें आज़ाद कर दें। हम उचित न्याय के लिए उन्हें परमेश्वर के हाथ में सौंप सकते हैं और हम अपने मसलों को भी परमेश्वर को सौंप सकते हैं। क्षमा एक भावना नहीं, बल्कि एक फैसला है।

दूसरों को क्षमा करने के साथ-साथ हमें परमेश्वर से क्षमा प्राप्त भी करनी है, क्योंकि क्षमा तब अधिक शक्तिशाली हो जाती है, जब हम जान जाते हैं कि हमें भी क्षमा कर दिया गया है (इफिसियों 4:32)।

इस पुस्तक के अन्त में अतिरिक्त संसाधनों वाले भाग में 'क्षमा की प्रार्थना' दी गई है।

अन्तरात्मा के घाव

शैतान को यह अवसर किसी व्यक्ति के अन्तरात्मा के घाव से भी मिल सकता है। अन्तरात्मा के घाव वास्तव में शरीर के घावों से अधिक दुख पहुँचा सकते हैं, और साथ ही, जब हमें शारीरिक आघात पहुँचता है, तो हमारी अन्तरात्मा भी घायल हो सकती है। मान लीजिए कि कोई व्यक्ति किसी भयानक और दिल दहला देने वाले आक्रमण का सामना करता है। ऐसा होने पर वह इस सदमे के कारण लम्बे समय तक डरा रह सकता है। शैतान इस डर का इस्तेमाल करके उस व्यक्ति को बाँध सकता है और पहले से अधिक डर का गुलाम बना सकता है।

एक बार मैं इस्लाम पर शिक्षा दे रहा था। एक दक्षिण अफ्रीकी महिला मेरे पास आई, जिसे लगभग दस वर्ष पहले मुसलमान पृष्ठभूमि के लोगों की ओर से कोई भारी सदमा पहुँचाया गया था। एक स्थानीय

---

4. क्षमा का क्रूस Chester and Betsy Kylstra, *Restoring the Foundations*, p. 98 से लिया गया है।

सेमिनरी के निवेदन पर इस महिला के परिवार ने दो व्यक्तियों को अपने घर पर ठहराया था, जो इस्लाम त्याग कर मसीही होने का दावा करते थे। यहीं से उसके कठिन और पीड़ादायी समय का आरम्भ हुआ था। उसके घर पर ठहरे ये मेहमान बहुत आक्रामक थे और लगातार उसका तथा उसके परिवार का मजाक उड़ाते रहते थे। वे उसे धकेल कर दीवार के साथ मारते थे, उसे 'सूअर' बुलाते थे, उसे गालियाँ देते थे और आते-जाते उस पर थूकते थे। यहाँ तक कि उसे अपने घर में हर जगह कागज़ के टुकड़े मिलते थे, जिन पर अरबी भाषा में श्राप लिखे होते थे। उस परिवार ने अपनी कलीसिया से सहायता माँगी, लेकिन किसी ने भी उनकी बात पर विश्वास नहीं किया। आखिरकार उन्हें इन 'मेहमानों' से तब ही छुटकारा मिल पाया, जब उन्होंने उनके लिए कहीं दूसरी जगह घर किराए पर लेकर दे दिया। उस महिला ने कहा, "उस समय हम आर्थिक, आत्मिक, भावनात्मक और शारीरिक तौर पर इतने अधिक टूट गए थे कि सारी उम्मीदें ही समाप्त होती दिख रही थीं। मुझे अपने आप पर अब भरोसा नहीं रह गया था। मुझे लगने लगा था कि मैं एकदम निकम्मी हूँ, क्योंकि वे मेरे साथ कूड़े-कर्कट जैसा बर्ताव कर रहे थे।" इस्लामिक बन्धनों के बारे में सीखने के बाद उसने डर और अपने ऊपर सन्देह का सामना किया, जो उसे सताते आ रहे थे और फिर उन्हें अपने जीवन में से निकाल दिया। हमने इस सदमे भरे अनुभव से चंगाई के लिए प्रार्थना की और डर से नाता तोड़ने का ऐलान किया। उसने अद्भुत रीति से चंगाई प्राप्त की और कहा, "मैं इस स्वर्गिक मुलाकात के लिए प्रभु का धन्यवाद करती हूँ . . . अब मैं एक महिला के तौर पर प्रभु की सेवा करने के लिए अपने आप को सक्षम और आज़ाद महसूस कर रही हूँ। प्रभु की स्तुति हो!" उसके बाद उसने मुझे एक पत्र लिखकर कहा:

> हम अभी भी प्रभु की सेवा करते हैं, हम उससे पहले से अधिक प्रेम करते हैं, हमने मुस्लिम संस्कृति और मान्यताओं के बारे में बहुत कुछ सीखा और इस सारे अनुभव के माध्यम से हमने बहुत अधिक बल प्राप्त किया है और अब हम कह सकते हैं कि हम मुसलमानों को प्रभु के प्रेम के द्वारा प्रेम करते हैं और हम हमेशा अपने जीवन के माध्यम से उन्हें दर्शाते रहेंगे कि कैसे यीशु उन सबसे कितना अधिक प्रेम करता है।

जब लोगों की अन्तरात्मा में घाव लगते हैं, तो शैतान उनके मनों में झूठ भरने का प्रयास करता है। ये झूठ सच नहीं हैं, लेकिन फिर भी लोग इन्हें सच मानने लग जाते हैं, क्योंकि उनकी पीड़ा बहुत वास्तविक होती है। इस महिला के मन डाला गया झूठ यह था कि वह निकम्मी है और "किसी काम की नहीं है।"

ऐसे झूठों से आज़ादी पाने के लिए हम ये पाँच कदम उठा सकते हैं:

1. सबसे पहले उस व्यक्ति से कहें कि वह अपनी अन्तरात्मा को प्रभु के सामने उण्डेल दे और प्रभु को बताए कि वह इस पीड़ा के बारे में क्या महसूस करता है।
2. फिर यीशु से प्रार्थना करें कि वह इस सदमे को चंगा कर दे।
3. फिर वह व्यक्ति उसे क्षमा करे, जिसने उसे यह दुख पहुँचाया है।
4. फिर वह व्यक्ति इस सदमे के कारण आए डर और अन्य हानिकारक प्रभावों से नाता तोड़ने का और परमेश्वर पर भरोसा रखने का ऐलान करे।

5. फिर वह व्यक्ति उन सारे झूठ का अंगीकार करे, जिन्हें उसने इस पीड़ा के कारण सच मान लिया था।

यह सब होने के बाद शैतान के आक्रमण का सफलतापूर्वक सामना किया जा सकता है और उसे मिले अवसर को समाप्त किया जा सकता है।

शब्द

शब्द बहुत शक्तिशाली होते हैं। हम अपने शब्दों के द्वारा अपने आप को और दूसरों को बन्दी बना सकते हैं। इसी कारण शैतान हमारे शब्दों को हमारे विरुद्ध इस्तेमाल करने की कोशिश करता है। यीशु ने ऐसा कहा:

> मैं तुमसे कहता हूँ कि जो जो निकम्मी बातें मनुष्य कहेंगे, न्याय के दिन वे हर एक उस बात का लेखा देंगे। क्योंकि तू अपनी बातों के कारण निर्दोष, और अपनी बातों ही के कारण दोषी ठहराया जाएगा (मत्ती 12:36-37)।

यीशु ने हमें सिखाया है कि हमें अपने शब्दों का उपयोग श्राप देने के लिए नहीं बल्कि आशीष देने के लिए करना है: "अपने शत्रुओं से प्रेम रखो; जो तुम से बैर करें, उनका भला करो। जो तुम्हें श्राप दें, उनको आशीष दो; जो तुम्हारा अपमान करें, उनके लिये प्रार्थना करो" (लूका 6:27-28)।

निकम्मी बातें बोलने से बचने की यीशु की चेतावनी हमारी हर प्रकार की बातचीत पर लागू होती है, जिसमें शपथ खाना, वायदे करना और मौखिक वाचाएँ बाँधना भी शामिल है। इस कारण पर ध्यान दें, जो यीशु ने दिया कि क्यों उसके चेलों को शपथ नहीं खानी चाहिए:

> परन्तु मैं तुम से यह कहता हूँ कि कभी शपथ न खाना . . . तुम्हारी बात 'हाँ' की 'हाँ,' या 'नहीं' की 'नहीं' हो; क्योंकि जो कुछ इस से अधिक होता है वह बुराई से होता है (मत्ती 5:34, 37)।

सो शपथ क्यों नहीं खानी चाहिए? यीशु ने समझाया कि इसका स्रोत "बुराई" अर्थात स्वयं शैतान है। शैतान चाहता है कि हम शपथ खाएँ, क्योंकि वह हमारे शब्दों को हमारी अपनी हानि के लिए इस्तेमाल करने की योजना बनाता है। ऐसा करने से उसे हमारे जीवन में अवसर और हमें दोषी ठहराने का एक आधार मिल सकता है। यह तब भी हो सकता है, जब हम अपने द्वारा बोले गए शब्दों की ताकत को न भी समझते हों।

हमें क्या करना चाहिए यदि हमने शपथ खाई है, या कोई प्रतिज्ञा ली है, या वायदा किया, या मौखिक (या फिर सम्भवतः किसी क्रिया के द्वारा) वाचा बाँधी है, जिनके कारण हम किसी बुरे मार्ग के साथ बँध गए हैं, ऐसा मार्ग जिस पर हमें चलना ही नहीं चाहिए था, और जो हमारे लिए परमेश्वर का मार्ग नहीं है?

लैव्यव्यवस्था 5:4-10 में विवरण दिया गया है कि यदि कोई इस्राएली "बिना सोचे-विचारे शपथ" खा लेता था तो उसे क्या करना होता था और कैसे वह अपनी शपथ के साथ बँध जाता था। इस शपथ से आज़ाद होने का मार्ग दिया गया है। इस व्यक्ति को याजक के पास एक बलिदान लाना पड़ता था, जो

उसके पापों के लिए प्रायश्चित करता था, और तब वह व्यक्ति अपनी बिना सोचे-विचारे की गई शपथ से मुक्त हो सकता था।

अच्छी खबर यह है कि क्रूस के कारण हम ईश्वरहीन प्रतिज्ञाओं, वायदों और शपथों से मुक्त हो सकते हैं। बाइबल हमें यह अद्‌भुत शिक्षा देती है कि यीशु का लहू "हाबिल के लहू से उत्तम बातें कहता है":

> पर तुम सिय्योन के पहाड़ के पास . . . नई वाचा के मध्यस्थ यीशु और छिड़काव के उस लहू के पास आए हो, जो हाबिल के लहू से उत्तम बातें कहता है (इब्रानियों 12:22-24)।

इसका अर्थ यह है कि यीशु के लहू में यह सामर्थ्य है कि हमारे द्वारा बोले गए शब्दों के कारण आने वाले सारे श्राप रद्द हो जाते हैं। विशेषकर यीशु के लहू में स्थापित की गई वाचा हमारे द्वारा डर या मृत्यु के आधार पर स्थापित की गई किसी भी वाचा से श्रेष्ठ है और उसे रद्द कर देती है।

रस्मी कार्य: लहू की सन्धियों से आज़ादी

हम शब्दों की शक्ति के बारे में विचार करते आ रहे हैं, जो हमें बाँध देते हैं। इब्रानी पवित्रशास्त्र के अनुसार किसी व्यक्ति द्वारा स्वयं को किसी वाचा में बाँधने का तरीका लहू की सन्धि स्थापित करना होता था। इसमें मुख से बोले जाने वाले शब्दों के साथ-साथ कुछ रस्मी कार्य भी शामिल होते थे।

जब परमेश्वर ने उत्पत्ति 15 में अब्राहम के साथ अपनी प्रसिद्ध वाचा स्थापित की, तो उसे एक बलिदान के द्वारा क्रियान्वित किया गया। अब्राहम पशु लेकर आया, उसका वध किया और पशु के टुकड़ों को भूमि पर रख दिया। तब एक अंगीठी, जिसमें से धूआँ निकल रहा था—जो परमेश्वर की उपस्थिति और सहभागिता का प्रतीक थी—पशु के टुकड़ों के मध्य से होकर गुजरी। इस रस्म ने इस श्राप का ऐलान किया कि "यदि मैं इस वाचा को भंग करूँ तो मेरा हाल इस पशु जैसा हो," अर्थात् "मेरा वध करके मेरे टुकड़े-टुकड़े कर दिए जाएँ।"

इसे परमेश्वर द्वारा नबी यिर्मयाह के माध्यम से दी गई चेतावनी में भी देखा जा सकता है:

> जो लोग मेरी वाचा का उल्लंघन करते हैं और जो प्रण उन्होंने मेरे सामने और बछड़े के दो भाग करके उसके दोनों भागों के बीच से जाकर किया परन्तु उसे पूरा न किया, अर्थात् यहूदा देश और यरूशलेम नगर के हाकिम, खोजे, याजक और साधारण लोग जो बछड़े के भागों के बीच से होकर गए थे, उनको मैं उनके शत्रुओं अर्थात् उनके प्राण के खोजियों के वश में कर दूँगा और उनके शव आकाश के पक्षियों और मैदान के पशुओं का आहार हो जाएँगे (यिर्मयाह 34:18-20)।

किसी शैतानी समूह में नए लोगों के शामिल करते समय, जैसे कि जादू-टोना करते समय, किसी व्यक्ति को लहू के बलिदान के द्वारा एक सन्धि में बाँधा जा सकता है। ऐसे रस्मी कामों में मृत्यु का श्राप दिया जाता है, वास्तविक लहू के द्वारा नहीं, लेकिन प्रतीकात्मक तौर पर: उदाहरण के लिए, मौत का श्राप अपने ऊपर बोलकर, या मृत्यु के प्रतीक के तौर पर कुछ पहन कर, जैसे कि गले में फन्दा डालकर या मृत्यु को किसी रस्म के द्वारा दिखाकर, जैसे कि ताबूत में लेट कर या प्रतीकात्मक तौर पर दिल में चाकू मार कर मृत्यु का श्राप दिया जाता है। (आगे चलकर हम इस्लाम के सम्बन्ध में ऐसे ही एक रस्मी कार्य के उदाहरण को देखेंगे।)

लहू की सन्धियाँ, जिसमें मृत्यु दिखाने वाली प्रतीकात्मक रस्में शामिल होती हैं, इसमें शामिल होने वाले व्यक्ति पर और कभी-कभी उनके वंश पर श्राप लाती हैं। आत्मिक तौर पर यह खतरनाक होता है, क्योंकि ऐसी रस्में आत्मिक उत्पीड़न के द्वार खोल देती हैं। पहले वे इसमें शामिल होने वाले व्यक्ति को सन्धि की शर्तों से बाँधती हैं, और फिर सन्धि के श्रापों की पूर्ति के तौर पर उस व्यक्ति की मृत्यु या हत्या होने के लिए आत्मिक अनुमति स्थापित कर देती हैं।

कई पीढ़ियों से इस्लामिक शासन के अधीन रहने वाली एक मसीही महिला को हर रात बुरे-बुरे सपने आते थे, जिनमें उसके मरे हुए रिश्तेदार उसे पुकार-पुकार कर कहते थे कि वह भी उनके पास मृत्युलोक में आ जाए। इसके अतिरिक्त, आत्महत्या के विचार भी उसे सताते थे और उसे समझ में नहीं आता था कि ऐसे विचार उसके मन में क्यों आते हैं। जब मैंने उससे बातचीत की और उसके लिए प्रार्थना की, तब यह बात सामने आई कि उसके परिवार के पिछली पीढ़ियों के सदस्यों को भी मौत से भरे हुए बुरे सपने सताया करते थे। मैंने जान लिया कि उसके पूर्वज कई पीढ़ियों से इस्लामिक शासन के अधीन जीवन व्यतीत करते आए थे, और समर्पण की *दिम्मा* वाचा के अधीन रहे थे, इसी कारण मौत का डर उसे सता रहा था। एक विशेष रस्म हुआ करती थी, जिसमें उस महिला के मसीही पुरुष पूर्वजों को प्रति वर्ष शामिल होना पड़ता था, जब उन्हें अपनी *दिम्मा* अवस्था की शर्तों के अनुसार मुसलमानों को *जिज़्या* कर देना पड़ता था। इस रस्म के एक भाग के तौर पर प्रतीकात्मक रूप में उनका सिर कलम किए जाने को दर्शाते हुए उनकी गर्दन पर प्रहार किया जाता था, जिसका अर्थ यह था कि यदि इन्होंने इस्लाम के अधीन अपने समर्पण की इस सन्धि को तोड़ा, तो उनके साथ ठीक ऐसा ही किया जाएगा। (हम इस रस्म के बारे में अध्याय 6 में चर्चा करेंगे।) मैंने इस महिला के साथ इसके विरुद्ध प्रार्थना की, मौत के सामर्थ्य को डाँटा और मौत के विशिष्ट श्राप को रद्द किया, जो सिर कलम किए जाने की प्रतीकात्मक रस्म के साथ बँधा था। इन प्रार्थनाओं के बाद, जिन्होंने इस रस्म की ताकत को भंग कर दिया, इस महिला को बुरे सपने और आत्महत्या के विचार आने बन्द हो गए।

ईश्वरहीन मान्याताएँ (झूठ)

शैतान द्वारा हमारे विरुद्ध काम में लाई जाने वाली रणनीतियों में से एक यह है कि वह हमारे जीवनों में झूठ लेकर आता है। जब हम इन झूठों को स्वीकार कर लेते और उन पर विश्वास कर लेते हैं, तब वह हमारे विरुद्ध उनका उपयोग करके हम पर दोष लगाता है, हमें उलझन में डालता है, और हमें धोखा देता है। यह कभी मत भूलिए कि शैतान "झूठा है वरन् झूठ का पिता है" (यूहन्ना 8:44)। (इस अध्याय में पहले बताई गई दक्षिण अफ्रीकी महिला की कहानी में झूठ यह था कि वह बेकार थी।)

जैसे-जैसे हम यीशु मसीह के परिपक्व चेले बनते जाते हैं, हम उन झूठों को पहचानना और उन्हें रद्द करना सीख जाते हैं, जिन्हें हम पहले से स्वीकार कर चुके हैं। ये झूठ अथवा ईश्वरहीन मान्यताएँ हमारे जीवन में भिन्न-भिन्न तरीके से दिखाई दे सकती हैं, अर्थात हमारी बातों में, हमारी सोच में, हमारी मान्यताओं में, हमारी आत्म-प्रशंसा में, एकान्त में हमारे मनों में अपने स्वयं के बारे में आने वाले विचारों या हमारे मुख से निकलने वाले शब्दों में। ईश्वरहीन मान्यताओं के कुछ उदाहरण इस प्रकार हैं:

- "मुझे कभी कोई प्यार नहीं करेगा।"
- "लोग कभी नहीं बदलेंगे।"
- "मैं कभी सुरक्षित नहीं रह सकूँगा।"
- "मुझमें कुछ तो गड़बड़ है।"
- "यदि लोगों को पता चल गया कि मैं वास्तव में कैसा हूँ, तो लोग मुझे ठुकरा देंगे।"
- "परमेश्वर मुझे कभी माफ नहीं करेगा।"

कुछ झूठ हमारे समाज की संस्कृति का हिस्सा भी हो सकते हैं, जैसे कि, "स्त्रियाँ निर्बल होती हैं," अथवा "आप पुरुषों पर कभी भरोसा नहीं कर सकतीं।" मैं अंग्रेजी (ऐंग्लो-सैक्सोन) संस्कृति का हूँ, और मेरी संस्कृति में पाया जाने वाला एक झूठ यह है कि पुरुषों के लिए भावनाएँ व्यक्त करना गलत होता है। अंग्रेजी की एक कहावत इस प्रकार कहती है, "मर्द कभी नहीं रोता।" लोग कहते हैं कि "हमेशा सीना चौड़ा करके चलो।" लेकिन यह सच नहीं है, मर्द भी रोते हैं!

जैसे-जैसे हम चेलों के तौर पर परिपक्वता की ओर बढ़ते हैं, हम उन झूठों को चेतावनी देना सीख जाते हैं, जो हमारी संस्कृति का हिस्सा हैं और उनके स्थान पर सत्य को ले आते हैं।

याद रखें: सर्वोत्तम झूठ वह होता है, जो सच्चा *महसूस* पड़ता है। कभी-कभी हम अपने मनों में जानते हैं कि कोई ईश्वरहीन मान्यता सच्ची नहीं है, लेकिन फिर भी हमारे दिलों में यह सच्ची *महसूस* होती है।

यीशु ने हमें सिखाया है, "तब यीशु ने उन यहूदियों से जिन्होंने उस पर विश्वास किया था, कहा, "यदि तुम मेरे वचन में बने रहोगे, तो सचमुच मेरे चेले ठहरोगे। तुम सत्य को जानोगे, और सत्य तुम्हें स्वतन्त्र करेगा" (यूहन्ना 8:31-32)।

पवित्र आत्मा उन झूठों को पहचानने और उन्हें हमारे जीवन में से निकालने में सहायता करता है, जिन्हें हम सच माने बैठे हैं (1 कुरिन्थियों 2:14-15)। जैसे-जैसे हम यीशु के अनुयायी के तौर पर आगे बढ़ते हैं और इस संसार के झूठों को त्यागते जाते हैं, हमारी सोच में चंगाई और परिवर्तन आता जाता है। पौलुस कहता है कि हम इस प्रकार अपने मनों को नया बना सकते हैं:

> इस संसार के सदृश न बनो; परन्तु तुम्हारे मन के नए हो जाने से तुम्हारा चाल-चलन भी बदलता जाए, जिससे तुम परमेश्वर की भली, और भावती, और सिद्ध इच्छा अनुभव से मालूम करते रहो (रोमियों 12:2)।

बुरी खबर यह है कि ये झूठ शैतान को पाँव रखने का अवसर दे सकते हैं। अच्छी खबर यह है कि हम सत्य से सामना करके उसके इन कदमों को उखाड़ सकते हैं। जब हम सच्चाई को पहचान जाते हैं, तब हम उन सारे झूठों को, जिन्हें हमने स्वीकार किया हुआ था, अंगीकार कर सकते हैं, उन्हें अपने रद्द कर सकते हैं और उनसे नाता तोड़ने का ऐलान कर सकते हैं।

इस पुस्तक के अन्त में अतिरिक्त संसाधनों वाले भाग में झूठ से निपटने के लिए एक प्रार्थना दी गई है।

पीढ़ीगत पाप और उनके परिणामस्वरूप आने वाले श्राप

एक अन्य रणनीति, जिसे शैतान हमारे विरुद्ध इस्तेमाल कर सकता है, वह पीढ़ीगत पाप हैं, अर्थात हमारे पूर्वजों के पाप। इनके परिणामस्वरूप कुछ श्राप भी हमारे जीवन में आ सकते हैं, जो हम पर बहुत बुरा प्रभाव डालते हैं।

हम सब ने ऐसे परिवार देखे हैं, जिनमें कोई एक पाप या बुरा आचरण एक पीढ़ी से अगले पीढ़ी में जाता दिखाई देता है। आपने यह कहावत तो सुनी ही होगी, "जैसा बाप वैसा बेटा।" परिवार अपने आत्मिक प्रभाव को भी अगली पीढ़ियों को सौंप सकते हैं, जिनका उनके बच्चों पर बहुत बुरा प्रभाव पड़ सकता है, क्योंकि इससे शैतान को एक खुला द्वार मिल जाता है। आत्मिक अत्याचार अनेक पीढ़ियों को प्रभावित कर सकता है, क्योंकि एक पीढ़ी अगली पीढ़ी को अपने पाप के बन्धन में बाँधती चली जाती है और उसे परिणामस्वरूप आने वाले पाप इस बुरे प्रभाव को एक पीढ़ी से अगली पीढ़ी में बढ़ाते जाते हैं।

कुछ मसीहियों का मानना है कि पीढ़ी-दर-पीढ़ी चलने वाले आत्मिक बन्धन की विचारधारा स्वीकारयोग्य नहीं है या फिर पूरी तरह से तर्कहीन है। इसकी अपेक्षा वे कहते हैं कि माता-पिता के व्यवहार का प्रभाव उनके बच्चों पर पड़ता है। उदाहरण के लिए, यदि एक पिता को झूठ बोलने की आदत है, तो उसके बच्चे उसकी नकल करेंगे और उसके समान ही झूठ बोलने की आदत को विकसित कर लेंगे। या फिर यदि एक माँ अपने बच्चों को हमेशा कोसती रहती है तो उसके बच्चों में आत्म-विश्वास की बहुत अधिक कमी हो जाएगी। यह सच है कि बच्चे इन व्यवहारों को सीखते हैं। लेकिन बच्चों को अपने माता-पिता से एक आत्मिक मीरास भी मिलती है, जो इन व्यवहारों से भिन्न होती है।

वाचाओं, श्रापों और आशिषों के सम्बन्ध में बाइबल में पाया जाने वाला दृष्टिकोण भी इस मान्यता से मेल खाता है। बाइबल में विस्तार से बताया गया है कि कैसे परमेश्वर ने इस्राएल राष्ट्र के साथ वाचा बाँधी थी, इस वाचा को पीढ़ी-दर-पीढ़ी जारी रहने के बारे में कहा था और उन्हें आशिषों और श्रापों की ऐसी प्रणाली में बाँधा था, जिनका प्रभाव उन पर और उनके वंश पर भी पड़ना था, जिसमें से आशिषों का प्रभाव हजारों पीढ़ियों तक और श्रापों का प्रभाव तीसरी या चौथी पीढ़ी तक रहना था (निर्गमन 20:5; 34:7)।

क्योंकि परमेश्वर मनुष्यों से इस प्रकार पीढ़ी-दर-पीढ़ी बर्ताव करता आया है, तो फिर यह समझना और भी आसान हो जाता है कि शैतान भी मनुष्यजाति के विरुद्ध पीढ़ी-दर-पीढ़ी चलने वाला दावा करता है! याद रखें कि शैतान "दोष लगाने वाला" है, "जो रात दिन हमारे परमेश्वर के सामने उन पर दोष लगाया करता था" (प्रकाशितवाक्य 12:10), और हमारे विरुद्ध जो भी सम्भव हो वह दोष लगाता है। हमारे पूर्वजों के पापों के कारण वह हम पर दोष लगाता है और लगाता रहेगा। उदाहरण के लिए, आदम और हव्वा के पाप ने उनके वंशजों पर पीढ़ी-दर-पीढ़ी चलने वाले श्राप खोल दिए, जिसमें बच्चे के जन्म के समय माँ को होने वाली पीड़ा (उत्पत्ति 3:16), स्त्रियों के ऊपर पुरुषों की प्रभुता (उत्पत्ति 3:16), जीविका कमाने के लिए किया जाने वाला परिश्रम (उत्पत्ति 3:17-18) और अन्ततः मृत्यु और सड़ाहट (उत्पत्ति 3:19) शामिल है। यह "अन्धकारमय युग" ऐसे ही काम करता है। शैतान इस बात को जानता है और इसे हमारे विरुद्ध इस्तेमाल करता है।

बाइबल में इस बात का ऐलान अवश्य किया गया है कि अब परमेश्वर लोगों को उनके पूर्वजों के पापों के लिए उत्तरदायी नहीं ठहराएगा, और प्रत्येक व्यक्ति अपने खुद के पापों के लिए ही उत्तरदायी ठहराया जाएगा:

> तौभी तुम लोग कहते हो, "क्यों? क्या पुत्र पिता के अधर्म का भार नहीं उठाता?" जब पुत्र ने न्याय और धर्म के काम किए हों, और मेरी सब विधियों का पालनकर उन पर चला हो, तो वह जीवित ही रहेगा। जो प्राणी पाप करे वही मरेगा, न तो पुत्र पिता के अधर्म का भार उठाएगा और न पिता पुत्र का; धर्मी को अपने ही धर्म का फल, और दुष्ट को अपनी ही दुष्टता का फल मिलेगा। (यहेजकेल 18:19-20)

इन आयतों को मसीह के युग, अर्थात यीशु मसीह के राज्य के लिए की गई नबूवत के तौर पर पढ़ा जाना चाहिए। इन आयतों का अर्थ यह नहीं है कि शैतान की प्रभुता में पड़ा हुआ यह "अन्धकारमय संसार" पूरी रीति से बदल जाएगा, बल्कि यह तो एक भिन्न संसार की प्रतिज्ञा है, अर्थात परमेश्वर के पुत्र के राज्य के आने पर परिवर्तित होने वाले संसार की प्रतिज्ञा है। यह प्रतिज्ञा कहती है कि परमेश्वर न केवल प्रत्येक व्यक्ति के साथ उसके पापों के अनुसार बर्ताव करेगा, बल्कि यह तो यह भी कहती है कि माता-पिता और पूर्वजों के पापों के माध्यम से अगली पीढ़ी को बाँधने वाली शैतान की ताकत टूट जाएगी और यह यीशु मसीह की मृत्यु और पुनरुत्थान के कारण होगा।

इसलिए, हालाँकि यह सच है कि पुराने व्यवस्था-विधान की वाचा में, जो कि "पाप और मृत्यु की व्यवस्था" थी, कहा गया था कि एक पीढ़ी के पापों का प्रभाव अगली पीढ़ियों पर पड़ता रहेगा, तौभी मसीह में इस पुराने व्यवस्था-विधान को, जिसके द्वारा शैतान को यह अधिकार मिला था कि वह लोगों को उनके माता-पिता के पापों के कारण अपने बन्धन में बाँध ले, अब हटा दिया गया है और उसे प्रभावहीन तथा अमान्य घोषित कर दिया गया है। यह वह स्वतन्त्रता है, जिसे अपने जीवन के लिए दावा करने का अधिकार प्रत्येक मसीही को है।

हम अपने लिए पीढ़ीगत पापों से आज़ादी का दावा कैसे कर सकते हैं? इसका उत्तर बाइबल में दिया गया है। तोरह में समझाया गया है कि आगामी पीढ़ियों को पूर्वजों के पापों के प्रभावों से मुक्त होने के लिए "अपने और अपने पितरों के अधर्म को मान" लेना था (लैव्यव्यवस्था 26:40)। तब परमेश्वर कहता है कि ऐसा होने पर वह "उनके पितरों से बाँधी हुई वाचा को स्मरण" करेगा और उन्हें तथा उनके देश को चंगा करेगा (लैव्यव्यवस्था 26:45)।

हम भी इसी प्रक्रिया का पालन कर सकते हैं:

- हम अपने पूर्वजों के तथा अपने पापों का अंगीकार कर सकते हैं।
- हम इन पापों को रद्द कर सकते और उनसे नाता तोड़ने का ऐलान कर सकते हैं।
- हम इन पापों के कारण आए सारे श्रापों को तोड़ सकते हैं।

मसीह के क्रूस के कारण हमें ऐसा करने का अधिकार मिला हुआ है। हमें प्रत्येक श्राप से आज़ाद करने की शक्ति क्रूस में है: "मसीह ने जो हमारे लिये शापित बना, हमें मोल लेकर व्यवस्था के शाप से छुड़ाया . . ." (गलातियों 3:13)

इस पुस्तक के अन्त में अतिरिक्त संसाधनों वाले भाग में "पीढ़ीगत पापों के लिए प्रार्थना" दी गई है।

अगले भाग में हम उस अधिकार को देखेंगे, जो हमें मसीह में मिला है और जानेंगे कि हमारी विशिष्ट परिस्थिति में हम इसका उपयोग कैसे करें। शैतान की रणनीतियों को पराजित करने के लिए हम पाँच कदम भी सीखेंगे।

हमें परमेश्वर के राज्य से मिला अधिकार

स्वयं यीशु ने अपने चेलों को निर्देश दिए कि उनके पास स्वर्ग और पृथ्वी के मामलों को "खोलने" और "बाँधने" का अधिकार है, जिसका अर्थ यह है कि आत्मिक संसार के साथ-साथ भौतिक संसार में भी उन्हें यह अधिकार मिला हुआ है।

> मैं तुम से सच कहता हूँ, जो कुछ तुम पृथ्वी पर बाँधोगे, वह स्वर्ग में बँधेगा (बाँध दिया गया है) और जो कुछ तुम पृथ्वी पर खोलोगे, वह स्वर्ग में खुलेगा (खोल दिया गया है) (मत्ती 18:18, साथ ही 16:19 भी देखें)।

शैतान के ऊपर हमारे अधिकार की प्रतिज्ञा वास्तव में बाइबल के आरम्भ में ही उत्पत्ति 3:15 में दे दी गई थी, जहाँ पर परमेश्वर सर्प से कहता है कि स्त्री का वंश "तेरे सिर को कुचल डालेगा।" पौलुस भी इस विषय पर लिखता है: "शान्ति का परमेश्वर शैतान को तुम्हारे पाँवों से शीघ्र कुचलवा देगा" (रोमियों 16:20)।

जब यीशु ने पहले अपने बारह चेलों को और फिर बहत्तर चेलों को भेजा, तो उसने उन्हें परमेश्वर के राज्य का ऐलान करते हुए दुष्टात्माओं को निकालने का अधिकार दिया (लूका 9:1)। बाद में जब चेले वापिस आए, तो उन्होंने इस अधिकार के प्रति अपने आश्चर्य को दर्शाते हुए कहा, "हे प्रभु, तेरे नाम से दुष्टात्मा भी हमारे वश में हैं।" उसने उनसे कहा, "मैं शैतान को बिजली के समान स्वर्ग से गिरा हुआ देख रहा था" (लूका 10:17-18)।

यह एक अद्भुत सान्त्वना है कि मसीही लोगों को शैतान की रणनीतियाँ परास्त करने का अधिकार दिया गया है। इसका अर्थ है कि विश्वासियों को सारी ईश्वरहीन सन्धियाँ और कसमें तोड़ने का अधिकार मिला है, क्योंकि मसीह के लहू में स्थापित वाचा में यह सामर्थ्य है कि वह अन्य किसी भी बुरे उद्देश्य से स्थापित की गई वाचा को तोड़ डाले। जकर्याह की पुस्तक में मसीह के सम्बन्ध में लिखी नबूवत में भी इसी प्रतिज्ञा को अभिव्यक्त किया गया है:

> तू भी सुन, क्योंकि मेरी वाचा के लहू के कारण, मैं ने तेरे बन्दियों को बिना जल के गड़हे में से उबार लिया है (जकर्याह 9:11)।

विशिष्टता का सिद्धान्त

आज़ादी का पीछा करते हुए यह जरूरी हो जाता है कि ऐसे विशिष्ट कदम उठाए जाएँ, जो ईश्वरहीन द्वारों तथा शैतान के पाँव रखने के अवसरों के विरोध में हों और उनका सामना करें। पुराना नियम आदेश देता है कि मूर्तियों और उनके पूजा-स्थलों को पूरी रीति से ढाह दिया जाए। व्यवस्थाविवरण 12:1-3 में इसका एक आदर्श प्रस्तुत किया गया है कि मूर्तियों के आत्मिक क्षेत्र को लूटकर खाली कैसे किया जाए, जिसमें परमेश्वर अपनी प्रजा को आदेश देता है कि वे पूजा-स्थलों, रस्मों को पूरा किए जाने वाले स्थलों, रस्मों में उपयोग होने वाली सामग्री, और वेदियों को उनकी मूर्तियों सहित पूरी तरह से ढाह दें।

पाप का अंगीकार करते समय अपने पाप को विशिष्ट रूप से नाम लेकर मान लेना अच्छा और लाभकारी होता है। वैसे ही, जब हम आत्मिक आज़ादी का दावा करते हैं, तो हमें यह विशिष्ट तौर पर करना है। ऐसा होने से जिन-जिन क्षेत्रों में क्षमा की जरूरत है, उनमें परमेश्वर के सत्य का प्रकाश चमकता है। जो-जो सन्धियाँ स्थापित की गई हैं, उन सभी के साथ एक-एक करके नाता तोड़ने का ऐलान किया जाना चाहिए, जिनमें उनकी शर्तों और परिणामों को भी शामिल किया जाना चाहिए। यह विशिष्ट तौर पर किया जाना चाहिए। यदि साधारण शब्दों में कहा जाए, तो शैतान द्वारा इस्तेमाल की गई रणनीति जितनी शक्तिशाली होती है, उसका सामर्थ्य तोड़ते समय हमें उतना ही विशिष्ट होना है।

विशिष्टता का सिद्धान्त तब लागू होता है, जब हम उन ईश्वरहीन वाचाओं से आज़ाद होने का फैसला लेते हैं, जो हमने अपने शब्दों तथा कामों के द्वारा स्थापित की थीं। उदाहरण के लिए, जिस व्यक्ति ने लहू के बलिदान के द्वारा खुद को चुप रहने की सौगन्ध में बाँध लिया है, उसे इस रस्म में शामिल होने से तौबा करनी है और उससे नाता तोड़ने का ऐलान करना है और इस प्रकार स्थापित की गई वाचा को विशिष्ट तौर पर रद्द घोषित करना है। इसी प्रकार, जो व्यक्ति क्षमा न कर पाने की समस्या से जूझ रहा है, जिसने अपने जीवन के ऊपर इस प्रकार के शब्द बोले हैं, "जब तक मैं जीवित हूँ तब तक मैं फलाँ-फलाँ व्यक्ति को क्षमा नहीं करूँगा," उसे अपनी इस सौगन्ध से तौबा करनी है, इसके द्वारा दर्शाई गई प्रतिबद्धता से नाता तोड़ने का ऐलान करना चाहिए और ऐसा बोलने के लिए परमेश्वर से क्षमायाचना करनी चाहिए। यौन अत्याचार से पीड़ित जिस महिला ने नुकसान या मृत्यु की धमकी सुनकर चुप रहने की सहमति दर्शाई थी, उसे चुप रहने की इस सौगन्ध से नाता तोड़ने का ऐलान करना है, ताकि अपनी आज़ादी को प्राप्त कर सके: उदाहरण के लिए, "मेरे साथ जो किया गया था, उसके बारे में चुप रहने की सौगन्ध से मैं अब नाता तोड़ने का ऐलान करती हूँ, और इस बारे में बात करने के अधिकार का दावा प्राप्त करती हूँ।"

सूसन नाम की एक महिला के माता-पिता और पति की मृत्यु हो गई थी और वह उनसे बहुत प्यार करती थी। उसके मन में यह डर बैठ गया था कि यदि वह अब किसी अन्य व्यक्ति से प्यार करेगी, तो वह भी मर जाएगा, इसलिए उसने यह सौगन्ध ली, "अब मैं किसी से प्यार नहीं करूँगी।" इसके बाद वह दूसरों के प्रति कड़वाहट और शत्रुता से भर गई। जो कोई भी उसके पास आता, वह उसे गालियाँ देती और उन पर चिल्लाती। लेकिन अस्सी वर्ष की आयु में उसने अपना जीवन यीशु को सौंपा और एक चर्च के साथ जुड़ गई। इससे उसे एक आशा मिली और उसने किसी से भी प्यार न करने की अपनी 50 साल पुरानी सौगन्ध से नाता तोड़ने का ऐलान किया। डर से आज़ाद होने के बाद चर्च की अन्य महिलाओं के साथ उसकी गहरी और प्यार भरी दोस्ती हो गई। जब से उसके जीवन से शैतान की पकड़ टूटी, तब से उसका जीवन पूरी तरह बदल गया।

आज़ादी पाने के पाँच कदम

हम यहाँ पर प्रार्थना के सेवाकार्य के लिए पाँच साधारण कदम देना चाहते हैं, जिनका उपयोग शैतान की रणनीतियों का विरोध और नाश करने के लिए किया जा सकता है।

1. अंगीकार करें और मन फिराएँ

पहला कदम किसी भी पाप का अंगीकार करना है और उस मसले पर लागू होने वाले परमेश्वर के वचन के सत्य का ऐलान करना भी है। उदाहरण के लिए, यदि आपकी कोई ईश्वरहीन मान्यता थी, तो आप इसे विशिष्ट तौर पर एक पाप मानते हुए इसका अंगीकार कर सकते हैं, इसके लिए परमेश्वर से क्षमा माँग सकते हैं, और उस पाप से मन फिरा सकते हैं। आप इस परिस्थिति पर लागू होने वाले परमेश्वर के सत्य का ऐलान भी कर सकते हैं।

2. नाता तोड़ने का ऐलान

अगला कदम उससे नाता तोड़ने का ऐलान करना है। इसका अर्थ है कि आप जिस मान्यता का अब समर्थन नहीं करते, अब विश्वास नहीं करते, अब सहमत नहीं होते अथवा जिससे आपका अब कोई

सम्बन्ध नहीं है, उससे आप नाता तोड़ने का सार्वजनिक तौर पर ऐलान करें। उदाहरण के लिए, यदि आपने किसी ईश्वहीन रस्म में भाग लिया है, तो जब आप उस रस्म से नाता तोड़ने का ऐलान करते हैं, तो आप पिछली किसी भी प्रतिबद्धता से अपने आप को हटा लेते हैं या उससे अपना सम्बन्ध तोड़ लेते हैं। जैसा कि पहले भी बताया गया है, इसे विशिष्ट तौर पर किया जाना अनिवार्य है।

3. शैतानी सामर्थ्य को तोड़ना

इस कदम में किसी शैतानी सामर्थ्य को तोड़ने के लिए आत्मिक अधिकार लेना शामिल है। उदाहरण के लिए, यदि आप पर कोई श्राप बोला गया था, तो आप यह ऐलान कर सकते हैं, "मैं इस श्राप को तोड़ता हूँ।" यीशु ने अपने नाम में अपने चेलों को "शत्रु की सारी सामर्थ्य पर अधिकार दिया है" (लूका 10:19)। इसे भी विशिष्ट तौर पर किया जाना चाहिए।

4. दुष्टात्माओं को निकालना

किसी व्यक्ति के जीवन में पाँव रखने की जगह या किसी खुले द्वार का उपयोग करके दुष्टात्माएँ उसमें घुस जाती हैं। इन खुले द्वारों को बन्द करके अथवा उनके पाँव रखने की जगह का अंगीकार करने, उनसे नाता तोड़ने का ऐलान करने और उनसे सम्बन्ध तोड़ने के द्वारा उन्हें हटाने के बाद इन दुष्टात्माओं को बाहर निकलने का आदेश दिया जाना चाहिए।

5. आशीष देना और भरना

अन्तिम कदम उस व्यक्ति को आशीष देना और यह प्रार्थना करना है कि परमेश्वर उसे प्रत्येक भली वस्तु से भर दे, जिसमें उसे सताने वाली बातों की विपरीत बातें शामिल हैं। उदाहरण के लिए, यदि वे मृत्यु के डर से सताए हुए थे, तो उन्हें जीवन और साहस की आशीष दीजिए।

इन पाँच कदमों का उपयोग किसी भी प्रकार के बन्धनों के लिए किया जा सकता है, लेकिन यहाँ पर हम इस्लाम पर केन्द्रित हैं, इसलिए आगे के अध्यायों में हम सीखेंगे कि इस्लाम के बन्धनों से लोगों को आज़ाद करने के लिए इन कदमों का उपयोग कैसे किया जाए।

3

इस्लाम को समझना

"तुम सत्य को जानोगे, और सत्य तुम्हें स्वतन्त्र करेगा।"
यूहन्ना 8:32

इन भागों में हम शहादा का परिचय देंगे और समझाएँगे कि कैसे यह मुसलमानों को मुहम्मद के आदर्श का पालन करने के लिए बाँध देता है।

मुसलमान कैसे बनें

अरबी भाषा में *इस्लाम* शब्द का अर्थ 'समर्पण' या 'अधीनता' होता है। *मुसलमान* शब्द का अर्थ 'अधीन होने वाला' होता है, जिसने अपना सबकुछ अल्लाह को समर्पित कर दिया है।

इस समर्पण और अधीनता का अर्थ क्या है? क़ुरआन में अल्लाह को प्राथमिक रूप से प्रभुसत्ता प्राप्त स्वामी के तौर पर दर्शाया गया है, जिसे सब वस्तुओं के ऊपर सम्पूर्ण अधिकार प्राप्त है। अपेक्षित प्रतिउत्तर यह है कि सब लोग इस स्वामी के अधिकार की पूर्ण अधीनता में आ जाएँ।

इस्लाम को कबूल करने वाला व्यक्ति अल्लाह की और उसके रसूल के सिद्धान्तों की अधीनता में आने के लिए सहमत होता है। ऐसा करने के लिए इस्लामिक धार्मिक सिद्धान्त शहादा का अंगीकार किया जाता है:

*अशद अन ला इलाहा इल्ल अल्लाह
वा अशद अना मुहम्मदन रसूल अल्लाह*

मैं कबूल करता हूँ कि अल्लाह को छोड़ कोई और ईश्वर नहीं है,
और मैं यह भी कबूल करता हूँ कि मुहम्मद ही अल्लाह का रसूल है।

यदि आप शहादा को अपनी मंजूरी देकर इसका अंगीकार कर लेते हैं, तो आप मुसलमान बन जाते हैं।

हालाँकि ये केवल कुछ शब्द ही हैं, तौभी इनका प्रभाव बहुत गहरा है। शहादा का अंगीकार करने का अर्थ इस वाचा का ऐलान करना है कि अब से आपके जीवन का मार्गदर्शक मुहम्मद होगा। मुसलमान—'अधीन होने वाला'—होने का अर्थ है मुहम्मद को अल्लाह का एकमात्र और अन्तिम रसूल मानकर उसका अनुकरण करना, जो आपके जीवन के हर एक क्षेत्र में आपका मार्गदर्शक हो जाता है।

मुहम्मद के मार्गदर्शन के दो स्रोत हैं, जिनसे मिलकर इस्लामिक सैद्धान्तिक कानून का निर्माण होता है:

- क़ुरआन उन प्रकाशनों की पुस्तक है जो मुहम्मद को अल्लाह से मिले थे।

- *सुन्ना* मुहम्मद का आदर्श है, जिसमें निम्नलिखित शामिल है:

    - शिक्षाएँ: वे बातें जो मुहम्मद ने लोगों को करनी सिखाईं।

    - काम: वे काम जो मुहम्मद ने किए।

मुहम्मद के आदर्श (*सुन्ना*) को मुसलमानों के लिए दो प्रकार से लिखित रूप दिया गया है। इनमें से एक को *हदीस* कहा जाता है, जिनमें वे पारम्परिक बातें दर्ज हैं जो मुहम्मद ने कीं और कहीं। दूसरी को *सीरह* कहा जाता है, जो मुहम्मद की जीवनी है और इसमें मुहम्मद के जीवन का विवरण ऐतिहासिक क्रम में दिया गया है।

मुहम्मद का व्यक्तित्व

जो व्यक्ति शहादा से बँधा हुआ है, वह मुहम्मद के आदर्श का पालन करने और उसके चरित्र को अपने जीवन में अपनाने के लिए मजबूर है। इसका कारण यह है कि शहादा के अंगीकार में मुहम्मद को अल्लाह का रसूल माना जाता है। शहादा का अंगीकार करने का अर्थ यह है कि आप अपने जीवन के लिए मुहम्मद के मार्गदर्शन को स्वीकार कर रहे हैं और आप उसका पालन करने के लिए बँधे हुए हैं।

क़ुरआन में मुहम्मद को सर्वोत्तम आदर्श कहा गया है, जिसका पालन करना सब आस्थावानों के लिए अनिवार्य है:

> निस्संदेह तुम्हारे लिए अल्लाह के रसूल में एक उत्तम आदर्श है अर्थात उस व्यक्ति के लिए जो अल्लाह और अन्तिम दिन की आशा रखता हो और अल्लाह को अधिक याद करे।
> (क़ु.33:21)

> जिसने रसूल की आज्ञा का पालन किया, उसने अल्लाह की आज्ञा का पालन किया . . .
> (क़ु.4:80)

> न किसी ईमानवाले पुरुष और न किसी ईमानवाली स्त्री को यह अधिकार है कि जब अल्लाह और उसका रसूल किसी मामले का फ़ैसला कर दें, तो फिर उन्हें अपने मामले में कोई अधिकार शेष रहे। जो कोई अल्लाह और उसके रसूल की अवज्ञा करे तो वह खुली गुमराही में पड़ गया।
> (क़ु.33:36)

क़ुरआन कहता है कि मुहम्मद का अनुकरण करने वाले लोग सफल और आशीषित होंगे:

> और जो कोई अल्लाह और उसके रसूल की आज्ञा का पालन करे और अल्लाह से डरे और उसकी सीमाओं का ख़याल रखे, तो ऐसे ही लोग सफल हैं। (क़ु.24:52)

> जो अल्लाह और रसूल की आज्ञा का पालन करता है, तो ऐसे ही लोग उन लोगों के साथ हैं जिनपर अल्लाह की कृपा दृष्टि रही है . . . (क़ु.4:69)

मुहम्मद के निर्देशों और आदर्श का विरोध करने का अर्थ अविश्वास करना है और ऐसा करने वाला व्यक्ति अपने जीवन में विफल हो जाता है और यहाँ के बाद नरक की आग का भागी होता है। क़ुरआन में मुसलमानों पर ये श्राप बोले गए हैं:

> और जो व्यक्ति, इसके पश्चात भी कि मार्गदर्शन खुलकर उसके सामने आ गया है, रसूल का विरोध करेगा और ईमानवालों के मार्ग के अतिरिक्त किसी और मार्ग पर चलेगा तो उसे हम [अल्लाह] उसी पर चलने देंगे, जिसको उसने अपनाया होगा और उसे जहन्नम में झोंक देंगे, और वह बहुत ही बुरा ठिकाना है। (क़ु.4:115)

> रसूल जो कुछ तुम्हें दे उसे ले लो और जिस चीज़ से तुम्हें रोक दे उससे रुक जाओ, और अल्लाह का डर रखो। निश्चय ही अल्लाह की यातना बहुत कठोर है। (क़ु.59:7)

क़ुरआन में यह आदेश भी दिया गया है कि मुहम्मद को ठुकराने वालों से लड़ा जाए:

> वे किताबवाले जो न अल्लाह पर ईमान रखते हैं और न अन्तिम दिन पर और न अल्लाह और उसके रसूल के हराम ठहराए हुए को हराम ठहराते हैं और न सत्यधर्म का अनुपालन करते हैं, उनसे लड़ो, यहाँ तक कि वे सत्ता से विलग होकर और छोटे (अधीनस्थ) बनकर जिज़्या देने लगें। (क़ु.9:29)

> . . . अतः तुम ईमानवालों को जमाए रखो। मैं इनकार करनेवालों के दिलों में रोब डाले देता हूँ। तो तुम उनकी गरदनें मारो और उनके पोर-पोर पर चोट लगाओ! यह इसलिए कि उन्होंने अल्लाह और उसके रसूल का विरोध किया। और जो कोई अल्लाह और उसके रसूल का विरोध करे (उसे कठोर यातना मिलकर रहेगी) क्योंकि अल्लाह कड़ी यातना देनेवाला है। (क़ु.8:12-13)

क्या मुहम्मद का आदर्श इतना अच्छा है कि उसका पालन किया जाए? हालाँकि मुहम्मद के जीवन के कुछ पहलू सकारात्मक हैं और कुछ पहलू सराहनीय हैं और अन्य पहलू लुभावने हैं और यहाँ तक कि रुचिकर भी हैं, तौभी मुहम्मद ने ऐसे काम भी किए हैं जो किसी भी नैतिक स्तर के आधार पर पूरी तरह से गलत हैं। *सीरह* और *हदीस* में दर्ज कुछ बातें तथा घटनाएँ हैरानीजनक हैं, जिनमें हत्या, यातनाएँ, बलात्कार और महिलाओं पर किए जाने वाले अन्य अत्याचार, लोगों को गुलाम बनाना, चोरी करना, धोखा देना और गैर-मुसलमानों के खिलाफ भड़काऊ बातें शामिल हैं।

ऐसी सामग्री न केवल मुहम्मद के व्यक्तिगत जीवन तथा व्यक्तित्व की आपत्तिजनक बातें दर्शाती है, बल्कि शरीअत के माध्यम से सब मुसलमान इनका पालन भी करते हैं। मुहम्मद के आदर्श को अल्लाह द्वारा क़ुरआन में सर्वोत्तम आदर्श के तौर पर प्रस्तुत किया गया है और कहा गया है कि उसका पालन किया जाना चाहिए। इसी कारण मुहम्मद के जीवन के सभी काम, यहाँ तक कि बुरे काम भी, मुसलमानों के पालन करने के लिए आदर्श बन जाते हैं।

क़ुरआन—मुहम्मद की निजी पुस्तक

वफादार मुसलमान मानते हैं कि क़ुरआन अल्लाह द्वारा मानवजाति को दिया गया अल्लाह के मार्गदर्शन का सर्व-सिद्ध प्रकाशन है, जो उसके रसूल मुहम्मद के द्वारा आया है। अगर आप रसूल को कबूल करते हैं, तो आपको उसके सन्देश को भी कबूल करना होगा। इसलिए शहादा मुसलमानों से माँग करता है कि वे क़ुरआन पर ईमान लाएँ और इसका पालन करें।

क़ुरआन के वजूद में आने के तरीके को समझने के लिए यह समझना जरूरी है कि मुहम्मद और क़ुरआन को वैसे ही एक माना जाता है, जैसे मनुष्य का शरीर और उसकी रीढ़ की हड्डी एक हैं। *सुन्ना*—मुहम्मद की शिक्षा और आदर्श—शरीर के समान है और क़ुरआन रीढ़ की हड्डी के समान है। इनमें से एक के बिना दूसरा खड़ा नहीं रह सकता और एक के बिना दूसरे के वजूद की कल्पना नहीं की जा सकती।

इस्लामिक शरीअत—मुस्लिम बने रहने का 'तरीका'

मुहम्मद की शिक्षा और आदर्श का पालन करने के लिए एक मुसलमान को क़ुरआन और *सुन्ना* का सहारा लेना पड़ता है। लेकिन यह सामग्री अपने मूल रूप में बहुत पेचीदा है और अधिकतर मुसलमानों के लिए इसे प्राप्त करना, समझना और अपने लिए उपयोग करना बहुत कठिन है। इस्लाम के आरम्भिक युग में ही इस्लामिक धार्मिक नेताओं के लिए यह स्पष्ट हो गया था कि अधिकतर मुसलमानों को ऐसे कुछ विशेषज्ञों पर निर्भर होना होगा, जो मुहम्मद के *सुन्ना* और क़ुरआन की मूल सामग्री को व्यवस्थित करके और उसकी व्याख्या करके उसे जीवनशैली के लिए सुनियोजित और सुव्यवस्थित नियमों का रूप दे सकें। इसलिए क़ुरआन और मुहम्मद के *सुन्ना* के आधार पर मुस्लिम विद्वानों ने जो सामग्री तैयार की, उसे शरीअत नाम दिया गया, अर्थात् एक मुसलमान के तौर पर जीवन जीने का 'रास्ता' अथवा 'तरीका।'

इस्लामिक शरीअत को मुहम्मद की शरीअत भी कहा जा सकता है, क्योंकि यह मुहम्मद के आदर्श और उसकी शिक्षा पर आधारित है। शरीअत के नियमों की यह प्रणाली व्यक्तिगत तथा सामाजिक तौर पर सम्पूर्ण जीवनशैली का वर्णन करती है। शरीअत के बिना इस्लाम का कोई वजूद नहीं है।

क्योंकि शरीअत का आधार मुहम्मद का *सुन्ना* है, इसलिए *हदीस* और *सीरह* के अनुसार मुहम्मद ने जो कहा और किया, उसे समझना और उस पर ध्यान देना महत्त्वपूर्ण है। मुहम्मद के बारे में अज्ञानता का अर्थ शरीअत के बारे में अज्ञानता है, और इसलिए यह इस्लामिक व्यवस्था के अधीन या इस्लाम के प्रभाव के अधीन जी रहे लोगों के मानवीय अधिकारों के बारे में अज्ञानता भी है। शरीअत मुसलमानों से

कहती है कि जो कुछ मुहम्मद ने किया, वह तुम भी जरूर करो, जिसका प्रभाव मुसलमानों के साथ-साथ गैर-मुसलमानों के जीवन पर भी पड़ता है। यह सच है कि मुहम्मद के जीवन का आज के लोगों के जीवन के साथ कोई सीधा सम्बन्ध नहीं है, लेकिन फिर भी यह सम्बन्ध बहुत शक्तिशाली और महत्त्वपूर्ण है।

शरीअत के बारे में एक अन्य बात पर ध्यान दिया जाना अनिवार्य है कि यह किसी संसद द्वारा बनाई जाने वाली कानून व्यवस्था से पूरी तरह भिन्न है, जिसे लोगों द्वारा बनाया जाता है, जबकि शरीअत के बारे में मान्यता यह है कि यह अलौकिक तौर पर प्रदान की गई है। इसी कारण यह दावा किया जाता है कि शरीअत त्रुटिहीन और अपरिवर्तनशील है। परन्तु कुछ क्षेत्रों में अनुकूलता को स्थान दिया जाता है। नए हालात सामने आते रहते हैं, इसलिए मुस्लिम विद्वानों को तर्क तथा अनुरूपता के सिद्धान्तों का पालन करते हुए समाधान खोजने पड़ते हैं कि किसी विशिष्ट हालात में शरीअत को कैसे लागू किया जाए, लेकिन यह अनुकूलता उन क्षेत्रों पर ही लागू होती है जिन्हें पूर्व-निर्धारित, सिद्ध और शाश्वत प्रणाली माना जाता है।

अगले भाग में हम इस्लाम की इस शिक्षा पर चर्चा करेंगे कि मुसलमान सफल लोग हैं और अन्य सभी लोगों से श्रेष्ठ हैं।

"सफलता के पास आओ"

क़ुरआन के अनुसार सही मार्गदर्शन का परिणाम क्या होता है? जो लोग अल्लाह की अधीनता में आते हैं और उसके मार्गदर्शन को स्वीकार करते हैं, उनके लिए लक्षित परिणाम इस जीवन में तथा अगले जीवन में *सफलता* होता है। इस्लाम का बुलावा सफलता का बुलावा है।

सफलता के इसी बुलावे का ऐलान अज़ान अर्थात् इबादत के बुलावे में दिया जाता है, जो मुसलमानों के लिए एक दिन में पाँच बार की जाती है:

> अल्लाह सबसे महान है! अल्लाह सबसे महान है!
> अल्लाह सबसे महान है! अल्लाह सबसे महान है!
> मैं गवाही देता हूँ कि अल्लाह के सिवा कोई दूसरा ईश्वर नहीं।
> मैं गवाही देता हूँ कि अल्लाह के सिवा कोई दूसरा ईश्वर नहीं।
> मैं गवाही देता हूँ कि मुहम्मद अल्लाह का रसूल है।
> मैं गवाही देता हूँ कि मुहम्मद अल्लाह का रसूल है।
> इबादत के पास आओ। इबादत के पास आओ।
> **सफलता के पास आओ। सफलता के पास आओ।**
> अल्लाह सबसे महान है! अल्लाह सबसे महान है!
> अल्लाह सबसे महान है! अल्लाह सबसे महान है!
> अल्लाह के सिवा कोई दूसरा ईश्वर नहीं।

क़ुरआन में सफलता के महत्त्व पर बहुत अधिक बल दिया गया है। यह मनुष्यजाति को सफल और असफल लोगों में विभाजित करता है। जो लोग अल्लाह के मार्गदर्शन को स्वीकार नहीं करते, उन्हें बार-बार 'घाटा उठाने वाले' कहा गया है:

> जो इस्लाम के अतिरिक्त कोई और दीन (धर्म) तलब करेगा तो उसकी ओर से कुछ भी स्वीकार न किया जाएगा। और आख़िरत में वह **घाटा उठानेवालों** में से होगा। (क़ु.3:85)
>
> यदि तुमने शिर्क किया (देवों को अल्लाह के साथ जोड़ा) तो तुम्हारा किया-धरा अनिवार्यतः अकारथ जाएगा और तुम अवश्य ही **घाटे में पड़नेवालों** में से हो जाओगे। (क़ु.39:65)

इस्लाम में दी गई सफलता तथा विफलता की परिभाषा ने अधिकतर मुसलमानों को यह सिखाया है कि वे गैर-मुसलमानों से श्रेष्ठ हैं। अधिक समर्पित मुसलमानों को सिखाया गया है कि वे कम समर्पित मुसलमानों से श्रेष्ठ हैं। इस प्रकार भेदभाव करना सामान्य इस्लामिक जीवनशैली का एक हिस्सा है।

एक विभाजित संसार

अपने सभी अध्यायों में क़ुरआन न केवल मुसलमानों के बारे में बल्कि गैर-मुसलमानों के बारे में भी बहुत कुछ कहता है और यह विशेषकर मसीहियों और यहूदियों के बारे में बहुत कुछ कहता है। क़ुरआन और इस्लामिक कानूनी शब्दावली में चार प्रकार के लोगों का उल्लेख किया गया है:

1. सबसे पहले *सच्चे मुसलमान* आते हैं।

2. उसके बाद के वर्ग में *ढोंगी* आते हैं, जो वास्तव में विद्रोही मुसलमान हैं।

3. मुहम्मद के आने से पहले अरब में *मूर्तिपूजकों* की संख्या सबसे अधिक थी। मूर्तिपूजक के लिए इस्तेमाल होने वाला अरबी शब्द *मुशरिक* होता है, जिसका शाब्दिक अर्थ 'से जुड़ा हुआ' होता है। इन्हें मुशरिक इसलिए कहा जाता है, क्योंकि इन्हें *शिर्क* करने अर्थात 'जोड़ने' का दोषी बताया जाता है, जिसका भाव यह है कि इन लोगों के अनुसार कोई अन्य व्यक्ति या वस्तु है जो अल्लाह के समान है, अथवा अल्लाह के कुछ साथी हैं, जिनके साथ वह अपनी शक्ति और अधिकार को बाँटता है।

4. *किताबवाले* कहलाने वाले लोग *मुशरिकों* का एक उपवर्ग हैं। इस वर्ग में मसीही और यहूदी लोग आते हैं। इन्हें *मुशरिक* इसलिए कहा जाता है, क्योंकि क़ुरआन में मसीहियों और यहूदियों को *शिर्क* करने का दोषी बताया गया है (क़ु.9:30-31; क़ु.3:64)।

'किताबवाले लोग' इस बात को दर्शाता है कि मसीहत और यहूदी धर्म इस्लाम से सम्बन्धित हैं और इस्लाम में से ही निकले हैं। इस्लाम को मूल धर्म माना जाता है, जिसमें से कई सदियों पहले मसीही और यहूदी लोग अलग हो गए थे। क़ुरआन के अनुसार मसीही और यहूदी ऐसी आस्था के मानने वाले हैं जो मूल रूप से एकल-ईश्वरवादी हुआ करता था, अर्थात् यह इस्लाम था, लेकिन उनके पवित्र ग्रन्थ भ्रष्ट किए जा चुके हैं और अब शुद्ध नहीं रहे हैं। इस भाव में मसीहत और यहूदी धर्म को इस्लाम में से निकली हुई भ्रष्ट शाखाएँ माना जाता है और कहा जाता है कि उनके मानने वाले सही मार्गदर्शन के मार्ग से भटक चुके हैं।

क़ुरआन में मसीहियों और यहूदियों के लिए सकारात्मक और नकारात्मक दोनों ही प्रकार की टिप्पणियाँ दर्ज हैं। सकारात्मक पहलू से यह कहा गया है कि कुछ मसीही और यहूदी वफादार हैं और उनका विश्वास सच्चा है (क़ु.3:113-14)। लेकिन इसी अध्याय में कहा गया है कि उनकी सच्चाई की परख यह है कि उनमें से जो सच्चे हैं, वे मुसलमान बन जाएँगे (क़ु.3:199)।

इस्लाम के अनुसार मसीहियों और यहूदियों को इस अज्ञानता से तब तक छुटकारा नहीं मिल सकता था, जब तक कि मुहम्मद क़ुरआन लेकर न आता (क़ु.98:1)। इस्लाम सिखाता है कि मुहम्मद अल्लाह की ओर से मसीहियों और यहूदियों को दिया गया एक तोहफा था, ताकि उनकी नासमझी को सुधार सके। इसका अर्थ है कि मसीहियों और यहूदियों को मुहम्मद को अल्लाह का रसूल मान कर और क़ुरआन को उसका अन्तिम प्रकाशन मान कर कबूल कर लेना चाहिए (क़ु.4:47; क़ु.5:15; क़ु.57:28-29)।

क़ुरआन और सुन्ना में गैर-मुसलमानों के लिए और विशेषकर मसीहियों तथा यहूदियों के लिए ये चार दावे किए गए हैं:

1. मुसलमान "सर्वोत्तम लोग" हैं और अन्य लोगों से श्रेष्ठ हैं। उनका दायित्व है कि वे सब लोगों को सही और गलत के बारे में सिखाएँ, और जो सही है उसे पूरा करने के आदेश दें तथा जो गलत है उसे करने से मना करें (क़ु.3:110)।

2. इस्लाम का अन्तिम लक्ष्य बाकी सब धर्मों पर प्रभुता करना है (क़ु.48:28)।

3. इस प्रभुता को प्राप्त करने के लिए मुसलमानों को यहूदियों और मसीहियों (किताबवालों) से तब तक लड़ना है, जब तक कि वे हार न जाएँ और शर्मिन्दा न हो जाएँ और मुस्लिम समाज को जिज़्या देने के लिए तैयार न हो जाएँ (क़ु.9:29)।

4. जो मसीही और यहूदी अपने *शिर्क* को थामे रहते हैं और मुहम्मद पर और उसकी एकल-ईश्वरवादी आस्था पर विश्वास नहीं करते—अर्थात् वे जो इस्लाम को कबूल नहीं करते—वे सब नरक (जहन्नम) जाएँगे (क़ु.5:72; क़ु.4:47-56)।

हालाँकि यहूदियों और मसीहियों को एक ही वर्ग में रखते हुए 'किताबवाले' कहा गया है, तौभी यहूदियों की अधिक आलोचना की गई है। क़ुरआन और *सुन्ना* में उनके विरुद्ध विशिष्ट धर्म-सैद्धान्तिक दावे किए गए हैं। उदाहरण के लिए, मुहम्मद ने सिखाया कि अन्त में यहूदियों की हत्या करने के लिए पत्थर भी चिल्ला-चिल्ला कर मुसलमानों की सहायता करेंगे और क़ुरआन कहता है कि मसीहियों को मुसलमानों से "मित्रता में सबसे निकट" माना जाए, जबकि यहूदियों (और बहुदेववादियों) को मुसलमानों के सबसे बड़े शत्रु माना जाए (क़ु.5:82)।

लेकिन अन्त में क़ुरआन में यहूदियों और मसीहियों दोनों के बारे में ही नकारात्मक फैसला सुनाया गया है। इस दोष का ऐलान प्रत्येक वफादार मुसलमान की दैनिक प्रार्थनाओं में अवश्य किया जाता है।

मुसलमानों की दैनिक प्रार्थनाओं में यहूदी और मसीही

क़ुरआन का सुप्रसिद्ध अध्याय (सूरह) अल-फ़ातिहा अर्थात 'प्रारम्भ' है। इस सूरह को रोज़ाना की नमाज़—*सलात*—के एक महत्त्वपूर्ण भाग के तौर पर कण्ठस्थ किया जाना और फिर प्रत्येक नमाज़ में दोहराया जाना अनिवार्य है। सारी नमाज़ अदा करने वाले वफादार मुसलमान इस सूरह को एक दिन में कम से कम 17 बार और एक वर्ष में कम से कम 5,000 बार दोहराते हैं।

अल-फ़ातिहा मार्गदर्शन के लिए की जाने वाली नमाज़ है:

> अल्लाह के नाम से
> जो बड़ा कृपाशील अत्यन्त दयावान है।
> सारी प्रशंसाएँ अल्लाह ही के लिए हैं, जो सारे संसार का रब,
> बड़ा कृपाशील, अत्यन्त दयावान,
> और बदला दिए जाने के दिन का मालिक है।
> हम तेरी ही बन्दगी करते हैं
> और तुझी से मदद माँगते हैं।
> हमें सीधे मार्ग पर चला,
> उन लोगों के मार्ग पर जो तेरे कृपापात्र हुए,
> उनके मार्ग पर नहीं, जो **तेरे प्रकोप के भागी हैं**
> और **पथभ्रष्ट हुए हैं**। (क़ु.1:1-7)

इस नमाज़ में अल्लाह से दुआ माँगी जाती है कि वह अपने बन्दे की "सीधे मार्ग" पर चलने में मदद करे। यह दुआ इस्लाम के मार्गदर्शन के सन्देश से मेल खाती है।

लेकिन वे लोग कौन हैं जो अल्लाह के प्रकोप के भागी हुए हैं और सही मार्ग से पथभ्रष्ट हो गए हैं? वे लोग कौन हैं जिन्हें हर मुसलमान की रोज़ाना की दुआ में, उसके जीवनकाल में लाखों बार इस प्रकार दोषी ठहराया जाता है? मुहम्मद ने इस *सूरह* का अर्थ इस प्रकार बताया, "जिन्हें प्रकोप के भागी बताया गया है वे यहूदी हैं और जिन्हें पथभ्रष्ट बताया गया है वे मसीही हैं।"

यह बात ध्यान देने योग्य है कि हर एक मुसलमान की रोज़ाना की दुआ में इस्लाम की मुख्य शिक्षा के अनुसार मसीहियों और यहूदियों को पथभ्रष्ट बताया जाता है और उन्हें अल्लाह के क्रोध के भागी बताया जाता है।

अगले भाग में हम इस्लामिक शरीअत द्वारा किए गए नुकसान पर चर्चा करेंगे। इसका प्रमुख कारण मुहम्मद का आदर्श और शिक्षा है।

शरीअत की समस्याएँ

जब इस्लाम किसी देश पर अधिकार जमा लेता है, तो धीरे-धीरे करके उस देश के समाज की संस्कृति शरीअत के अनुसार आकार लेने लगती है। इस प्रक्रिया को 'इस्लामीकरण' कहा जाता है। क्योंकि मुहम्मद के जीवन और शिक्षा में ऐसी बहुत सारी बातें थी, जो सही नहीं थीं, इस कारण शरीअत उस समाज में बहुत सारा अन्याय और अन्य सामाजिक समस्याएँ ले आती है। इसका अर्थ यह है कि हालाँकि इस्लाम में सफलता की प्रतिज्ञा की गई है, तौभी शरीअत का पालन करने वाले समाज अक्सर लोगों को बहुत नुकसान पहुँचाते हैं। यदि हम सारे संसार पर नज़र डालें, तो हम देख पाएँगे कि अधिकतर इस्लामिक देशों में कोई विकास नहीं हुआ है और इस्लाम के प्रभाव के कारण वहाँ के लोगों के मानवीय अधिकारों के क्षेत्र में बहुत सारे मसले पाए जाते हैं।

शरीअत के कारण आने वाले अन्याय और समस्याओं में से कुछ इस प्रकार हैं:

- मुस्लिम समाज में स्त्रियों को हीन समझा जाता है और इस्लामिक शरीअत के कारण उनका बहुत शोषण होता है। हम इसका एक उदाहरण आगे दिए गए अमीना लावल के मामले के रूप में देखेंगे।
- इस्लाम द्वारा दी जाने वाली जिहाद की शिक्षा के कारण सारे संसार में बहुत सारी लड़ाइयाँ चल रही हैं, जिनके कारण लाखों पुरुषों, स्त्रियों और बच्चों को नुकसान पहुँचा है।
- शरीअत द्वारा कुछ अपराधों के लिए दिया जाने वाला दण्ड बहुत क्रूर और हद से ज्यादा है। उदाहरण के लिए चोरों के हाथ काट देना और इस्लाम को त्यागने वालों की हत्या कर देना।
- शरीअत लोगों में बदलाव लाकर उन्हें भला बना पाने में सक्षम नहीं है। जिन देशों में इस्लामिक क्रान्तियाँ हुई हैं और कट्टरवादी मुसलमानों ने सरकार पर कब्जा किया है, वहाँ परिणामस्वरूप भ्रष्टाचार कम होने के बजाय बहुत अधिक बढ़ गया है। हाल में ईरान में जो

कुछ हुआ है, वह इसका एक उपयुक्त उदाहरण है। 1978 में ईरानी इस्लामिक क्रान्ति के बाद जब शाह का तख्ता पलट किया गया, तो मुस्लिम विद्वानों द्वारा सरकार हथियाने पर किए गए वायदों के बावजूद भ्रष्टाचार लगातार बढ़ता गया।

- मुहम्मद ने कुछ विशेष परिस्थितियों में मुसलमानों को झूठ बोलने की अनुमति और प्रेरणा दी है। इसके परिणामों पर हम आगे चलकर चर्चा करेंगे।
- इस्लामिक शिक्षा के कारण मुस्लिम समाज में रहने वाले गैर-मुसलमानों के साथ अकसर भेदभाव किया जाता है। आज संसार भर में मसीहियों पर होने वाला अधिकतर अत्याचार मुसलमानों द्वारा किया जाता है।

अमीना लावल का मामला

अब हम एक मुस्लिम महिला के मामले को देखेंगे, जिसका जीवन शरीअत के कारण खतरे में आ गया। 1999 में नाइजेरिया के मुस्लिम बहुलता वाले उत्तरी भाग में शरीअत अदालत को लागू कर दिया गया। तीन वर्षों के बाद 2002 में एक शरीअत न्यायाधीश के द्वारा अमीना लावल को पथराव करके मार डालने का आदेश दिया गया, क्योंकि उसके तलाक के बाद उसका गर्भधारण हुआ था और उसने एक बच्चे को जन्म दिया था। उसने उस बच्चे के पिता का नाम बताया, लेकिन डी.एन.ए. टैस्ट किए बना अदालत में यह प्रमाणित नहीं किया जा सकता था कि वह व्यक्ति उस बच्चे का पिता था। इस कारण उस व्यक्ति को निर्दोष घोषित कर दिया गया। केवल इस महिला को व्यभिचार का दोषी घोषित किया गया और पथराव करके उसे मार डालने का दण्ड सुना दिया गया।

फैसला सुनाने वाले न्यायाधीश ने यह आदेश भी दिया कि अमीना को तब तक जीवित रखा जाए, जब तक उसका बच्चा उसका दूध पीना छोड़ नहीं देता। यह फैसला और बच्चे के दूध पीना छोड़ने तक इसे लागू करने से रोकना मुहम्मद के आदर्श का निकटता से पालन करता है। मुहम्मद ने भी इसी प्रकार एक महिला को पथराव करके मार डालने का दण्ड सुनाया था, जब उस महिला ने व्यभिचार में शामिल होने की बात मानी थी, लेकिन यह दण्ड उसे तभी दिया गया था जब उसके बच्चे ने उसका दूध पीना छोड़ दिया था और पका हुआ भोजन खाना आरम्भ कर दिया था।

पथराव करके मार डालने का शरीअत का यह नियम विभिन्न कारणों से क्रूर है:

- यह हद से ज्यादा है।
- यह क्रूर है: पथराव करके मार डालना मृत्युदण्ड का एक भयानक तरीका है।
- यह पथराव करने वाले व्यक्तियों पर भी बुरा प्रभाव डालता है।
- यह भेदभाव करता है, क्योंकि यह गर्भवती होने वाली महिला को तो दोषी ठहराता है, लेकिन उसे गर्भवती करने वाले पुरुष को निर्दोष घोषित कर देता है।

- यह एक नन्हे बच्चे से उसकी माँ को छीन लेता है और उसे अनाथ बना देता है।
- यह इस सम्भावना को भी अनदेखा करता है कि सम्भवतः वह महिला बलात्कार की शिकार रही हो।

अमीना के मामले में अन्तर्राष्ट्रीय स्तर पर रोष प्रकट किया गया। विरोध प्रदर्शन के एक तरीके के तौर पर सारे संसार में नाइजेरिया के दूतावासों में लाखों पत्र भेजे गए। अमीना के लिए अच्छी खबर यह रही कि अदालत में अपील देकर उसका यह दण्ड खारिज कर दिया गया। लेकिन अमीना के दण्ड को खारिज करते समय शरीअत की अदालत ने पथराव करके मार डालने के दण्ड को गलत नहीं ठहराया, लेकिन इसके लिए अन्य कारण पेश किए गए; जैसे कि, अमीना का दण्ड सुनाते समय एक न्यायाधीश पर्याप्त नहीं था, बल्कि तीन न्यायाधीश मौजूद होने चाहिए थे।

जायज़ धोखा

इस्लामिक शरीअत का सबसे अधिक समस्या से भरा हुआ पहलू झूठ और धोखे पर दी जाने वाली शिक्षा है। हालाँकि जहाँ एक ओर यह ध्यान दिया जाना चाहिए कि झूठ को इस्लाम में बहुत बुरा पाप माना गया है, वहीं दूसरी ओर इस्लामिक अधिकारों तथा मुहम्मद के आदर्श के आधार पर कुछ विशिष्ट हालातों में झूठ बोलने की अनुमति दी गई है अथवा यहाँ तक कि इसे अनिवार्य बताया गया है।

ऐसे बहुत सारे विशिष्ट हालात हैं, जिनमें मुसलमानों को झूठ बोलने की अनुमति दी गई है अथवा उनके लिए ऐसा करना अनिवार्य ठहराया गया है। उदाहरण के लिए, *साही अल-बुखारी* नामक एक *हदीस* के एक अध्याय में इस प्रकार लिखा गया है, "जो दूसरों में सुलह करवाता है वह झूठा नहीं है।" मुहम्मद के आदर्श के इस पहलू के अनुसार मुसलमानों को जिन हालातों में झूठ बोलने की अनुमति दी गई है, उनमें से एक वह हालात है जिसमें दूसरों में सुलह करवानी पड़ती है, जिसका सकारात्मक प्रभाव निकल सकता है।

जायज़ झूठ बोलने की अनुमति एक अन्य हालात में तब दी गई है, जब मुसलमानों को गैर-मुसलमानों से खतरा होता है (क़ु.3:28)। इस आयत में से *तक़िय्या* का सिद्धान्त निकला है, जो मुसलमानों की सुरक्षा के लिए झूठ बोलने या धोखा देने की प्रथा की ओर संकेत करता है। अधिकतर मुस्लिम विद्वानों का मानना है कि गैर-मुसलमानों के अधीन राजनीतिक प्रभुता में रहने वाले मुसलमानों को अपनी सुरक्षा के लिए गैर-मुसलमानों से दोस्ती रखने और उनके प्रति कृपालु स्वभाव बनाए रखने की इजाज़त है, ताकि वे अपने मन में अपने ईमान (और शत्रुता) को कायम रख सकें। इस सिद्धान्त का एक प्रभाव यह भी हो सकता है कि जैसे-जैसे मुसलमानों की राजनीतिक ताकत बढ़ती जाती है, वैसे-वैसे गैर-मुसलमानों के प्रति वफादार मुसलमानों के मित्रता भरे रवैये में कमी आ सकती है और उनकी आस्था अधिक से अधिक सार्वजनिक होती जा सकती है।

शरीअत द्वारा जिन अन्य हालातों में मुसलमानों को झूठ बोलने की अनुमति दी गई है, उनमें ये शामिल हैं: पति-पत्नी में वैवाहिक शान्ति कायम रखने के लिए; झगड़े निपटाते समय; जब सच बोलकर आप किसी अपराध के दोषी ठहर सकते हैं—कभी-कभी मुहम्मद उन लोगों को डाँटता था जो अपने अपराध का इकरार कर लेते थे; जब किसी ने आपको अपना कोई भेद बताया है; और युद्ध के दौरान। यदि सामान्य तौर पर कहा जाए तो इस्लाम ऐसे नैतिक सिद्धान्त को बढ़ावा देता है, जिसमें यदि परिणाम अच्छा हो तो बुरा साधन भी ठीक माना जाता है।

कुछ विद्वानों ने विभिन्न प्रकार को झूठों में भिन्नता करने का प्रयास किया है, जैसे कि, साफ-साफ झूठ बोलने की बजाय गलत जानकारी देने को बेहतर बताया गया है। अपनी सुविधा के लिए झूठ और सच बोलने का नैतिक सिद्धान्त—'यदि परिणाम अच्छा हो तो बुरा साधन भी ठीक माना जाता है'—समाज के लिए बहुत नुकसानदायी हो सकता है। यह भरोसे को तोड़ता है और गड़बड़ी पैदा करता है, जिससे सामाजिक और राजनीतिक संस्कृतियों का भारी नुकसान होता है। इसके कारण सारा मुसलिम *उम्मा*—मुसलिम समाज—नैतिक तौर पर गिरा हुआ समाज है। उदाहरण के लिए, मुहम्मद की शिक्षा के अनुसार यदि पति-पत्नी में पाई जाने वाली भिन्नताओं के मध्य शान्ति कायम रखने के लिए पति अपनी पत्नी से बार-बार झूठ बोलता है, तो इसके कारण वैवाहिक सम्बन्ध में पाया जाने वाला भरोसा खोखला होता जाता है। यदि बच्चे देखते हैं कि उनका पिता उनकी माँ को झूठ बोलता रहता है, तो इससे उन्हें दूसरों को झूठ बोलने की अनुमति मिल जाती है, और उनके लिए दूसरों पर भरोसा करना कठिन हो जाता है। जायज़ झूठ बोलने की प्रवृत्ति सामाजिक स्तर पर भरोसे को खत्म कर देती है। इसका अर्थ है कि कारोबार करना बहुत मंहगा हो जाता है, झगड़े निपटाने में अधिक समय लगता है, और सुलह करना बहुत कठिन हो जाता है।

जब कोई व्यक्ति इस्लाम को छोड़ता है तो उसके लिए यह महत्त्वपूर्ण हो जाता है कि वह मुहम्मद के आदर्श के इस पहलू से नाता तोड़ने का ऐलान विशिष्ट तौर पर करे। इस बारे में हम अध्याय 7 में फिर से चर्चा करेंगे।

खुद सोचें

इस्लाम में जिस तरह से ज्ञान को संगठित किया और सुरक्षित रखा जाता है, उससे यह जानना बहुत कठिन हो सकता है कि इस्लाम कुछ विषयों पर 'वास्तव में' क्या सिखाता है। झूठ को बढ़ावा देने वाली संस्कृति में यह समस्या और भी गम्भीर हो जाती है।

इस्लाम पर उपलब्ध प्राथमिक स्रोत विशाल और जटिल हैं। क़ुरआन और *सुन्ना* के मूल स्रोतों से शरीअत के नियम-कानून तैयार करने की प्रक्रिया को बहुत अधिक दक्षता वाली प्रक्रिया माना जाता है, जिसके लिए कई वर्षों के प्रशिक्षण की आवश्यकता पड़ती है, जिसे अधिकतर मुसलमानों के लिए हासिल करना असम्भव है। इसका अर्थ यह है कि व्यावहारिक दृष्टिकोण से मुसलमानों को अपनी आस्था के मसलों में मार्गदर्शन प्राप्त करने के लिए मुस्लिम विद्वानों पर निर्भर रहना पड़ता है। इस्लामिक शरीअत

मुसलमानों को निर्देश देती है कि आस्था के मसलों में वे ऐसे किसी व्यक्ति के पास जाएँ, जो उनसे अधिक ज्ञानवान हो और वे उस व्यक्ति का अनुकरण करें। यदि मुसलमानों को शरीअत कानून के बारे में कोई सवाल हो, तो उन्हें उससे पूछना पड़ता है जो इस मसले में विशेषज्ञ होता है।

इस्लामिक धार्मिक ज्ञान आम जनता के लिए वैसे उपलब्ध नहीं है, जैसे हाल ही की शताब्दियों में बाइबल का ज्ञान सबके लिए उपलब्ध हुआ है। इसे इसलिए उपलब्ध कराया गया है क्योंकि जानने की जरूरत को आधार बनाया गया है। इस्लाम में, यदि कुछ बातों का जिक्र करने की कोई जरूरत नहीं है, तो उन पर चर्चा भी नहीं की जाती, अन्यथा ऐसा करने से इस्लाम की बदनामी हो सकती है। अनेक मुसलमानों को अपने इस्लामिक विद्वानों से बहुत बुरी डाँट खानी पड़ी है, क्योंकि उन्होंने उनसे 'गलत प्रश्न' पूछ लिया था।

किसी भी व्यक्ति को इस बात से डरने की आवश्यकता नहीं है कि उन्हें इस्लाम, क़ुरआन अथवा मुहम्मद के *सुन्ना* के बारे में अपने विचार सबके सामने रखने की अनुमति नहीं है। आज के इस युग में जब इन विषयों पर प्राथमिक सामग्री आसानी से उपलब्ध है, तो सभी को—मसीहियों, यहूदियों, नास्तिकों अथवा मुसलमानों को—हर एक अवसर का लाभ उठाकर जानकारी प्राप्त करनी चाहिए और इन मसलों पर अपने विचार सबके सामने रखने चाहिएँ। इस्लाम के द्वारा प्रभावित होने वाले हर एक व्यक्ति को यह अधिकार है कि वह इसके बारे में जानकारी प्राप्त करे और इसके बारे में अपनी विचारधारा खुद तैयार करे।

इन अगले भागों में हम इस्लाम में पाई जाने वाली यीशु की जानकारी पर चर्चा करेंगे, और समझाएँगे कि क्यों इस्लामिक यीशु मनुष्यों को आज़ादी नहीं दे सकता।

इस्लामिक रसूल ईसा

विश्वास करने वालों को इस महत्त्वपूर्ण प्रश्न पर फैसला लेना होगा: क्या वे यीशु नासरी का अनुकरण करेंगे, या फिर वे मक्का के मुहम्मद का अनुकरण करेंगे? यह फैसला बहुत महत्त्वपूर्ण है, क्योंकि इसके व्यक्तिगत और राष्ट्रीय स्तर के परिणाम बहुत गम्भीर होते हैं।

यह तथ्य सामान्य है कि मुसलमान लोग यीशु को, जिसे वे 'ईसा' बुलाते हैं, अल्लाह का रसूल मानते हैं, ठीक वैसे ही जैसे मुहम्मद को। इस्लाम सिखाता है कि यीशु का जन्म चमत्कारी रूप में कुँवारी मरियम से हुआ था। इसलिए कहीं-कहीं पर उसे इब्न *मरियम* अर्थात 'मरियम का बेटा' कहा गया है। क़ुरआन ईसा को *अल-मसीह* भी बुलाता है, लेकिन इस उपाधि के अर्थ की कोई व्याख्या नहीं दी गई है।

क़ुरआन में ईसा नाम से यीशु का बीस बार उल्लेख हुआ है, जबकि मुहम्मद के नाम का उल्लेख केवल चार बार हुआ है। क़ुरआन में अलग-अलग नामों के साथ यीशु का उल्लेख कुल मिलाकर 93 बार हुआ है।

इस्लाम सिखाता है कि मुहम्मद के आने से पहले बीते समय में अल्लाह ने मनुष्यों के पास कई सन्देशवाहक अथवा रसूल भेजे थे। क़ुरआन में ज़ोर देकर कहा गया है कि ये सभी रसूल, जिनमें ईसा भी शामिल है, केवल मरणहार मनुष्य ही थे।

क़ुरआन दावा करता है कि पिछले नबी भी वही सन्देश लाए थे, जो मुहम्मद लेकर आया था: इस्लाम का सन्देश। उदाहरण के लिए, लड़ने, हत्या करने और लड़ते हुए मरने वाले विश्वासियों के लिए जन्नत का वायदा बीते समय में मूसा और यीशु ने भी किया था (क़ु.9:111), और बाद में यही आदेश और वायदा मुहम्मद के द्वारा भी दिया गया था। हम जानते हैं कि असली यीशु नासरी ने न तो कभी ऐसा सिखाया था और न ही कभी ऐसा वायदा किया था।

क़ुरआन में ईसा के चेले ऐलान करते हैं, "हम मुसलमान हैं" (क़ु.3:52; साथ ही क़ु.5:111 भी देखें) और क़ुरआन यह भी कहता है कि अब्राहम न तो यहूदी था और न ईसाई था, बल्कि वह तो मुसलमान था (क़ु.3:67)। बाइबल के अन्य पात्रों को भी क़ुरआन में इस्लाम के नबी बताया गया है, जिनमें अब्राहम, इसहाक, याकूब, इश्माएल, मूसा, हारून, दाऊद, सुलैमान, अय्यूब, योना, और बपतिस्मा देने वाला यूहन्ना शामिल हैं।

इस्लाम में यह भी कहा गया है कि 'इस्लाम के इन आरम्भिक नबियों' द्वारा लाई गई शरीअत मुहम्मद की शरीअत के अनुसार नहीं थी। लेकिन यह भी दावा किया गया है कि आरम्भ में आई सारी शरीअत रद्द कर दी गई है और मुहम्मद के आने के बाद उनका स्थान अब मुहम्मद की शरीअत ने ले लिया है। इसलिए जब यीशु लौटेगा तो वह मुहम्मद की शरीअत के अनुसार शासन करेगा:

> क्योंकि मुहम्मद के रसूली पद के आने के साथ ही पिछले सभी नबियों की शरीअत रद्द कर दी गई हैं, इसलिए यीशु इस्लाम की शरीअत के अनुसार न्याय करेगा।[5]

क़ुरआन यह भी दावा करता है कि अल्लाह ने ईसा को एक किताब दी थी, जिसे *इंजील* कहा जाता है, जो मुहम्मद के क़ुरआन के समान है। ऐसी मान्यता है कि *इंजील* की शिक्षा और क़ुरआन का सन्देश एक जैसा है, लेकिन असली *इंजील* गुम हो गई है। मुसलमान मानते हैं कि बाइबल में दर्ज सुसमाचार असली *इंजील* के केवल बदले हुए और भ्रष्ट हिस्से हैं। लेकिन साथ ही ऐसा दावा भी किया जाता है कि इससे कोई फर्क नहीं पड़ता, क्योंकि जरूरी और आखरी वचन देने के लिए अल्लाह ने मुहम्मद को भेज दिया है।

मूल रूप से, इस्लाम जो सिखाता है और अधिकांश मुस्लिम जो मानते हैं, वह यह है कि यदि आज यीशु जीवित होता, तो वह मसीहियों से कहता है, "मुहम्मद का अनुकरण करो!" इसका अर्थ यह है कि यदि कोई व्यक्ति यह जानना चाहता है कि ईसा ने वास्तव में क्या सिखाया और वह उसका अनुकरण करना चाहता है, तो उसे केवल इतना करना है कि वह मुहम्मद का अनुकरण करे और इस्लाम की अधीनता

---

5. *Sahih Muslim*, vol. 2, p. 111, fn. 288.

में आए। क़ुरआन कहता है कि एक भला ईसाई अथवा एक भला यहूदी मुहम्मद को अल्लाह का सच्चा रसूल मानता है (क़ु.3:199)।

मसीहियों को क़ुरआन में चेतावनी दी गई है कि वे यीशु को "परमेश्वर का बेटा" न बुलाएँ और न ही उसे परमेश्वर मान कर उसकी आराधना करें। इस बात पर बल दिया गया है कि ईसा केवल एक मरणहार मनुष्य था (क़ु.3:59) और अल्लाह का गुलाम था (क़ु.19:30)।

इस्लाम सिखाता है कि संसार का अन्त होने से पहले ईसा आएगा और यहूदी धर्म और ईसाई धर्म का खात्मा करेगा। अन्त के समय के बारे में दी जाने वाली यह शिक्षा हमें इस्लामिक दृष्टिकोण को समझने में सहायता करती है। *सुनान अबु दाऊद* की इस *हदीस* पर ध्यान दें:

> [जब ईसा लौटेगा] वह इस्लाम के हक़ में लोगों से लड़ेगा। वह क्रूस को तोड़ डालेगा, सूअरों को मार डालेगा और *जिज़्या* को मिटा डालेगा। अल्लाह इस्लाम के अलावा बाकी सभी धर्मों को नाश कर देगा। वह मसीह-विरोधी को नाश करेगा और पृथ्वी पर चालीस वर्षों तक जीवित रहेगा और फिर मर जाएगा।

मुहम्मद यहाँ पर कह रहा है कि जब ईसा पृथ्वी पर लौटेगा, तो वह "क्रूस को तोड़ डालेगा"—अर्थात, मसीहत को नाश कर देगा—और "*जिज़्या* को मिटा डालेगा"—अर्थात, इस्लामिक शासन के अधीन जीवित रहने वाले मसीहियों के जीवित रहने के कानूनी अधिकार को खत्म कर देगा। इसका अर्थ है कि मसीहियों को अपने मसीही धर्म का पालन करते रहने के लिए टैक्स देने का विकल्प अब नहीं दिया जाएगा। मुस्लिम विद्वान इसकी व्याख्या इस प्रकार करते हैं कि जब मुस्लिम यीशु अर्थात ईसा लौटेगा, तो वह मसीहियों सहित सभी गैर-मुसलमानों को इस्लाम कबूल करने के लिए मजबूर करेगा।

असली यीशु नासरी का अनुकरण करना

हम पहले भी कह चुके हैं कि लोगों को फैसला लेना होगा कि वे किसका अनुकरण करेंगे: यीशु का या मुहम्मद का। लेकिन मुसलमानों को सिखाया जाता है कि यह एक ही बात है: यीशु का अनुकरण करने का अर्थ मुहम्मद का अनुकरण करना ही है। मुसलमानों को सिखाया गया है कि मुहम्मद का अनुकरण करके और उससे प्रेम करके वे यीशु का अनुकरण *कर* रहे हैं और उससे प्रेम *कर* रहे हैं। मुसलमानों ने ऐतिहासिक यीशु, अर्थात सुसमाचारों के यीशु का स्थान एक भिन्न यीशु, अर्थात क़ुरआन के ईसा को दे दिया है। इस प्रकार पहचान बदले जाने के कारण परमेश्वर के उद्धार की योजना छिप गई है और सच्चे यीशु को खोजने तथा उसका अनुकरण के लिए मुसलमानों के मार्ग में बाधा बन गई है।

सच्चाई यह है कि सच्चे ऐतिहासिक यीशु को चारों सुसमाचारों में से जाना जा सकता है, जिन्हें यीशु के अनुयायियों द्वारा यीशु के कुछ समय बाद ही लिखा गया था। ये यीशु के, उसके सन्देश के, और उसके सेवाकार्य के विश्वसनीय लेख हैं। इस्लाम की शिक्षाओं पर यीशु नासरी की जानकारी प्राप्त करने के लिए भरोसा नहीं किया जा सकता, क्योंकि उन्हें यीशु के 600 वर्षों बाद लिखा गया था।

जब कोई व्यक्ति इस्लाम को ठुकराता है, तब उन्हें न केवल मुहम्मद के आदर्श को ठुकराना है, बल्कि क़ुरआन के झूठे यीशु को भी ठुकराना है। यीशु के सच्चे अनुयायी के तौर पर जीवन जीने का सर्वोत्तम तरीका यह है कि यीशु से शिक्षा प्राप्त की जाए और चारों सुसमाचारों में उसके अनुयायियों द्वारा सुरक्षित रखे गए सन्देश से जानकारी प्राप्त की जाए। इस बारे में लूका ने कहा, "ताकि तू यह जान ले कि वे बातें जिनकी तू ने शिक्षा पाई है, कैसी अटल हैं" (लूका 1:4)।

यह बहुत महत्त्वपूर्ण है क्योंकि, जैसा कि हम देखेंगे, आत्मिक बन्धनों से आज़ादी पाने की कुंजी यीशु मसीह का जीवन और मृत्यु है। केवल सच्चा यीशु नासरी, सुसमाचारों का यीशु ही हमें यह आज़ादी दे सकता है।

4

मुहम्मद और अस्वीकृति

"अपने शत्रुओं से प्रेम रखो; जो तुम से बैर करें, उनका भला करो।"
लूका 6:27

इस्लाम का मूल और देह मुहम्मद है। इस अध्याय में मुहम्मद के जीवन के कुछ पहलुओं का और उसके द्वारा अपनी कठिनाइयों का सामना करने के लिए उपयोग किए गए हानिकारक तरीकों का संक्षिप्त विवरण दिया गया है। पहले भाग में हम उसके परिवार की कठिन परिस्थितियों और मक्का में उसके सामने आई समस्याओं पर चर्चा करेंगे।

पारिवारिक आरम्भ

मुहम्मद का जन्म ईसवी सन 570 में मक्का में बसने वाले कुरैश नामक एक अरबी कबीले में हुआ था। मुहम्मद के जन्म से कुछ समय पहले उसके पिता अब्दुल्ला बिन अब्दल-मुतालिब का देहान्त हो गया था। उसके बचपन में उसका पालन-पोषण करने के लिए उसे किसी अन्य परिवार में भेजा गया। जब वह छ: वर्ष का हुआ तो उसकी माँ की मृत्यु हो गई। उसके ताकतवर नाना ने कुछ समय तक उसकी देखभाल की, लेकिन मुहम्मद के आठ वर्ष की आयु में पहुँचते ही उसके नाना की भी मृत्यु हो गई। इसलिए मुहम्मद अपने चाचा अबू तालिब के यहाँ रहने के लिए चला गया, जहाँ उसे उसके चाचा के ऊँट और भेड़ों की देखभाल का काम सौंपा गया। आगे चलकर उसने कहा कि ऐसा कोई नबी नहीं हुआ है जो चरवाहा न रहा हो, जिससे उसने अपने छोटे से काम को एक विशेष और अनोखे चिह्न का रूप दे दिया।

हालाँकि मुहम्मद के अन्य चाचा धनी थे, लेकिन ऐसा लगता है कि किसी ने भी उसकी मदद करने की परवाह नहीं की। क़ुरआन में मुहम्मद के एक चाचा अबू लहब अथवा 'ज्वाला का पिता' की इन शब्दों में निन्दा की गई है कि वह नरक की आग में जलेगा क्योंकि उसने मुहम्मद का अपमान किया था:

टूट गए अबू लहब के दोनों हाथ और वह स्वयं भी विनष्ट हो गया!
न उसका माल उसके काम आया और न वह कुछ जो उसने कमाया।
वह शीघ्र ही प्रज्वलित भड़कती आग में पड़ेगा,

और उसकी स्त्री भी ईंधन लादनेवाली,

उसकी गरदन में खजूर के रेशों की बटी हुई रस्सी पड़ी है। (कु.111)

विवाह और परिवार

जब मुहम्मद पच्चीस वर्ष का था और खदीजा नाम की एक धनवान स्त्री के यहाँ नौकरी करता था, तो खदीजा ने उससे विवाह करने की पेशकश की। खदीजा उम्र में उससे बड़ी थी। इब्न खातिर के अनुसार खदीजा डरती थी कि उसका पिता इस विवाह के लिए रजामन्दी नहीं देगा, इसलिए उसने उस समय मुहम्मद से विवाह कर लिया जब उसका पिता शराब के नशे में था। जब उसके पिता को होश आया तो उसे इस बात पर बहुत गुस्सा आया कि खदीजा ने यह विवाह कर लिया था।

अरबी संस्कृति में एक पुरुष को विवाह के लिए दुल्हन की कीमत अदा करनी पड़ती थी, जिसके बाद उस कन्या को उस पुरुष की सम्पत्ति माना जाता था। यहाँ तक कि उस पुरुष की मृत्यु के बाद उसकी पत्नी उसकी जायदाद का हिस्सा मानी जाती थी और उस पुरुष का वारिस यदि चाहता था तो इस महिला से विवाह करने का हकदार होता था। इस सामान्य स्थिति के विपरीत खदीजा धनी और ताकतवर थी, जैसा कि मुहम्मद की जीवनी के लेखक इब्न इशाक ने लिखा कि खदीजा मान-सम्मान और धन-दौलत वाली स्त्री थी और मुहम्मद गरीब था और उसके पास देने के लिए कुछ भी नहीं था। खदीजा का पहले भी दो बार विवाह हो चुका था। विवाह की सामान्य समझ और खदीजा तथा मुहम्मद के विवाह में पाई जाने वाली भिन्नता हैरानीजनक है।

खदीजा और मुहम्मद के कुल छ: (किसी-किसी लेख के अनुसार सात) बच्चे हुए। मुहम्मद के कुल तीन (या चार) बेटे हुए, लेकिन छोटी आयु में ही उन सब की मृत्यु हो गई थी और उसका कोई भी वारिस नहीं बचा। निस्सन्देह मुहम्मद के बचपन के कष्टों के अतिरिक्त उसके पारिवारिक जीवन के अनुभव में यह निराशा का एक अन्य स्रोत था।

संक्षेप में यह कहा जा सकता है कि मुहम्मद के पारिवारिक हालातों में बहुत सारी ऐसी दुखद घटनाएँ घटित हुई थीं, जिन्होंने उसके जीवन को पीड़ादायी बना दिया था, जिनमें से कुछ हालात इस प्रकार थे: बचपन में अनाथ हो जाना और फिर नाना को खो देना, गरीबी के कारण रिश्तेदारों पर आश्रित हो जाना, शराब के नशे में धुत ससुर द्वारा विवाह करवा दिया जाना, और ताकतवर रिश्तेदारों द्वारा शत्रुता का निशाना बनना। इस तिरस्कार के विपरीत उसके चाचा अबू तालिब ने उसकी अच्छी तरह से देखभाल की और खदीजा ने उससे विवाह करने का फैसला लिया, जिसके परिणामस्वरूप उसे गरीबी से छुटकारा मिला।

एक नए धर्म का उदय हुआ (मक्का)

मुहम्मद की पारिवारिक परिस्थितियाँ कठिन थीं और जब उसने एक नए धर्म की स्थापना की, तब भी उसे कठिनाइयों का सामना करते रहना पड़ा।

जब मुहम्मद चालीस वर्षों का हुआ, तो एक आत्मा उसके पास आने लगा, जिसे उसने बाद में जिबरिल फरिश्ता बताया। इस आत्मा के बार-बार आने के कारण पहले तो मुहम्मद बहुत तनाव में आ गया और यह सोचकर परेशान होने लगा कि कहीं उस पर किसी दुष्टात्मा का साया तो नहीं हो गया। यहाँ तक कि उसने आत्महत्या का विचार करते हुए कहा, "मैं एक पहाड़ की चोटी पर चढ़ जाऊँगा और वहाँ से नीचे कूद कर अपनी जान दे दूँगा और चैन पाऊँगा।" तनाव की इस घड़ी में उसकी पत्नी खदीजा ने उसे बहुत तसल्ली दी और उसे अपने चचेरे भाई वर्क के पास ले गई जो एक मसीही था। वर्क ने ऐलान कर दिया कि मुहम्मद पागल नहीं है बल्कि एक नबी है।

बाद में जब मुहम्मद के पास प्रकाशन आना बन्द हो गए, तो एक बार फिर आत्महत्या के विचार उसे परेशान करने लगे, लेकिन जब भी मुहम्मद पहाड़ की चोटी से छलांग लगाने की कोशिश करता, जिबरिल उसके सामने प्रकट होकर उसे कहता, "मुहम्मद, एक नया धर्म! तुम सचमुच अल्लाह के रसूल हो।"

ऐसा लगता है कि मुहम्मद इस बात से डरता रहा कि लोग उसे धोखेबाज़ कहकर ठुकरा देंगे, क्योंकि एक आरम्भिक सूरह में अल्लाह ने मुहम्मद को आश्वासन दिया कि उसने उसे न तो त्यागा है और न ही त्यागेगा (क़ु.93)।

आरम्भ में तो मुस्लिम समाज में धीमी गति से वृद्धि हुई, जिसमें खदीजा ने सबसे पहले इस्लाम को कबूल किया। इसके बाद मुहम्मद के चचेरे भाई अली बिन अबू तालिब ने इस्लाम को कबूल किया, जिसका पालन-पोषण मुहम्मद के घर पर ही हुआ था। इसके बाद धीरे-धीरे अन्य लोग भी इसमें शामिल होते गए, जो मुख्य तौर पर गरीब, गुलाम और आज़ादी पा चुके गुलाम थे।

मुहम्मद का अपना कबीला

आरम्भ में इस नए धर्म के अनुयायियों ने अपनी आस्था को गुप्त रखा, लेकिन तीन वर्षों के बाद मुहम्मद ने कहा कि उसे अल्लाह से सन्देश मिला कि वह इस धर्म को सार्वजनिक कर दे। ऐसा करने के लिए उसने एक पारिवारिक समारोह का आयोजन किया और अपने सब रिश्तेदारों को इस्लाम कबूल करने के लिए कहा।

आरम्भ में मक्का में बसने वाले मुहम्मद के अपने कुरैश कबीले के लोगों ने उसे सुनने की इच्छा जाहिर की, लेकिन जब वह उनके देवों का ठट्ठा करने लगा, तो उन्होंने उसे सुनना छोड़ दिया। इब्न इशाक के अनुसार, इसके बाद मुस्लिम लोग "तुच्छ अल्पसंख्यक" बनकर रह गए। तनाव बढ़ता गया और दोनों दलों में युद्ध छिड़ गया।

जब विरोध बढ़ने लगा तो मुहम्मद के चाचा अबू तालिब ने उसकी रक्षा की। जब मक्का के लोग उसके पास आकर कहने लगे, "अरे ओ अबू तालिब, तुम्हारे भतीजे ने हमारे देवों का ठट्ठा किया है, हमारे धर्म का मज़ाक उड़ाया है, हमारी जीवनशैली का तिरस्कार किया है . . . इसलिए तुम या तो उसे ऐसा करने

से रोको या फिर हमें उस पर हाथ डालने दो . . .," तब अबू तालिब ने उन्हें कोमलता से उत्तर दिया, और वे वहाँ से चले गए।

इस्लाम को कबूल न करने वाले अरबियों ने मुहम्मद के कबीले का आर्थिक और सामाजिक बहिष्कार कर दिया, उनसे कारोबार करना बन्द कर दिया और उनके साथ विवाह करना छोड़ दिया। गरीबी के कारण मुसलमान कमज़ोर पड़ गए। इब्न इशाक ने कुरैशियों के हाथों उनके साथ हुए दुर्व्यवहार का सार इस प्रकार पेश किया:

> तब कुरैशियों ने उन लोगों पर अपनी शत्रुता बरसाई जो रसूल के अनुयायी हो गए थे; जिस-जिस कुल में मुसलमान पाए जाते थे, उन पर ये आक्रमण करते थे, उन्हें जेलों में डालते थे, उनकी पिटाई करते थे, उन्हें भोजन और पानी नहीं देते थे, और उन्हें मक्का की भीषण गर्मी में तपने के लिए छोड़ देते थे, ताकि उन्हें उनके धर्म से विमुख कर सकें। कुछ लोगों ने अत्याचार के दबाव में आकर इस धर्म को छोड़ दिया, और बाकी लोगों ने इसका विरोध किया तथा अल्लाह की ओर से सुरक्षा प्राप्त की।[6]

खुद मुहम्मद भी इस खतरे और अपमान से बच नहीं पाया। जब वह प्रार्थना कर रहा था, तो उसके ऊपर धूल और जानवरों की अंतड़ियाँ फेंकी गईं।

जब अत्याचार बन्द नहीं हुआ, तो तिरासी मुसलमान और उनके परिवार के लोग मसीही अबिस्सिनिया में शरण लेने के लिए भाग गए, जहाँ उन्हें सुरक्षा मिली।

अगले भाग में हम चर्चा करेंगे कि मक्का में अपने लोगों द्वारा ठुकराए जाने का प्रतिउत्तर मुहम्मद ने कैसे दिया।

अपने आप पर सन्देह और अपने आप को प्रमाणित करना

एक बार तो लगा कि मुहम्मद अपने एकल परमेश्वर के विश्वास में डोल रहा है, क्योंकि कुरैशियों की ओर से उस पर बहुत अधिक दबाव बनाया जा रहा था। उन्होंने उससे सौदेबाज़ी करते हुए कहा कि अगर वह उनके देवताओं की पूजा करेगा, तो वे भी उसके अल्लाह को मानेंगे। उसने उनकी इस पेशकश को ठुकराते हुए क़ुरआन की यह आयत प्राप्त की: क़ु.109:6 "तुम्हारे लिए तुम्हारा धर्म है और मेरे लिए मेरा धर्म!" लेकिन यह कहते हुए मुहम्मद थोड़ा हिचकिचाया होगा, क्योंकि अल-तबरी ने लिखा कि जब मुहम्मद को क़ु.53 प्राप्त हो रहा था, तो उस समय उस पर मक्का की देवियों, अल-लात, अल-उज़्ज़ा और मनात के सन्दर्भ में 'शैतानी आयतें' "प्रकट" की गई थीं: "ये सुन्दर और महिमा प्राप्त *गारानिक़* (सारस) हैं, जिनसे मध्यस्थी की अपेक्षा की जा सकती है।"

---

6. A. Guillaume, *The Life of Muhammad*, p. 143.

जब मूर्तिपूजक कुरैशियों ने ये आयतें सुनीं तो वे बहुत खुश हो गए और मुसलमानों के साथ मिलकर आराधना करने लगे। लेकिन जिबरिल फरिश्ते ने मुहम्मद को फटकारा, इसलिए मुहम्मद ने ऐलान किया कि इस आयत को रद्द कर दिया गया और कहा गया कि यह आयत शैतान की ओर से आई है। तब मुहम्मद ने ऐलान किया कि इस आयत को रद्द कर दिया गया है, लेकिन इसके कारण कुरैशियों की उसके लिए घृणा पहले से अधिक बढ़ गई और वे मुहम्मद और उसके अनुयायियों के शत्रु हो गए।

इसके बाद मुहम्मद को वह आयत (क़ु.22:52) प्राप्त हुई, जिसमें उसने दावा किया कि उससे पहले आए हुए सब नबी भी शैतान द्वारा भटकाए गए थे। यहाँ पर भी हम देख सकते हैं कि एक बार फिर से मुहम्मद ने लज्जा का कारण पेश किया और इसे एक अनोखे चिह्न के तौर पर पेश किया।

लोगों द्वारा किए जा रहे इस ठट्ठे और उस पर झूठा होने का आरोप लगाए जाने के दौरान, जिससे मुहम्मद को बहुत ठेस पहुँची थी, मुहम्मद ने दावा किया कि उसे अल्लाह से कुछ आयतें प्राप्त हुईं, जिसमें अल्लाह ने उसे स्वीकृति देते हुए कहा कि उसका चरित्र उल्लेखनीय है। वह गलत नहीं है, बल्कि क़ुरआन कहता है कि वह एक सत्यनिष्ठ व्यक्ति है (क़ु.53:1-3; क़ु.68:1-4)।

हदीस की अलग-अलग परम्पराएँ यह भी बताती हैं कि मुहम्मद यह भी मानने लगा था कि उसकी जाति, उसकी कबीला, उसका कुल और उसका परिवार सर्वश्रेष्ठ हैं। जब उस पर नाजायज़ औलाद होने का आरोप लगा, तो इसके जवाब में उसने कहा कि उसके पूर्वजों में, यहाँ तक कि आदम तक, कोई भी वैवाहिक सम्बन्ध के बाहर पैदा नहीं हुआ था, अर्थात् नाजायज़ औलाद नहीं था। इब्न खातिर के अनुसार एक *हदीस* में मुहम्मद ने ऐलान कर दिया कि वह तो सर्वश्रेष्ठ राष्ट्र (अरब) के सर्वश्रेष्ठ कुल (हाशमी) में सर्वश्रेष्ठ व्यक्ति था। उसने कहा, "मैं आत्मा में तुम सबसे सर्वश्रेष्ठ हूँ और मेरा परिवार तुम सबसे सर्वश्रेष्ठ है . . . मैं चुने हुओं में से सर्वश्रेष्ठ हूँ; इसलिए जो कोई अरबियों से प्रेम करता है, वह मुझसे प्रेम करने के द्वारा ही उनसे प्रेम करता है।"

मक्का में मुहम्मद द्वारा बिताए गए 13 वर्षों के दौरान क़ुरआन में सफलता और जीतने वालों तथा हारने वालों की भाषा जैसे विषय दिखाई देने लगे। उदाहरण के लिए, मूसा और मूर्तिपूजक मिस्रियों के बीच हुए संघर्ष का बार-बार हवाला देते हुए क़ुरआन इसके परिणाम को जीतने वालों और हारने वालों के तौर पर पेश करता है (उदाहरण के लिए, क़ु.20:64, 68; क़ु.26:40-44)। मुहम्मद ने स्वयं के और अपने विरोधियों के मध्य होने वाले संघर्ष में भी सफलता के शब्दों का उपयोग आरम्भ कर दिया, और ऐलान किया कि अल्लाह के प्रकाशनों को ठुकराने वाले हानि उठाएँगे (क़ु.10:95)।

अस्वीकृति के अन्य अनुभव और नए साथी

मुहम्मद के लिए हालात और भी खराब हो गए जब एक ही वर्ष में उसकी पत्नी खदीजा और उसके चाचा अबू तालिब की मौत हो गई। इससे उसे बहुत भारी नुकसान हुआ। उनके समर्थन और सुरक्षा के बिना कुरैशियों को मुहम्मद और उसके धर्म से शत्रुता बढ़ाने का मौका मिल गया।

अरब समाज सन्धियों और आपसी सम्बन्धों पर आधारित समाज था। सुरक्षा पाने का तरीका यह था कि कमज़ोर व्यक्ति अपने से अधिक ताकतवर व्यक्ति की शरण और सुरक्षा के अधीन आ जाए। अपने लिए और अपने अनुयायियों के लिए खतरे को बढ़ता हुआ देखकर और अपने ही कबीले द्वारा अस्वीकृति दिए जाने के कारण मुहम्मद अपनी सुरक्षा का अतिरिक्त साधन खोजने के लिए मक्का के समीप ताइफ नामक इलाके में चला गया। लेकिन ताइफ में उसकी निन्दा की गई और उसका ठट्ठा किया गया और एक भीड़ ने उसे वहाँ से भगा दिया।

इस्लामिक परम्परा के अनुसार ताइफ से लौटते समय *जिन्नों* (दुष्टात्माओं) के एक समूह ने मुहम्मद को आधी रात को प्रार्थना करते समय क़ुरआन की कुछ आयतें बोलते सुना। उन्होंने जो कुछ सुना, उससे वे इतने प्रभावित हो गए कि उन्होंने तुरन्त इस्लाम कबूल कर लिया। फिर ये मुस्लिम दुष्टात्माएँ अन्य *जिन्नों* को इस्लाम का प्रचार करने के लिए चले गए। इस घटनाक्रम का क़ुरआन में दो बार उल्लेख आया है (क़ु.46:29-32; क़ु.72:1-15)।

यह घटनाक्रम दो कारणों से महत्त्वपूर्ण है। पहला, यह मुहम्मद द्वारा अपने आप को प्रमाणित करते रहने की पद्धति से मेल खाता है। उसने दावा किया कि चाहे ताइफ में मनुष्यों ने उसे अस्वीकार कर दिया था, तौभी वहाँ के *जिन्नों* ने उसे और उसके दावे को पहचान लिया कि वह अल्लाह का सच्चा रसूल है।

दूसरा, इस विचार ने, कि *जिन्न* भी अल्लाह का डर मानने वाले मुस्लिम हो सकते हैं, इस्लाम में दुष्टात्माओं के संसार के लिए रास्ता खोल दिया। मुहम्मद के जीवन का यह घटनाक्रम और मुस्लिम *जिन्नों* के उल्लेख के कारण मुसलमानों को यह अधिकार मिल गया कि वे (मुस्लिम) आत्मिक संसार से सम्पर्क स्थापित कर सकते हैं। मुसलमानों द्वारा आत्मिक संसार से सम्पर्क किए जाने का एक अन्य कारण क़ुरआन और *हदीस* में किया गया यह उल्लेख है कि प्रत्येक व्यक्ति को एक *क़ारिन* अर्थात साथी आत्मा दिया गया है (क़ु.43:36; क़ु.50:23, 27)।

उधर मक्का में मुहम्मद के लिए कुछ भी सही नहीं चल रहा था। लेकिन अन्ततः उसे एक समाज मिल गया जो उसे सुरक्षा देने के लिए तैयार हो गया। ये यातरिब नगर (जिसका आगे चलकर नाम मदीना पड़ा) के अरबी लोग थे, जहाँ पर बहुत सारे यहूदी भी बसते थे। मक्का में होने वाले एक वार्षिक मेले के दौरान मदीना से आए कुछ यात्रियों ने मुहम्मद के प्रति वफादार और आज्ञाकारी रहने का संकल्प लिया और एकल परमेश्वर के उसके सन्देश के अनुसार जीवन व्यतीत करने के लिए सहमति दर्शाई।

इस पहले संकल्प में युद्ध के लिए कोई प्रतिबद्धता नहीं दी गई थी। लेकिन अगले वर्ष हुए मेले के दौरान मदीना से आए लोगों के एक बड़े समूह ने मुहम्मद को वह सुरक्षा देने का संकल्प लिया जिसकी वह तलाश में था। मदीना से आए इन लोगों ने, जो आगे चलकर *अंसारी* अर्थात् 'सहायक' कहलाए, संकल्प लिया कि वे "रसूल का पूरा आज्ञापालन करते हुए युद्ध लड़ेंगे।"

इसके बाद फैसला लिया गया कि मक्का के मुसलमान मदीना में जाकर बस जाएँगे और वहाँ पर राजनीतिक दृष्टिकोण से एक सुरक्षित स्थान का निर्माण करेंगे। सबसे आखिर में मुहम्मद मदीना के लिए भागा, जब उसे आधी रात को पिछली खिड़की में भागकर जान बचानी पड़ी थी। मदीना पहुँचने पर मुहम्मद खुले तौर पर अपने सन्देश का प्रचार करने लगा और पहले ही वर्ष में मदीना में रहने वाले लगभग सभी अरबियों ने इस्लाम कबूल कर लिया। इस समय तक मुहम्मद केवल बावन वर्ष का था।

जब मुहम्मद मक्का में रह रहा था, तो उसके अपने परिवार और कबीले ने उसे अस्वीकार कर दिया था। केवल कुछ गरीब लोगों ने ही उस पर विश्वास किया था, जबकि अन्य सभी लोगों ने उसकी निन्दा की, उसका ठट्ठा किया, उसे धमकियाँ दी और उस पर हमले किए।

आरम्भ में मुहम्मद को खुद पर ही सन्देह होता रहा और वह महसूस करता रहा कि उसे रसूल होने के लिए जो बुलावा मिला है, उसे पूरी तरह से अस्वीकार कर दिया जाएगा। यहाँ तक कि एक बार तो ऐसा भी लगा कि उसने कुरैशियों के देवों को स्वीकार कर लिया है। लेकिन इतने सारे विरोध के बावजूद अन्ततः मुहम्मद डट कर आगे बढ़ता रहा और अपने लिए समर्पित अनुयायियों का एक दल तैयार कर लिया।

क्या मुहम्मद सचमुच मक्का में शान्तिपूर्ण रहा?

अनेक लेखकों ने दावा किया है कि मक्का में गवाही देते हुए मुहम्मद ने जो दस वर्ष बिताए थे, वे शान्तिपूर्ण थे। एक तरह से कहा जाए तो यह सच है। हालाँकि मक्का में लिखे गए क़ुरआन के हिस्से में किसी भी प्रकार की हिंसा का आदेश नहीं दिया गया है, तौभी इस पर विचार अवश्य किया गया था और आरम्भिक प्रकाशन में मुहम्मद के पड़ोसियों की कड़े शब्दों में भर्त्सना की गई थी और ऐलान किया गया था कि जो लोग मुहम्मद के धर्म को अस्वीकार करेंगे, अगले जीवन में उन पर भारी अत्याचार किए जाएँगे।

मक्का में लिखे गए क़ुरआन के हिस्से में न्याय का जो उल्लेख हुआ है, उसका एक उद्देश्य यह था कि कुरैशी अरबियों की ओर से आई अस्वीकृति के मध्य में मुहम्मद को सही ठहराया जाए। उदाहरण के लिए, क़ुरआन कहता है कि मुसलमानों पर हँसने वालों को इस जीवन में तथा अगले जीवन में दण्ड दिया जाएगा। मुहम्मद के सारे विश्वासी जन्नत में आरामदायक बिछौनों पर बैठकर मदिरा पीएँगे और नीचे जहन्नम की आग में जल रहे अविश्वासियों को देखकर उन पर हँसेंगे (क़ु.83:29-36)।

न्याय से भरे इस सन्देश के कारण मक्का में विरोध की आग भड़क गई। अविश्वासी मूर्तिपूजकों को यह बात पसन्द नहीं आई, जो वे सुन रहे थे।

मुहम्मद ने न केवल सदाकाल के न्याय का प्रचार किया, बल्कि इब्न इशाक ने यह भी लिखा कि मक्का में ही मुहम्मद ने यह इच्छा जाहिर कर दी थी कि वह मक्का के अविश्वासियों को मार डालना चाहता है: "ओ कुरैशियो, क्या तुम मेरी बात सुनोगे? जिसके हाथों में मेरा जीवन है, उसकी सौगन्ध खाकर मैं कहता हूँ कि मैं तुम्हें मौत के घाट उतारने आ रहा हूँ।"

फिर भाग कर मदीना जाने से ठीक पहले कुरैशियों का एक दल उसके पास आया और आकर उससे पूछा कि उसने ऐसा क्यों कहा कि उसे ठुकराने वाले लोगों को वह मौत के घाट उतार देगा: "मुहम्मद कहता है कि . . . अगर तुम उसके अनुयायी नहीं बनोगे तो तुम्हें मौत के घाट उतार दिया जाएगा, और जब तुम कयामत के दिन जी उठोगे, तो तुम्हें जलने के लिए जहन्नम की आग में झोंक दिया जाएगा।" मुहम्मद ने उनके सामने मानते हुए कहा: "हाँ, मैंने ऐसा ही कहा है।"

मक्का में अस्वीकृति और अत्याचार का सामना करने के बाद मुस्लिम समाज ने अपने रसूल मुहम्मद की अगुवाई में ठान लिया कि वे अपने विरोधियों से युद्ध करने के लिए निकल पड़ेंगे।

इन भागों में हम चर्चा करेंगे कि कैसे मुहम्मद उनके विरुद्ध हिंसा के लिए निकल पड़ा, जिन्होंने उसे तथा उसके सन्देश को अस्वीकार किया था।

अत्याचार से हत्या की ओर

मुहम्मद के अचानक एक सैन्य अगुवे में परिवर्तित हो जाने को सही रीति से समझने के लिए अरबी के शब्द *फ़ितना* अर्थात 'परीक्षा, अत्याचार, प्रलोभन' को समझना महत्त्वपूर्ण है। यह शब्द एक अन्य अरबी शब्द *फ़ताना* से लिया गया है, जिसका अर्थ 'से मोड़ देना, प्रलोभन देना, लुभाना अथवा परीक्षाओं में डालना' होता है। इसका मूलभूत भाव आग में किसी धातु को पिघलाकर शुद्ध करने से है। *फ़ितना* का संकेत प्रलोभन अथवा परीक्षा दोनों की ओर हो सकता है, जिसमें प्रेरणा लाने के सकारात्मक और नकारात्मक दोनों ही साधन शामिल होते हैं। इसमें आर्थिक और अन्य लाभ देकर लुभाना अथवा शारीरिक अत्याचार करना भी शामिल हो सकता है।

आरम्भिक मुस्लिम समुदाय और गैर-विश्वासियों के मध्य होने वाले मतभेदों में *फ़ितना* एक मुख्य थियोलॉजिकल विचारधारा बन गई। मुहम्मद ने कुरैशियों पर आरोप लगाया था कि उन्होंने *फ़ितना* का उपयोग किया था, जिसमें अपमान, निन्दा, उत्पीड़न, बहिष्कार, आर्थिक दबाव और अन्य प्रेरणाएँ शामिल थीं, ताकि उन्हें इस्लाम को छोड़ने के लिए मजबूर किया जा सके या इस्लाम की माँगों के प्रभाव को हल्का किया जा सके।

लड़ने के विषय में क़ुरआन में जो पहली आयतें प्रकाशित की गई थीं, उनमें यह स्पष्ट कर दिया गया था कि लड़ने और मारने का एकमात्र उद्देश्य *फ़ितना* को समाप्त करना था:

> अल्लाह के मार्ग में उन लोगों से लड़ो जो तुमसे लड़ें,
> किन्तु ज़्यादती न करो। निस्संदेह अल्लाह ज़्यादती करनेवालों को पसन्द नहीं करता।
> और जहाँ कहीं उनपर क़ाबू पाओ, क़त्ल करो
> और उन्हें निकालो जहाँ से उन्होंने तुम्हें निकाला है,
> इसलिए कि *फ़ितना* (उपद्रव) क़त्ल से भी बढ़कर गम्भीर है।
>
> . . .
>
> तुम उनसे लड़ो यहाँ तक कि *फ़ितना* (उपद्रव) शेष न रह जाए
> और दीन (धर्म) अल्लाह के लिए हो जाए।
> अतः यदि वे बाज़ आ जाएँ [इस्लाम पर अविश्वास करना और इसका विरोध बन्द कर दें],
> तो अत्याचारियों के अतिरिक्त किसी के विरुद्ध कोई क़दम उठाना ठीक नहीं।
> (क़ु.2:190-193)

मुसलमानों के *फ़ितना* का भाव, जो "क़त्ल से भी बढ़कर गम्भीर" था, अत्यन्त महत्त्वपूर्ण प्रमाणित हुआ। इन्हीं शब्दों का उपयोग मक्का के एक कारवाँ पर किए गए हमले के बाद भी हुआ है (क़ु.2:217), जो पवित्र महीने के दौरान किया गया था (इस महीने के दौरान अरबी परम्परा के अनुसार लूटमार करने पर रोक लगा दी जाती थी)। इसके माध्यम से यह सन्देश दिया जा रहा था कि एक काफिर का लहू बहाना किसी मुसलमान को उसके ईमान से भटकाने से कम गम्भीर बात थी।

सूरह 2 की इन आयतों में अन्य महत्त्वपूर्ण शब्द "तुम उनसे लड़ो यहाँ तक कि *फ़ितना* शेष न रह जाए" है। मुहम्मद के मदीना में रहते हुए दूसरे वर्ष के दौरान बद्र के युद्ध के बाद इन शब्दों को फिर से प्रकाशित किया गया था (क़ु.8:39)।

फ़ितना वाले ये वाक्यांश, जो दो-दो बार प्रकाशित किए गए हैं, इस सिद्धान्त को स्थापित करते हैं कि लोगों के इस्लाम को कबूल करने में आने वाली रुकावटों को दूर करने अथवा मुसलमानों को इस्लाम छोड़ने के लिए किए जाने वाले किसी भी प्रकार के प्रलोभन को मिटा डालने के लिए जिहाद सही है। दूसरों से लड़ना और उन्हें क़त्ल करना चाहे कितना भी दुखदायी क्यों न हो, तौभी इस्लाम को महत्त्वहीन समझना या इस्लाम के रास्ते में रुकावटें पैदा करना तो और भी भयानक बात थी।

मुस्लिम विद्वानों ने तो *फ़ितना* की विचारधारा को अविश्वास की केवल मौजूदगी पर भी लागू कर दिया, जिससे इन शब्दों का यह अर्थ निकाला गया कि "अविश्वास क़त्ल से भी बढ़कर गम्भीर है।"

इस प्रकार की समझ ने, कि "*फ़ितना* क़त्ल से भी बढ़कर गम्भीर है," मुसलमानों को एक सार्वभौमिक अध्यादेश दे दिया कि जितने काफिर मुहम्मद के सन्देश को ठुकराते हैं, उन सभी से लड़ो और उन्हें मार

डालो, फिर चाहे उनका मुसलमानों से कोई वास्ता है या नहीं। सुप्रसिद्ध टिप्पणीकार इब्न खातिर के शब्दों में, अविश्वासियों द्वारा केवल "अविश्वास करना" उनका क़त्ल किए जाने से बढ़कर गम्भीर बुराई थी। इससे अविश्वास को पूरी तरह से मिटाने और इस्लाम को बाकी सब धर्मों से सर्वश्रेष्ठ करने की आवश्यकता को अनुमति मिल गई (क़ु.2:193; क़ु.8:39)।

"पीड़ित तो हम हैं!"

क़ुरआन की इन आयतों के द्वारा मुहम्मद ने मुसलमानों के पीड़ित होने पर बल दिया। युद्ध और विजय को धर्मी रूप दिए जाने के लिए उसने दावा किया कि काफिर शत्रु दोषी हैं और हमले के ही लायक हैं। मुसलमानों को पीड़ित होने का अधिक से अधिक ऐलान करने के द्वारा हिंसा को सही ठहराया गया: मुसलमानों द्वारा उनके शत्रुओं को जितनी भयानक सज़ा दी जाएगी, उतना ही यह अधिक जरूरी हो जाएगा कि उनके शत्रुओं को अधिक से अधिक दोषी ठहराया जाए। अल्लाह द्वारा यह ऐलान किए जाने के बाद, कि मुसलमानों के कष्ट "क़त्ल से भी बढ़कर गम्भीर हैं," मुसलमानों के लिए यह मान्यता रखना अनिवार्य हो गया कि वे अपनी पीड़ित होने की दशा को उस सज़ा से बढ़कर गम्भीर मानें जिसे वे अपने शत्रुओं पर ला रहे हैं।

क़ुरआन में और मुहम्मद के *सुन्ना* में स्थापित यह थियोलॉजिकल जड़ ही है, जो बताती है कि क्यों कुछ मुसलमान बार-बार इस बात पर बल देते हैं कि उनकी अपनी पीड़ित होने की दशा उन लोगों की दशा से बढ़कर गम्भीर है जिन पर वे आक्रमण कर रहे हैं। यह मानसिकता अलजेरिया के धार्मिक राजनीति के प्रोफेसर अहमद बिन मुहम्मद ने भी दर्शाई, जब वह डॉ. वफा सुलतान के साथ अल-जज़ीरा टीवी पर एक बहस में शामिल था। डॉ. सुलतान ने तर्क दिया था कि मुसलमानों ने अनेक निर्दोषों की हत्या की थी। डॉ. सुलतान के तर्क से क्रोधित होकर अहमद बिन मुहम्मद ने चिल्लाते हुए यह कहना आरम्भ कर दिया:

> पीड़ित तो हम हैं! . . . हम [मुसलमानों] में ऐसे करोड़ों लोग पाए जाते हैं जो निर्दोष हैं, जबकि तुम में पाए जाने वाले निर्दोष लोग कितने हैं . . . केवल कुछ दर्जन, सैकड़ों या फिर ज्यादा से ज्यादा कुछ हजार।

पीड़ित होने की यह मानसिकता आज भी अनेक मुस्लिम समुदायों को अपना शिकार बनाए हुए है और अपने कामों की जिम्मेदारी अपने ऊपर लेने की उनकी क्षमता को कमज़ोर बनाती जा रही है।

प्रतिशोध

जैसे-जैसे मदीना में मुहम्मद की सैन्य ताकत बढ़ती गई और विजय आनी आरम्भ हो गई, वैसे-वैसे उसके पराजित शत्रुओं के साथ उसके व्यवहार से उसके युद्ध की प्रेरणाएँ स्पष्ट होने लगीं। इसका एक उल्लेखनीय उदाहरण मुहम्मद द्वारा उकबा के साथ किया गया व्यवहार था, जिसने मुहम्मद पर ऊँट का

गोबर और अँतड़ियाँ फेंकी थीं। बद्र के युद्ध में उकबा को गिरफ्तार कर लिया गया, जिसने अपनी जान की भीख माँगते हुए कहा, "ओ मुहम्मद, ज़रा सोचो, मेरे बच्चों का क्या होगा?" मुहम्मद ने उत्तर दिया, "वे नरक में जाएँगे!" और यह कहकर मुहम्मद ने उकबा की हत्या करवा दी। बद्र के युद्ध के बाद मक्का के नागरिकों के शव एक गड्ढे में फेंक दिए गए और आधी रात को मुहम्मद ने उस गड्ढे के पास जाकर मक्का के मृतकों का ठट्ठा किया।

ऐसे घटनाक्रम दर्शाते हैं कि मुहम्मद उन लोगों से प्रतिशोध लेना और उन्हें सबक सिखाना चाहता था, जिन्होंने उसे अस्वीकार किया था। वह चाहता था कि मृतक भी उसकी सुनें।

जिन लोगों ने मुहम्मद को अस्वीकार किया था, वे हमेशा उसके निशाने पर सबसे ऊपर रहे। जब मुहम्मद ने मक्का को जीत लिया, तो उसने वहाँ पर क़त्लेआम मचाने से मना किया। लेकिन उसने कुछ लोगों के नाम बताए थे, जिन्हें हर हाल में मारा जाना था। इनमें से तीन लोग ऐसे थे जिन्होंने इस्लाम को छोड़ दिया था, दो लोग (जिनमें से एक महिला थी) ऐसे लोग थे जिन्होंने मक्का में मुहम्मद का अपमान किया था, और दो दासियाँ थीं जो मुहम्मद का ठट्ठा करने वाले गीत गाया करती थीं।

मुहम्मद द्वारा मक्का के इन लोगों को मारने का फैसला दर्शाता है कि अस्वीकार किए जाने के कारण मुहम्मद के स्वभाव में कितना बड़ा परिवर्तन आ गया था। इस्लाम छोड़ने वाले लोग *फ़ितना* का जीता-जागता खतरा थे, क्योंकि जब तक वे जीवित थे, तब तक वे इस बात की साक्षी थे कि इस्लाम को छोड़ा जाना सम्भव है। मुहम्मद का ठट्ठा अथवा अपमान करने वाले लोग खतरनाक थे, क्योंकि उनमें दूसरों की आस्था को नीचा दिखाने की ताकत थी।

इसका गैर-मुसलमानों पर प्रभाव

इस्लामिक शरीअत में गैर-मुसलमानों को अस्वीकार करने की जड़ मुहम्मद के भावनात्मक दृष्टिकोण और उसे व्यक्तिगत तौर पर अस्वीकार किए जाने के प्रतिउत्तर में पाई जाती है।

आरम्भ में मुहम्मद की शत्रुता केवल अपने कबीले के लोगों अर्थात् मूर्तिपूजक अरबियों से थी। मूर्तिपूजक अरबियों के साथ मुहम्मद के बर्ताव में हम एक पद्धति देख सकते हैं, जिसके कारण वे मुसलमानों के विरुद्ध हीनभावना को बढ़ाते जा रहे थे और इसी के कारण इस सिद्धान्त का उदय हुआ कि अविश्वास के अस्तित्व के कारण ही *फ़ितना* जारी रहता है। किताबवालों के साथ मुहम्मद के बर्ताव में भी इस पद्धति को देखा जा सकता है। इस्लाम को ठुकराने के कारण उन्हें चिरस्थाई तौर पर दोषी ठहरा दिया गया, जिसके कारण उन्हें अधीन किया जाना तथा हीन माना जाना जरूरी हो गया।

मक्का पर विजय प्राप्त करने से पहले, मुहम्मद ने एक दर्शन देखा था कि वह यात्रा के लिए मक्का जा रहा है। उस समय यह असम्भव था, क्योंकि मुसलमानों का मक्का के निवासियों से युद्ध चल रहा था। इस दर्शन को देखने के बाद मुहम्मद हुदैबिया की सन्धि स्थापित करने में सफल हो गया, जिसके कारण उसे यह यात्रा करने की अनुमति मिल गई। इस सन्धि की समय-सीमा दस वर्ष थी और शर्त यह थी कि

मुहम्मद उन सब लोगों को मक्का वापिस भेज देगा, जो अपने परिवारजनों की अनुमति के बिना उसके पास थे। इसमें गुलाम और महिलाएँ शामिल थीं। इस सन्धि ने दोनों पक्षों के लोगों को यह अनुमति भी दी कि वे आपस में किसी भी प्रकार की साझेदारी कर सकते थे।

मुहम्मद ने इस सन्धि की शर्तें तोड़ दीं, क्योंकि जब मक्का के लोग अपनी पत्नियों या गुलामों को लेने के लिए उसके पास आए, तो उसने यह कहकर उन्हें भेजने से इनकार कर दिया कि ऐसा करने का अधिकार उसे अल्लाह से मिला है। इसका सबसे पहला उदाहरण उम्म कुलतुम नाम की महिला है, जिसके भाई उसे लेने के लिए आए थे। इब्न इशाक ने लिखा कि मुहम्मद ने यह कहकर उसे भेजने से इनकार कर दिया, "अल्लाह ने इसकी अनुमति नहीं दी है" (क़ु.60:10)।

सूरह 60 में मुसलमानों को निर्देश दिया गया है कि वे अविश्वासियों को अपने मित्र न बनाएँ। इसमें लिखा है कि अगर कोई मुसलमान मक्का के किसी व्यक्ति से प्रेम करता है और इस बात को छिपाता है, तो वह अपने विश्वास से भटक गया है, क्योंकि अविश्वासी केवल इतना ही चाहते हैं कि किसी न किसी तरह से मुसलमानों को उनके विश्वास से भटका दें। पूरा का पूरा सूरह 60 हुदैबिया की सन्धि के विपरीत है, जिसमें कहा गया था, "हम न तो एक दूसरे से शत्रुता करेंगे और न ही अपने दिल में कोई भेदभाव अथवा बुरी कामना रखेंगे।" लेकिन आगे चलकर जब मुसलमानों ने मक्का पर हमला करके उस पर कब्जा कर लिया, तो इसकी सफाई देते हुए कहा गया कि ऐसा इसलिए किया गया है क्योंकि कुरैशियों ने इस सन्धि को तोड़ दिया था।

इसके बाद अल्लाह ने आदेश दिया कि मूर्तिपूजकों के साथ किसी भी प्रकार की सन्धि नहीं की जा सकती—"अल्लाह मुशरिकों के प्रति ज़िम्मेदारी से बरी है" और "मुशरिकों को जहाँ कहीं पाओ क़त्ल करो" (क़ु.9:3, 5)।

इन घटनाओं से यह मूल इस्लामिक दृष्टिकोण प्रकट हो गया कि गैर-मुसलमान अविश्वासी स्वभाव से ही सन्धियों को तोड़ने वाले लोग हैं और वाचाओं का पालन नहीं कर सकते (क़ु.9:2-8)। इसके साथ ही अल्लाह से निर्देश प्राप्त करके मुहम्मद ने कहा कि काफिरों के साथ सन्धि तोड़ने का अधिकार उसे प्राप्त है। जब मुहम्मद ने एक महाशक्ति से अधिकार प्राप्त करने का दावा करके अपनी सन्धियों को तोड़ा, तो इसे अधर्म नहीं माना गया।

ऐसे घटनाक्रम दर्शाते हैं कि मुहम्मद ने अविश्वासियों को ऐसे लोगों के वर्ग में डाल दिया जो मुसलमानों को अपनी आस्था से भटका देते हैं (अर्थात् वे जो *फ़ितना* करते हैं), जिसके कारण गैर-मुसलमानों के साथ मुसलमानों का सामान्य सम्बन्ध तब तक स्थापित होना असम्भव हो गया, जब तक कि वे इस्लाम को अस्वीकार करते रहते हैं।

अगले भागों में हम देखेंगे कि कैसे मुहम्मद ने अपने आक्रोश और आक्रामकता में अरब में रह रहे यहूदियों के साथ क्या किया और इसके क्या घातक परिणाम निकले। अरब के यहूदियों के साथ मुहम्मद

का सामना होने पर गैर-मुसलमानों के प्रति इस्लाम की नीतियों की नींव पड़ी, जिसमें किताबवालों के लिए दिम्मा वाचा शामिल है, जिस पर हम आगे वाले एक अध्याय में चर्चा करेंगे।

यहूदियों के बारे में मुहम्मद का आरम्भिक दृष्टिकोण

आरम्भ में मुहम्मद यहूदियों के मन में यह बात बैठाना चाहता था कि वह लम्बे समय से चले आ रही नबियों की प्रथा में से ही एक है, जिसमें अनेक नबी यहूदी थे। मक्का में लिखे गए बाद वाले सूरह में और मदीना में प्राप्त हुए आरम्भिक प्रकाशनों में यहूदियों के बहुत सारे हवाले दिए गए हैं, जिन्हें प्रायः किताबवाले कहा गया है। इस समय के दौरान क़ुरआन दावा करता है कि हालाँकि कुछ यहूदियों ने विश्वास कर लिया था और कुछ ने विश्वास नहीं किया था, तौभी मुहम्मद का सन्देश उनके लिए एक आशीष बनकर आया था (क़ु.98:1-8)।

मुहम्मद की मुलाकात कुछ मसीहियों से भी हुई थी और इन मुलाकातों से उसे प्रोत्साहन मिला था। खदीजा के चचेरे भाई वर्क ने मुहम्मद को नबी घोषित किया था। एक परम्परा यह भी बताती है कि अपनी एक यात्रा के दौरान मुहम्मद की मुलाकात बाहिरा नाम के एक सन्त से हुई थी, जिसने मुहम्मद को नबी घोषित किया था। शायद मुहम्मद यह उम्मीद कर रहा था कि यहूदी भी उसे अल्लाह की ओर से एक "स्पष्ट चिह्न" के तौर पर देखेंगे (क़ु.98) और उसके सन्देश को सकारात्मकता से स्वीकार करेंगे। वास्तव में मुहम्मद ने कहा था कि वह वही शिक्षा दे रहा है जो यहूदी धर्म में दी जाती है, जिसमें "प्रार्थना करना" और *ज़कात*[7] देना शामिल है (क़ु.98:5)। उसने अपने अनुयायियों को यह भी सिखाया कि वे *अल-शाम* 'सीरिया' की ओर मुख करके प्रार्थना करें, जिसकी व्याख्या इस प्रकार की जाती है कि इसका अर्थ यरूशलेम की ओर मुख करके प्रार्थना करना था, जो यहूदी परम्परा की नकल था।

इस्लामिक परम्परा बताती है कि जब मुहम्मद मदीना पहुँचा, तो उसने मुसलमानों और यहूदियों में एक वाचा स्थापित की। इस वाचा में यहूदियों के धर्म को यह कहते हुए स्वीकृति दी गई—"यहूदियों का अपना धर्म है और मुसलमानों का अपना धर्म है"—और इसमें आदेश दिया गया था कि यहूदी लोग मुहम्मद के प्रति वफादार रहेंगे।

मदीना में विरोध

मुहम्मद ने मदीना के यहूदियों को अपना सन्देश सुनाना आरम्भ किया, लेकिन उसने ऐसे विरोध का सामना किया जिसकी उसे उम्मीद नहीं थी। इस्लामिक परम्परा में कहा गया है कि इसका कारण ईर्ष्या था। मुहम्मद के कुछ प्रकाशनों में बाइबल के सन्दर्भ भी शामिल थे और इसमें कोई सन्देह नहीं है कि

---

7. इस्लाम के पाँच स्तम्भों में से एक *ज़कात* एक वार्षिक धार्मिक टैक्स है।

रब्बियों ने उसकी इस सामग्री का विरोध किया और मुहम्मद द्वारा पेश की गई व्याख्या में विरोधाभास को प्रकट किया।

इस्लाम के नबी को इन रब्बियों की ओर से आए प्रश्न परेशानी पैदा करने वाले लगे और कभी-कभी उसे बहुत अधिक मात्रा में क़ुरआन का प्रकाशन प्राप्त होता था, जो उसे इन प्रश्नों के उत्तर देता था। जब भी मुहम्मद के सामने किसी प्रश्न की ओर से चुनौती आती, वह इस अवसर को स्वयं को प्रमाणित करने के अवसर में बदल देता, जैसा कि क़ुरआन की आयतों में देखा जा सकता है।

मुहम्मद की रणनीतियों में से सबसे सरल रणनीति इस बात का दावा करना था कि यहूदी धोखेबाज़ हैं, वे केवल उन्हीं आयतों को बोलते हैं जो उनका समर्थन करती हैं, लेकिन जिन आयतों से उन्हें कोई समर्थन नहीं मिलता, उन्हें दूसरों से छिपा लेते हैं (क़ु.36:76; क़ु.2:77)। अल्लाह की ओर से एक अन्य उत्तर यह आया था कि यहूदियों ने अपने पवित्रशास्त्र में जानबूझ कर परिवर्तन कर लिए हैं (क़ु.2:75)।

इस्लामिक परम्परा में मुहम्मद के साथ हुई रब्बियों की बातचीत की व्याख्या एक सैद्धान्तिक वार्तालाप के तौर पर या मुहम्मद के दावों के लिए दिए गए तर्कपूर्ण उत्तरों के तौर पर नहीं की गई, बल्कि *फ़ितना* के तौर पर की गई है अर्थात् यह कि यह इस्लाम को और मुसलमानों की आस्था को नष्ट करने के लिए किया गया एक प्रयास था।

अस्वीकार करने वालों के विरुद्ध एक प्रतिरोधी थियोलॉजी

मुहम्मद की यहूदियों के साथ हुई परेशान कर देने वाली बातचीत से यहूदियों के प्रति उसकी बढ़ती हुई शत्रुता साफ तौर पर दिखाई देने लगी। जहाँ पहले क़ुरआन में आरम्भिक आयतों में कहा गया था कि कुछ यहूदी विश्वासी हो गए थे, वहीं अब क़ुरआन यह ऐलान कर रहा था कि सारी यहूदी जाति ही श्रापित हो गई है और केवल मुट्ठीभर यहूदी ही सच्चे विश्वासी हैं (क़ु.4:46)।

क़ुरआन में यह भी कहा गया है कि अतीत में कुछ यहूदी अपने पापों के कारण बन्दर और सूअर बन गए थे (क़ु.2:65; क़ु.5:60; क़ु.7:166)। अल्लाह ने उन्हें रसूलों का हत्यारा भी कहा (क़ु.4:155; क़ु.5:70)। अल्लाह ने वाचा-तोड़ने वाले यहूदियों के साथ अपना सम्बन्ध तोड़ लिया था, उनके दिलों को कठोर कर दिया था, इसलिए (केवल थोड़े यहूदियों को छोड़) मुसलमान उन्हें हमेशा विश्वासघाती ही पाएँगे (क़ु.5:13)। अपनी वाचा को तोड़ने के कारण यहूदियों को "घाटा उठाने वाले" घोषित कर दिया गया था, जिन्होंने अपना सच्चा मार्गदर्शन छोड़ दिया था (क़ु.2:27)।

मदीना में मुहम्मद की मान्यता यह हो गई थी कि उसे यहूदियों की त्रुटियों को सुधारने के लिए भेजा गया था (क़ु.5:115)। मदीना में मुहम्मद को मिले आरम्भिक प्रकाशनों में कहा गया था कि यहूदी धर्म वैध है (क़ु.2:62)। लेकिन फिर क़ु.3:85 के द्वारा इस आयत का खण्डन कर दिया गया। अन्ततः मुहम्मद ने ऐलान कर दिया कि उसके आने से यहूदी धर्म को रद्द कर दिया गया है और जो इस्लाम वह लेकर आया था, वह अन्तिम धर्म है और क़ुरआन अन्तिम प्रकाशन है। इस सन्देश को ठुकराने वाले सब लोग "घाटा

उठाने वाले" ठहरेंगे (क़ु.3:85)। अगर यहूदी अथवा मसीही अपने पुराने धर्म का पालन करते रहेंगे तो उन्हें स्वीकार नहीं किया जाएगा: उन्हें मुहम्मद को रसूल मानना होगा और मुसलमान बनना होगा।

क़ुरआन की आयतों में मुहम्मद ने यहूदी धर्म के विरुद्ध खुले तौर पर थियोलॉजिकल हमला बोल दिया। इसका कारण यह था कि यहूदियों द्वारा मुहम्मद के सन्देश को ठुकराने से उसे बहुत ठेस पहुँची थी। यहाँ पर भी मुहम्मद ने अपने आप को सही प्रमाणित किया, वैसे ही जैसे उसने मक्का के मूर्तिपूजकों का सामना करते हुए किया था। फिर मुहम्मद और भी आगे बढ़ गया और आक्रामक प्रतिउत्तर भी देने लगा।

अस्वीकृति हिंसा का रूप ले लेती है

मदीना में मुहम्मद ने यहूदियों को धमकाने और आखिरकार उनका नामो-निशान मिटाने का अभियान आरम्भ किया। बद्र के युद्ध में मूर्तिपूजकों पर विजय प्राप्त करने के बाद वह कायनुका के यहूदियों के पास गया और उन्हें धमकाया कि वह उन पर परमेश्वर का प्रतिशोध लेकर आएगा। फिर सोची-समझी साजिश के अनुसार उसने कायनुका के यहूदियों का घेराव किया और उन्हें मदीना में से भगा दिया।

उसके बाद मुहम्मद ने योजनाबद्ध रीति से यहूदियों का नरसंहार आरम्भ किया और अपने अनुयायियों को आदेश दिया, "जो भी यहूदी तुम्हारे हाथ लगता है, उसे मार डालो।" यहूदियों के लिए उसने ऐलान किया, *अस्लिम तस्लाम* अर्थात् "इस्लाम को कबूल करो, तो तुम सुरक्षित रहोगे।"

मुहम्मद की समझ में बहुत बड़ा अन्तर आ चुका था। गैर-मुसलमानों को उनकी सम्पत्ति और जीवन पर तभी अधिकार मिल सकता था, जब वे इस्लाम और मुसलमानों का समर्थन और सम्मान करते। इसके अतिरिक्त सबकुछ *फ़ितना* माना जाता था, जिसके कारण उन पर हमला किया जा सकता था।

मदीना के यहूदियों से निपटने का मुहम्मद का लक्ष्य अभी पूरा नहीं हुआ था। उसका अगला निशाना बानु नादिर था। सारे नादिर कबीले पर दोष लगाया गया कि उन्होंने अपनी वाचा को तोड़ दिया है और इस कारण उन पर हमला कर दिया गया। लम्बे समय तक घेराबन्दी के बाद उन्हें भी मदीना से भगा दिया गया और उनकी सम्पत्ति को मुसलमानों ने लूट लिया।

इसके बाद जिबरिल फरिश्ते से आदेश प्राप्त करके मुहम्मद ने आखरी यहूदी कबीले बानु कुरायज़ा की भी घेराबन्दी कर ली। जब यहूदियों ने बिना किसी शर्त के आत्म-समर्पण कर दिया, तो अलग-अलग लेखों के आधार पर मदीना के बाज़ार में लगभग छः सौ से नौ सौ के बीच यहूदी पुरुषों का सिर कलम कर दिया गया और यहूदी महिलाओं तथा बच्चों को लूट-सामग्री (अर्थात गुलामों) के तौर पर मुसलमानों में बाँट दिया गया।

अभी भी अरब के यहूदियों से मुहम्मद का मन नहीं भरा था। मदीना में से उनका अस्तित्व समाप्त करने के बाद उसने खैबर पर हमला किया। खैबर अभियान का आरम्भ यहूदियों के सामने रखे गए दो प्रकार के चयन के साथ हुआ: इस्लाम कबूल करो या मरो। लेकिन जब मुसलमानों ने खैबर के यहूदियों को

पराजित किया, तो उन्हें तीसरे चुनाव की पेशकश दी गई: एक शर्त के साथ आत्म-समर्पण। इस प्रकार खैबर के यहूदी सबसे पहले *दिम्मी* बने (अध्याय 6 देखें)।

यहाँ पर हम यहूदियों के साथ मुहम्मद के बर्ताव की बातचीत का समापन करते हैं।

यह ध्यान देना महत्त्वपूर्ण है कि चूंकि क़ुरआन में मसीहियों और यहूदियों के साथ एक समान बर्ताव करते हुए उन्हें एक ही वर्ग में रखा गया है अर्थात् उन्हें 'किताबवाले' कहा गया है, इसलिए क़ुरआन में यहूदियों के साथ अर्थात् किताबवालों के साथ किया गया बर्ताव और मुहम्मद का जीवन, आने वाले समय में मसीहियों के साथ किए जाने वाले बर्ताव का एक आदर्श बन गया।

अस्वीकृति के लिए मुहम्मद के तीन प्रतिउत्तर

हमने देखा कि इस्लाम के रसूल को अनेक स्तरों पर अस्वीकृति का सामना करना पड़ा: अपने पारिवारिक हालातों में, मक्का में उसके अपने समुदाय के लोगों से, और मदीना के यहूदियों से।

हमने अस्वीकृति के लिए उसके द्वारा इस्तेमाल किए गए अलग-अलग प्रतिउत्तरों पर भी ध्यान दिया है। आरम्भ में मुहम्मद ने स्वयं को अस्वीकार किए जाने पर कुछ प्रतिक्रियाएँ कीं, जिसमें आत्महत्या के विचार, दुष्टात्माओं से ग्रसित होने का डर और निराशा शामिल है।

फिर स्वयं को *प्रमाणित किए जाने के लिए* की गई प्रतिक्रियाएँ भी हैं, मानो वह अस्वीकृति के डर का सामना कर रहा था।[8] इसमें ये कुछ बातें शामिल थीं, जैसे कि अल्लाह उसके शत्रुओं को नरक की आग में जलाएगा; अपनी लज्जा को छिपाने के लिए किए गए दावे, जैसे कि सारे नबियों को कहीं न कहीं शैतान ने जरूर भरमाया था; और अल्लाह की ओर से भेजी गई आयतें, जिनमें ऐलान किया गया था कि मुहम्मद के प्रकाशनों का पालन करने वाले इस जीवन में तथा आने वाले जीवन में विजयी ठहरेंगे।

आखिरकार, *आक्रामक प्रतिउत्तर* सब पर हावी हो गए। इनके परिणामस्वरूप गैर-मुसलमानों से लड़ने और उन्हें अपने अधीन करने के द्वारा *फ़ितना* को समाप्त करने के लिए *जिहाद* के सिद्धान्त का उदय हुआ।

अपने प्रतिउत्तरों में मुहम्मद आत्म-अस्वीकृति में से होकर गुज़रा, फिर उसने स्वयं को प्रमाणित किया और अन्ततः आक्रामक हो गया। अनाथ मुहम्मद दूसरों को अनाथ करने वाला बन गया। अपने ऊपर सन्देह करने वाला मुहम्मद, जो इस कारण आत्महत्या करना चाहता था क्योंकि उसे लगता था कि वह दुष्टात्माओं से ग्रसित है, अन्ततः दूसरों को अस्वीकार करने वाला बन गया और अपनी आस्था को अन्य धर्मों से बेहतर और सर्वश्रेष्ठ बताकर हथियारों के बल पर दूसरों पर थोपने लगा।

---

8. अस्वीकृति और इसके लिए मुहम्मद के प्रतिउत्तरों पर चर्चा के लिए Noel और Phyl Gibson द्वारा लिखी पुस्तक *Evicting Demonic Squatters and Breaking Bondages* देखें।

मुहम्मद के भावनात्मक दृष्टिकोण के अनुसार अविश्वासियों की पराजय और अपमान उसके अनुयायियों की भावनाओं को "चंगा करेगी" और उनके क्रोध को शान्त करेगी। युद्ध के द्वारा स्थापित की जाने वाली इस चंगा करने वाली 'इस्लामिक शान्ति' का विवरण क़ुरआन में इस प्रकार दिया गया है:

> उनसे लड़ो! अल्लाह तुम्हारे हाथों से उन्हें यातना देगा और उन्हें अपमानित करेगा और उनके मुक़ाबले में वह तुम्हारी सहायता करेगा। और ईमानवाले लोगों के दिलों का दुखमोचन करेगा; उनके दिलों का क्रोध मिटाएगा (क़ु.9:14-15)।

मक्का में रहने वाले मूर्तिपूजकों ने आरम्भ में मुहम्मद और उसके अनुयायियों पर वास्तव में अत्याचार किए थे। लेकिन जब मुहम्मद मदीना में शक्तिशाली हो गया, तब वह उसके रसूल होने पर विश्वास न करने वालों को भी अत्याचारी मानने लगा और इस बात की अनुमति दे दी कि अविश्वासियों और ठट्ठा करने वालों का सामना हथियारों से किया जाए, फिर चाहे वे बहुदेववादी हों, चाहे यहूदी हों, या चाहे मसीही हों, ताकि या तो उन्हें चुप करवा दिया जाए या फिर धमका कर अधीनता में ले आया जाए। मुहम्मद ने ऐसी विचारधारा और सैन्य कार्यक्रम को स्थापित किया जिससे सुनियोजित रीति से उसके अपने प्रति और उसके धार्मिक समुदाय के प्रति होने वाली किसी भी प्रकार की अस्वीकृति को जड़ से मिटाया जा सके। आगे चलकर उसने दावा किया कि उसके इस कार्यक्रम की सफलता इस बात का प्रतीक थी कि उसका रसूल पद प्रमाणित और उचित है।

जहाँ एक ओर यह सब हो रहा था, वहीं दूसरी ओर मुहम्मद अपने मुसलमान अनुयायियों पर अधिक से अधिक नियन्त्रण करता जा रहा था। जबकि पहले-पहल मक्का में क़ुरआन ने ऐलान किया था कि मुहम्मद केवल एक "चेतावनी देने वाला" था, वहीं मदीना पहुँचने के बाद वह अपने वफादारों का सेनानायक बन गया, और उनके जीवन पर इतना अधिक नियन्त्रण करने लगा कि एक स्थान पर तो क़ुरआन में यह ऐलान भी कर दिया कि एक बार जब "अल्लाह और उसके रसूल" ने किसी मसले पर कोई फैसला ले लिया है, तो उसके वफादार अब कोई भी प्रश्न किए बिना उसकी आज्ञा का पालन करने के अलावा और कुछ नहीं कर सकते (क़ु.33:36), और अल्लाह की आज्ञा का पालन करने का तरीका उसके रसूल की आज्ञा का पालन करना है (क़ु.4:80)।

मदीना में मुहम्मद जो नियन्त्रण लेकर आया, उसने आज तक शरीअत के माध्यम से मुसलमानों को डर में रखा हुआ है। इसका एक उदाहरण शरीअत में मुहम्मद द्वारा दिया गया एक नियम है, जिसके अनुसार यदि कोई पुरुष अपनी पत्नी को तीन बार "मैं तुम्हें तलाक देता हूँ" कहकर तलाक दे देता है, और फिर यदि वे दोनों आपस में फिर शादी करना चाहते हैं, तो उस महिला को पहले किसी अन्य पुरुष से शादी करनी होगी, उसके साथ शारीरिक सम्बन्ध बनाना होगा, अपने दूसरे पति के द्वारा तलाक दिया जाना होगा और तभी वह अपने पहले पति के पास लौट सकती है। इस नियम के कारण मुस्लिम स्त्रियों में बहुत दुख पाया जाता है।

क़ुरआन में मुहम्मद के रसूल पद की प्रगति के चिह्न दिए गए हैं। यह मुहम्मद का अपना, अत्यन्त निजी लेख है, जिसमें दर्शाया गया है कि चारों ओर से आने वाली अस्वीकृति के मध्य वह दूसरों से शत्रुता को बढ़ाता गया और आक्रामक होता गया, और दूसरों के जीवन पर नियन्त्रण करने की उसकी इच्छा लगातार बढ़ती गई। गैर-मुसलमानों पर थोपे जाने वाली विशेषताओं, जैसे कि चुप्पी, दोष और आभार की जड़ों को अस्वीकृति के प्रति मुहम्मद के अपने प्रतिउत्तरों में तथा उन लोगों को हिंसक तौर पर घाटा उठाने वाले तथा अस्वीकृत घोषित किए जाने में देखा जा सकता है, जो यह कहने से इनकार करते हैं, "मैं कबूल करता हूँ कि अल्लाह को छोड़ कोई और ईश्वर नहीं है और मुहम्मद ही अल्लाह का रसूल है।"

मुहम्मद के अनुभव और अस्वीकृति के लिए उसके प्रतिउत्तरों, जिसे उसने दूसरों से प्राप्त किया और दूसरों पर थोपा, और अपने आप को सही प्रमाणित करके अपने शत्रुओं पर सफलता प्राप्त करने के उसके पागलपन पर हम अपनी चर्चा को यहाँ पर समाप्त करते हैं।

"सर्वोत्तम आदर्श"

इस अध्याय में हम मुहम्मद के चरित्र के कुछ मुख्य बिन्दुओं के बारे में सीखते आ रहे हैं। हालाँकि इस्लाम में उसे मानवता के लिए सर्वश्रेष्ठ आदर्श माना गया है, तौभी हमने देखा कि कैसे अस्वीकृति के कारण उस पर गहरा प्रभाव पड़ा और उसे कितना गहरा आघात पहुँचा। उसके प्रतिउत्तर में अपने आप को ठुकराना, अपने आप को प्रमाणित करना, नियन्त्रण और आक्रामकता शामिल थी। अस्वीकृति के लिए उसके ये प्रतिउत्तर उसके लिए हानिकारक थे और आज तक अलग-अलग प्रकार से लोगों के लिए हानिकारक बने हुए हैं।

मुहम्मद का व्यक्तिगत इतिहास महत्त्वपूर्ण है, क्योंकि उसकी व्यक्तिगत समस्याएँ अब शरीअत और उसके दृष्टिकोण के माध्यम से सारे संसार की समस्याएँ बन चुकी हैं। इस प्रकार मुसलमान आत्मिक तौर पर मुहम्मद के चरित्र और आदर्श के साथ बँधे रहते हैं। यह बन्धन शहादा को पढ़ने के द्वारा उन पर डाला जाता है, और जब भी शहादा को पढ़ा जाता है, तो इस्लाम की विधियों के माध्यम से इस बन्धन को लगातार मजबूत बनाया जाता है। एक मुस्लिम बच्चे के पैदा होते ही उसके कानों में डाले जाने वाले पहले शब्द शहादा के ही होते हैं, जिसका ऐलान उसके कानों में किया जाता है।

शहादा ऐलान करता है कि मुहम्मद अल्लाह का रसूल है, जिसके द्वारा क़ुरआन को अल्लाह के वचन होने की पुष्टि मिल जाती है, जिसे अल्लाह के रसूल मुहम्मद के द्वारा प्रकट किया गया था। शहादा का अंगीकार करने वाला व्यक्ति उन सब बातों के लिए सहमति दे देता है, जो क़ुरआन में मुहम्मद के बारे में लिखी हैं, जिसमें उसके आदर्श का पालन करना, मुहम्मद का अनुकरण न करने वालों पर मुहम्मद की ओर से बोली गई धमकियाँ और श्राप, तथा मुहम्मद के सन्देश को ठुकराने और उसका अनुकरण करने से इनकार करने वालों का विरोध करने और यहाँ तक कि उनसे युद्ध करने का कर्तव्य भी शामिल है।

वास्तव में, शहादा आत्मिक संसार में—इस अन्धकार के युग के अधिकारियों और ताकतों के सामने किया जाने वाला एक ऐलान है (इफिसियों 6:12)—कि इस्लाम का विश्वासी अब मुहम्मद के आदर्श का पालन करने की वाचा के साथ बँध गया है। उसका अब मुहम्मद के साथ एक 'अन्तरात्मा का बन्धन' स्थापित हो गया है (अध्याय 7 देखें)। इससे मुहम्मद के साथ एक आत्मिक बन्धन स्थापित हो जाता है। वाचा का यह बन्धन अधिकारियों और ताकतों को यह अनुमति दे देता है कि वे मुस्लिम विश्वासियों पर वही नैतिक और आत्मिक समस्याएँ ले आएँ, जिन्होंने मुहम्मद को चुनौती दी थी और उसे बाँध लिया था, और जिनकी जड़ें इस्लामिक शरीअत में हैं और इसी के द्वारा उन्हें मजबूत बनाया जाता है, जिससे वे इस्लामिक संस्कृतियों में अपनी जड़ें फैला लेती हैं।

हम मुहम्मद के *सुन्ना* के बहुत सारे नकारात्मक पहलुओं में से केवल कुछ पर ही चर्चा करते आए हैं, जिन्हें शहादा और शरीअत के प्रभावों के कारण अनगिनत मुसलमानों के जीवन में भी देखा जा सकता है। मुहम्मद के आदर्श और शिक्षा में शामिल कुछ नकारात्मक पहलू ये हैं:

- हिंसा और युद्ध
- हत्या
- दूसरों को गुलाम बनाना
- प्रतिशोध और बदला
- नफरत
- स्त्रियों से नफरत
- यहूदियों से नफरत
- शोषण
- लज्जा और दूसरों को लज्जित करना
- धमकाना
- छल
- बुरा मानना
- अपने को पीड़ित मानना
- अपने आप की प्रामाणिकता देना
- अपने आप को दूसरों से श्रेष्ठ समझना
- परमेश्वर के गुणों की गलत व्याख्या करना
- दूसरों पर प्रभुता करने की इच्छा रखना
- बलात्कार

शहादा का अंगीकार करने के द्वारा मुसलमान यह भी ऐलान करते हैं कि वे मसीह तथा बाइबल के बारे में वह सब मानते हैं, जो क़ुरआन और *सुन्ना* में लिखा है। जिसमें निम्नलिखित शामिल है:

- क्रूस पर मसीह की मृत्यु से इनकार करना;
- क्रूस से नफरत करना;
- यीशु को परमेश्वर का पुत्र मानने से इनकार करना (इसे स्वीकार करने वालों पर श्राप बोलना);
- यह आरोप लगाना कि यहूदियों और मसीहियों ने अपने पवित्रशास्त्र में बदलाव कर दिए हैं; और
- यह दावा करना कि यीशु वापिस आ रहा है और वापिस आकर वह मसीहियों का नाश करेगा और सारे संसार को मुहम्मद की शरीअत का पालन करने के लिए मजबूर करेगा।

ये सब बातें बहुत भारी बोझ हैं। इस्लाम को त्याग कर यीशु मसीह के अनुयायी बनने वालों के सामने आने वाली एक चुनौती यह है कि जब तक इन अवगुणों के साथ विशिष्ट तौर पर निपटा न जाए, तब तक ये उनके अन्तरात्मा में अपनी पैठ बनाए रखते हैं। यही कारण है कि इस्लाम को त्याग कर यीशु मसीह के अनुयायी बनने वाले मुसलमानों को अपने मसीही जीवन में संघर्ष और कठिनाइयाँ आते रहते हैं।

यदि मुहम्मद को एक रसूल मानने से खास तौर पर इनकार का ऐलान नहीं किया गया, तो क़ुरआन की धमकियाँ और श्राप, तथा मुहम्मद द्वारा मसीह की मृत्यु और प्रभुत्व का विरोध आत्मिक अस्थिरता का एक बड़ा कारण हो सकते हैं, जिसके कारण कोई भी व्यक्ति बड़ी आसानी से धमकियों से डर जाएगा और मसीह के अनुयायी के तौर पर अस्थिर हो जाएगा तथा भरोसे की कमी का शिकार हो जाएगा। इससे उनके चेलेपन पर बहुत नकारात्मक प्रभाव पड़ सकता है।

इस कारण जब कोई व्यक्ति इस्लाम को छोड़ता है, तो उनके लिए यह सुझाव दिया जाता है कि उन्हें विशिष्ट तौर पर मुहम्मद के आदर्श और शिक्षा को, तथा साथ ही क़ुरआन को, जिसमें शहादा में शामिल सारे श्राप भी मौजूद हैं, ठुकराना और उससे अपना नाता तोड़ने का ऐलान करना जरूरी है। अगले अध्याय में हम सीखेंगे कि इसे कैसे करना है, जब हम यीशु मसीह के जीवन और उसके क्रूस पर चर्चा करेंगे, मुहम्मद के आदर्श से आज़ाद होने के शक्तिशाली कदमों का सुझाव देंगे।

5

शहादा से आज़ादी

"यदि कोई मसीह में है तो वह नई सृष्टि है।"
2 कुरिन्थियों 5:17

इन भागों में हम देखेंगे कि यीशु ने अपने जीवन में आने वाली अस्वीकृति का प्रतिउत्तर कैसे दिया। मुहम्मद के समान ही यीशु का जीवन भी अस्वीकृति की कहानियों से भरा हुआ है, जिसका अन्त क्रूस पर होता है। मुहम्मद ने अत्याचार का प्रतिउत्तर प्रतिशोध में दिया, जबकि मसीह ने एकदम भिन्न प्रतिउत्तर दिया, जो इस्लाम से आज़ादी पाने की कुंजी है।

एक कठिन आरम्भ

मुहम्मद के समान ही यीशु का जीवन भी अस्वीकृति से भरा हुआ था। उसके जन्म के समय उस पर नाजायज़ औलाद होने का खतरा मण्डराता रहा (मत्ती 1:18-25)। उसका जन्म बहुत ही दीन-हीन परिस्थितियों में एक चरनी में हुआ (लूका 2:7)। उसके जन्म के बाद राजा हेरोदेस ने उसकी हत्या करने का प्रयास किया। फिर उसे एक शरणार्थी के तौर पर मिस्र में जाकर शरण लेनी पड़ी (मत्ती 2:13-18)।

यीशु पर प्रश्न उठाए गए

जब यीशु ने लगभग तीस वर्ष की आयु में अपनी शिक्षा का सेवाकार्य आरम्भ किया, तो उसे बहुत अधिक विरोध का सामना करना पड़ा। जैसा मुहम्मद के साथ हुआ था, वैसे ही यहूदी धार्मिक नेता भी यीशु से प्रश्न पूछते थे, जो उसके अधिकार को चुनौती देने और उसे नीचा दिखाए जाने के लक्ष्य से पूछे जाते थे:

> . . . शास्त्री और फरीसी बुरी तरह उसके पीछे पड़ गए और छेड़ने लगे कि वह बहुत सी बातों की चर्चा करे, और घात में लगे रहे कि उसके मुँह की कोई बात पकड़ें (लूका 11:53-54)।

ये प्रश्न कुछ इस प्रकार के थे:

- यीशु सब्त के दिन लोगों की मदद क्यों कर रहा था: यह प्रश्न यह दर्शाने के लिए पूछा गया था कि यीशु व्यवस्था-विधान को तोड़ रहा था (मरकुस 3:2; मत्ती 12:10)
- यीशु जो काम कर रहा था, वह किस अधिकार से कर रहा था (मरकुस 11:28; मत्ती 21:23; लूका 20:2)
- क्या किसी व्यक्ति का अपनी पत्नी को तलाक देना व्यवस्था-विधान के आधार पर सही है (मरकुस 10:2; मत्ती 19:3)
- क्या कैसर को कर दिया जाना उचित है (मरकुस 12:15; मत्ती 22:17; लूका 20:22)
- सबसे बड़ा आदेश क्या है (मत्ती 22:36)
- मसीह किसका पुत्र है (मत्ती 22:42)
- यीशु के पिता के बारे में (यूहन्ना 8:19)
- पुनरुत्थान के बारे में (मत्ती 22:23-28; लूका 20:27-33)
- उसे चिह्न दिखाने के लिए कहा गया (मरकुस 8:11; मत्ती 12:38; 16:1)

इन प्रश्नों के अतिरिक्त यीशु पर निम्नलिखित दोष भी लगाए गए:

- वह दुष्टात्माओं से ग्रसित था, उसमें 'शैतान था' और वह शैतान के सामर्थ्य से चमत्कार करता था (मरकुस 3:22; मत्ती 12:24; यूहन्ना 8:52; 10:20)
- उसके चेले न तो सब्त का (मत्ती 12:2) और न ही शुद्धीकरण की रीतियों का पालन करते थे (मरकुस 7:2; मत्ती 15:1-2; लूका 11:38)
- उसकी गवाही अवैध थी (यूहन्ना 8:13)

उसे अस्वीकार करने वाले

जब हम यीशु के जीवन और शिक्षा को देखते हैं, तो हम पाते हैं कि उसे अनेक व्यक्तियों और समूहों से अस्वीकृति का सामना करना पड़ा:

- जब यीशु एक शिशु ही था, तब राजा हेरोदेस ने उसकी हत्या करवाने की कोशिश की (मत्ती 2:16)।
- उसके अपने गाँव नासरत के लोगों ने उसकी बातों का बुरा माना (मरकुस 6:3; मत्ती 13:53-58), और उसकी हत्या करने के उद्देश्य से उसे पहाड़ी से धकेलने की कोशिश की (लूका 4:28-30)।
- उसके अपने परिवार के सदस्यों ने कहा कि उसका दिमाग ठिकाने पर नहीं है (मरकुस 3:21)।

- उसके अनेक अनुयायी उसे छोड़कर चले गए (यूहन्ना 6:66)।
- भीड़ ने उसका पथराव करने की कोशिश की (यूहन्ना 10:31)।
- धार्मिक नेताओं ने उसकी हत्या करने का षड्यन्त्र रचा (यूहन्ना 11:50)।
- यहूदा ने उसके साथ विश्वासघात किया, जो उसके सबसे करीबी चेलों में से एक था (मरकुस 14:43-45; मत्ती 26:14-16; लूका 22:1-6; यूहन्ना 18:2-3)।
- पतरस ने तीन बार उसका इनकार किया, जो उसके मुख्य चेलों में से एक था (मरकुस 14:66-72; मत्ती 26:69-75; लूका 22:54-62; यूहन्ना 18)।
- यरूशलेम में उग्र भीड़ ने उसे क्रूस पर चढ़ाए जाने की मांग की, जिस नगर में कुछ ही दिन पहले मसीह मानते हुए बड़े आनन्द के साथ उसका स्वागत किया गया था (मरकुस 15:12-15; लूका 23:18-23; यूहन्ना 19:15)।
- उसे घूँसे मारे गए, उस पर थूका गया और धार्मिक नेताओं द्वारा उसका ठट्ठा किया गया (मरकुस 14:65; मत्ती 26:67-68)।
- अंगरक्षकों और रोमी सैनिकों ने उसका ठट्ठा किया और उसके साथ बुरा बर्ताव किया (मरकुस 15:16-20; मत्ती 27:27-31; लूका 22:63-65; 23:11)।
- यहूदी और रोमी अदालतों में उस पर झूठे आरोप लगाए गए और उसे मृत्यु-दण्ड दे दिया गया (मरकुस 14:53-65; मत्ती 26:57-67; यूहन्ना 18:28 से आगे)।
- उसे क्रूसित किया गया, जो रोमियों द्वारा मृत्यु-दण्ड दिए जाने का सबसे भयानक तरीका था, जिसे यहूदी लोग परमेश्वर का श्राप लाने वाली सज़ा मानते थे (व्यवस्थाविवरण 21:23)।
- उसे दो डाकुओं के मध्य में क्रूस पर चढ़ाया गया और क्रूस पर वेदना में मरते हुए उसका अपमान किया गया (मरकुस 15:21-32; मत्ती 27:32-44; लूका 23:32-36; यूहन्ना 19:23-30)।

अस्वीकृति के लिए यीशु का प्रतिउत्तर

जब हम इतनी सारी अस्वीकृति को देखते हैं, तो हम पाते हैं कि यीशु न तो आक्रामक हुआ और न ही हिंसक हुआ। उसने प्रतिशोध लेने का प्रयास भी नहीं किया।

कभी-कभी यीशु अपने ऊपर लगाए जा रहे आरोपों के प्रतिउत्तर में चुप रहा, विशेषकर तब जब उसके क्रूसीकरण से ठीक पहले उस पर आरोप लगाए जा रहे थे (मत्ती 27:14)। आरम्भिक कलीसिया ने इसे मसीह के विषय में लिखी गई एक नबूवत की पूर्ति माना:

> वह सताया गया, तौभी वह सहता रहा और अपना मुँह न खोला; जिस प्रकार भेड़ वध होने के समय और भेड़ी ऊन कतरने के समय चुपचाप शान्त रहती है, वैसे ही उसने भी अपना मुँह न खोला। (यशायाह 53:7)

जब उसे चुनौती दी गई कि वह अपने आप को प्रमाणित करे, तो इसके प्रतिउत्तर में यीशु ने कुछ भी नहीं किया और बदले में केवल एक प्रश्न पूछा (उदाहरण के लिए, मत्ती 21:24; 22:15)।

उसने कभी भी झगड़ा नहीं किया, हालाँकि लोगों ने कई बार उससे झगड़ा करने का प्रयास किया:

> वह न झगड़ा करेगा, और न धूम मचाएगा, और न बाजारों में कोई उसका शब्द सुनेगा। वह कुचले हुए सरकण्डे को न तोड़ेगा, और धूआँ देती हुई बत्ती को न बुझाएगा, जब तक वह न्याय को प्रबल न कराए। (मत्ती 12:19-20, उद्धरण, यशायाह 42:1-4)

जब लोग यीशु का पथराव करना चाहते थे और उसकी हत्या करना चाहते थे, वह चुपचाप वहाँ से निकलकर कहीं और चला जाता था (लूका 4:30)। केवल अपने क्रूसीकरण से ठीक पहले यीशु कहीं नहीं गया, क्योंकि उसने अपने आप को मृत्यु के लिए सौंप दिया था।

इन प्रतिउत्तरों में मुख्य बात यह है कि जब यीशु के सामने अस्वीकृति के ये प्रलोभन आए, तो वह इन प्रलोभनों पर विजयी हुआ और अस्वीकृति का शिकार नहीं हुआ। इसका सारांश इब्रानियों को लिखी गई पत्री में इस प्रकार पेश किया गया है:

> . . . हमारा ऐसा महायाजक नहीं जो हमारी निर्बलताओं में हमारे साथ दुखी न हो सके; वरन् वह सब बातों में हमारे समान परखा तो गया, तौभी निष्पाप निकला। (इब्रानियों 4:15)

इंजील में यीशु की जो छवि हमारे लिए प्रस्तुत की गई है, उसमें उसे ऐसे व्यक्ति के तौर पर दर्शाया गया है जो सुरक्षित और निश्चिन्त था। वह प्रतिशोध की भावना नहीं रखता था और अपने विरोधियों का नाश करने की जरूरत महसूस नहीं करता था। यीशु ने न केवल अस्वीकृति का प्रतिउत्तर अच्छी रीति से दिया, बल्कि उसने अपने चेलों को अस्वीकृति का सामना करने के लिए कुछ थियोलॉजिकल सिद्धान्त भी सिखाए कि कैसे वे अस्वीकृति को अस्वीकार कर सकते हैं। इस थियोलॉजी के मुख्य घटक इस अध्याय के अन्त में दिए गए हैं।

अस्वीकृति की दो गाथाएँ

यह बात उल्लेखनीय है कि संसार के दो सबसे बड़े धर्मों के संस्थापकों, यीशु और मुहम्मद, दोनों ने गम्भीर अस्वीकृति के अवसरों का अनुभव किया। इनका आरम्भ उनके जन्म और बचपन से ही हो गया था और इनमें उनके परिवार के सदस्य और धार्मिक अधिकारी शामिल थे। दोनों पर ही पागल होने और दुष्टात्माओं से ग्रसित होने के आरोप लगाए गए। दोनों का अपमान और ठट्ठा किया गया। दोनों के साथ विश्वासघात किया गया। दोनों के जीवन खतरे में पड़े।

लेकिन इन उल्लेखनीय समानताओं पर एक अधिक उल्लेखनीय भिन्नता छा जाती है, जिसने इन दोनों धर्मों की स्थापना की पद्धतियों पर गहरा प्रभाव डाला। जहाँ एक ओर मुहम्मद की जीवन-गाथा में इन अस्वीकृतियों के जो नकारात्मक प्रतिउत्तर दिए गए, वे सामान्य मनुष्यों में भी पाए जाते हैं, जैसे कि अपने आप को ठुकरा देना, अपने आप को सही प्रमाणित करना, और आक्रामक हो जाना, वहीं दूसरी ओर यीशु की जीवन-गाथा एकदम अलग दिशा में आगे बढ़ती है। उसने अस्वीकृति को पराजित किया, लेकिन इसे दूसरों पर थोपकर नहीं बल्कि इसे गले लगाकर, और इस प्रकार मसीही मान्यता के अनुसार इसकी शक्ति को परास्त किया और इसकी पीड़ा को चंगा किया। यदि मुहम्मद के जीवन में शरीअत की आत्मिक कैद देने वाली विरासत की कुंजी छिपी है, तो वहीं मसीह के जीवन में आज़ादी और सम्पूर्णता की कुंजी छिपी है, जो इस्लाम को छोड़ने वालों और शरीअत की शर्तों के अधीन जीने वाले मसीहियों, दोनों के लिए उपलब्ध है।

अगले भागों में हम चर्चा करेंगे कि यीशु ने मसीह और मुक्तिदाता होने के अपने मिशन के प्रकाश में अस्वीकृति को कैसे समझा, और कैसे उसका जीवन और उसका क्रूस हमें अस्वीकृति के कड़वे परिणामों से आज़ाद कर सकता है।

अस्वीकृति को गले लगाओ

यीशु ने इस तथ्य को स्पष्ट कर दिया था कि परमेश्वर का मसीह होने के नाते अस्वीकृति उसके बुलावे का एक हिस्सा थी। परमेश्वर ने इस अस्वीकृत व्यक्ति को अपनी सारी इमारत के लिए कोने के पत्थर के तौर पर उपयोग करने की योजना बनाई थी:

> जिस पत्थर को राजमिस्त्रियों ने निकम्मा ठहराया था, वही कोने का सिरा हो गया . . . (मरकुस 12:10, उद्धरण, भजन संहिता 118:22-23, साथ ही मत्ती 21:42 देखें)

यीशु को एक पहचान मिली (उदाहरण के लिए, 1 पतरस 2:21 से आगे और प्रेरितों 8:32-35) कि वह यशायाह के अनुसार अस्वीकृत और दुखी सेवक था, जिसके दुखों के द्वारा मनुष्यों को शान्ति और उनके पापों से उद्धार मिलना था:

> वह तुच्छ जाना जाता और मनुष्यों का त्यागा हुआ था;
> वह दुखी पुरुष था, रोग से उसकी जान पहिचान थी
>
> . . .
>
> वह हमारे ही अपराधों के कारण घायल किया गया,
> वह हमारे अधर्म के कामों के कारण कुचला गया;
> हमारी ही शान्ति के लिये उस पर ताड़ना पड़ी,
> कि उसके कोड़े खाने से हम लोग चंगे हो जाएँ। (यशायाह 53:3-5)

इस योजना का केन्द्र क्रूस था और यीशु ने बार-बार इस तथ्य को बताया था कि उसे मृत्यु-दण्ड दिया जाएगा:

> तब वह उन्हें सिखाने लगा कि मनुष्य के पुत्र के लिये अवश्य है कि वह बहुत दुख उठाए, और पुरनिए और प्रधान याजक, और शास्त्री उसे तुच्छ समझकर मार डालें, और वह तीन दिन के बाद जी उठे। उसने यह बात उनसे साफ-साफ कह दी . . . (मरकुस 8:31-32; साथ ही मरकुस 10:32-34; मत्ती 16:21; 20:17-19; 26:2; लूका 18:31; यूहन्ना 12:23 देखें)

हिंसा न करो

यीशु ने अपने लक्ष्यों की प्राप्ति के लिए बल का उपयोग करने से विशिष्ट तौर पर और बार-बार मना किया, यहाँ तक कि उस समय भी जब उसकी खुद की जान खतरे में थी:

> तब यीशु ने उससे कहा, "अपनी तलवार म्यान में रख ले क्योंकि जो तलवार चलाते हैं वे सब तलवार से नष्ट किए जाएँगे।" (मत्ती 26:52)

क्रूस पर जाते समय भी यीशु ने बल देते हुए कहा कि उसके मिशन की पूर्ति बल का उपयोग करके कदापि न की जाए, फिर चाहे उसकी जान ही खतरे में क्यों न हो:

> यीशु ने उत्तर दिया, "मेरा राज्य इस संसार का नहीं; यदि मेरा राज्य इस संसार का होता, तो मेरे सेवक लड़ते कि मैं यहूदियों के हाथ सौंपा न जाता : परन्तु मेरा राज्य यहाँ का नहीं।" (यूहन्ना 18:36)

भविष्य में कलीसिया के दुखों का उल्लेख करते हुए यीशु ने "एक तलवार" चलवाने का उल्लेख किया। उसने कहा:

> यह न समझो कि मैं पृथ्वी पर मिलाप कराने आया हूँ; मैं मिलाप कराने नहीं, पर तलवार चलवाने आया हूँ। (मत्ती 10:34)

हालाँकि इसे एक प्रमाण माना जाता है कि यीशु ने हिंसा का उपयोग करने की अनुमति दी है, लेकिन वास्तव में यह उस विभाजन का हवाला है जो परिवारों में उस समय आ सकता है जब मसीहियों को उनकी आस्था के कारण अस्वीकार कर दिया जाता है। लूका में दी गई इसकी समानान्तर आयतों में "तलवार चलवाने" के स्थान पर "अलग कराने" का उपयोग हुआ है (लूका 12:51)। यहाँ पर तलवार प्रतीकात्मक है, जो अलग करने वाली वस्तु का प्रतीक है, जो एक परिवार में एक सदस्य को दूसरे सदस्य से अलग करती है। इसकी एक अन्य व्याख्या यह हो सकती है कि यीशु ने "तलवार" का उल्लेख करते हुए भविष्य में मसीहियों पर आने वाले उपद्रव की ओर संकेत किया। ऐसा होने पर तलवार मसीहियों के द्वारा नहीं, बल्कि उनकी साक्षी के कारण उनके विरुद्ध उठाई जाएगी।

यीशु द्वारा हिंसा न करना वास्तव में उन उम्मीदों के विरुद्ध था जो लोगों द्वारा मसीह के लिए की गई थीं, जब वह परमेश्वर के लोगों को बचाने के लिए आने वाला था। उम्मीद यह की जा रही थी कि यह उद्धार आत्मिक होने के साथ-साथ सैन्य और राजनीतिक भी होगा। यीशु ने सैन्य विकल्प को ठुकरा दिया।

उसने यह भी स्पष्ट कर दिया कि उसका राज्य राजनीतिक नहीं था, जब उसने कहा कि उसका राज्य "इस संसार का नहीं।" उसने यह भी सिखाया कि जो कैसर का है वह कैसर को दिया जाए और जो परमेश्वर का है वह परमेश्वर को दिया जाए (मत्ती 22:21)। उसने यह भी कहा कि परमेश्वर के राज्य को भौतिक तौर पर नहीं खोजा जा सकता, क्योंकि यह तो लोगों के भीतर था (लूका 17:21)।

जब उसके चेलों ने प्रश्न उठाया कि परमेश्वर के राज्य में महत्त्वपूर्ण राजनीतिक पद किन्हें प्राप्त होंगे, जिसे यीशु के दाएँ और बाएँ हाथ बैठने की उनकी चाहत में देखा जा सकता है, तो यीशु ने कहा कि परमेश्वर का राज्य उस राजनीतिक राज्य के समान नहीं था, जिससे वे लोग परिचित थे, जहाँ लोग एक दूसरे के ऊपर प्रभुता करते हैं। उसने कहा कि प्रथम होने के लिए उन्हें अन्तिम होना पड़ेगा (मत्ती 20:16, 27)। उसके अनुयायी सेवा करवाने की बजाय सेवा करने की चाहत रखें (मरकुस 10:43; मत्ती 20:26-27)।

हिंसा को न अपनाने के विषय में दी गई यीशु की शिक्षा को आरम्भिक कलीसिया ने बहुत गम्भीरता से लिया। उदाहरण के लिए, कलीसिया की पहली शताब्दी के दौरान आरम्भिक विश्वासियों को कुछ व्यवसायों में शामिल होने की अनुमति नहीं थी, जैसे कि सेना में भर्ती होना, और यदि कोई मसीही विश्वासी सेना में भर्ती हो भी जाता, तो उसे किसी की हत्या करने की अनुमति नहीं थी।

अपने शत्रुओं से प्रेम करो

अस्वीकृति के जवाब में आने वाली हानिकारक प्रतिक्रियाओं में से एक आक्रामकता हो सकती है। इसकी जड़ उस शत्रुता में होती है, जो अस्वीकृति के अनुभव के कारण आती है। लेकिन यीशु ने सिखाया:

- प्रतिशोध को स्वीकृति नहीं दी जाएगी, बल्कि बुराई का बदला बुराई से न देकर भलाई से दिया जाना चाहिए (मत्ती 5:38-42)
- दूसरों का न्याय करना गलत है (मत्ती 7:1-5)
- शत्रुओं से नफरत नहीं बल्कि प्रेम किया जाना चाहिए (मत्ती 5:44)
- पृथ्वी के अधिकारी वे लोग होंगे जो नम्र हैं (मत्ती 5:5)
- और परमेश्वर के पुत्र वे लोग कहलाएँगे जो मेल करानेवाले हैं (मत्ती 5:9)

ये शिक्षाएँ केवल खोखले शब्द नहीं थे, जिन्हें चेलों ने सुना और फिर भुला दिया। यीशु के अनुयायियों ने नए नियम में दर्ज अपने पत्रों में इस तथ्य को स्पष्ट कर दिया कि ये सिद्धान्त भयंकर संकटों और विरोध में भी उनकी अगुवाई करते रहे हैं:

हम इस घड़ी तक भूखे प्यासे और नंगे हैं, और घूसे खाते हैं और मारे मारे फिरते हैं . . . लोग हमें बुरा कहते हैं, हम आशीष देते हैं; वे सताते हैं, हम सहते हैं। वे बदनाम करते हैं, हम विनती करते हैं। (1 कुरिन्थियों 4:11-13; साथ ही 1 पतरस 3:10; तीतुस 3:1-2; रोमियों 12:14-21 देखें)

इन प्रेरितों (रसूलों) ने विश्वासियों के सामने साक्षात यीशु का आदर्श प्रस्तुत किया (1 पतरस 2:21-25), और मत्ती 5 में दर्ज आयत, "अपने शत्रुओं से प्रेम करो," आरम्भिक कलीसिया के लेखों में सबसे अधिक उपयोग होने वाली आयत बन गई।

अत्याचार का सामना करने के लिए खुद को तैयार करो

यीशु ने अपने अनुयायियों को सिखाया कि अत्याचार का आना अवश्यम्भावी है। उसने कहा कि उन्हें कोड़े मारे जाएँगे, उनसे नफरत की जाएगी, उनके साथ विश्वासघात किया जाएगा और यहाँ तक कि उन्हें मौत के घाट भी उतार दिया जाएगा (मरकुस 13:9-13; लूका 21:12-19; मत्ती 10:17-23)।

जब यीशु ने अपने चेलों को सिखाया कि वे उसके सन्देश को दूसरों तक ले जाएँ, तब उसने यह चेतावनी भी दी कि उन्हें अस्वीकृति का सामना करना पड़ेगा। जहाँ एक ओर मुहम्मद ने अपने आदर्श और शिक्षाओं के माध्यम से मुसलमानों को सिखाया कि वे दुखों का जवाब हिंसा से और यहाँ तक कि नरसंहार से दें, वहीं दूसरी ओर यीशु ने अपने चेलों को सिखाया कि "अपने पाँव की धूल झाड़ो और वहाँ से चले जाओ।" कहने का भाव यह है कि वे वहाँ से आगे बढ़ जाएँ और उन्हें अशुद्ध करने वाली कोई भी बात अपने साथ न लेकर जाएँ (मरकुस 6:11; मत्ती 10:14)। इसका अर्थ यह नहीं है कि उन्हें अपने मन में कड़वाहट के साथ जाना था, क्योंकि उनका कल्याण (शान्ति) उनके पास "लौट" आना था (मत्ती 10:13-14)।

यीशु ने स्वयं इसका आदर्श प्रस्तुत किया, जब सामरियों के एक गाँव ने उसका स्वागत करने से इनकार कर दिया। उसके चेले उससे पूछने लगे कि क्या वह चाहता है कि वे सामरियों पर स्वर्ग से आग गिरने का आदेश दें, लेकिन चेलों की यह बात सुनकर यीशु ने चेलों को डाँटा और वे आगे बढ़ गए (लूका 9:54-56)।

यीशु ने अपने चेलों को सिखाया कि अत्याचार होने पर वे अपना नगर/गाँव छोड़कर किसी दूसरे नगर/गाँव में भाग जाएँ (मत्ती 10:23)। उन्हें चिन्ता करने की आवश्यकता नहीं है, क्योंकि स्वयं पवित्र आत्मा उन्हें बताएगा कि उन्हें क्या बोलना है (मत्ती 10:19-20; लूका 12:11-12; 21:14-15), और न ही उन्हें डरने की जरूरत है (मत्ती 10:26, 31)।

यीशु द्वारा अपने चेलों को दी गई एकदम भिन्न शिक्षा यह थी कि जब उन पर अत्याचार किया जाता है तो उन्हें खुश होना चाहिए, क्योंकि उनके नबियों के साथ भी ऐसा ही किया गया था:

धन्य हो तुम जब मनुष्य के पुत्र के कारण लोग तुम से बैर करेंगे, और तुम्हें निकाल देंगे, और तुम्हारी निन्दा करेंगे, और तुम्हारा नाम बुरा जानकर काट देंगे। "उस दिन आनन्दित होकर उछलना, क्योंकि देखो, तुम्हारे लिये स्वर्ग में बड़ा प्रतिफल है; उनके बाप-दादे भविष्यद्वक्ताओं के साथ भी वैसा ही किया करते थे (लूका 6:22-23; साथ ही मत्ती 5:11-12 भी देखें)।

इस बात के बहुत सारे प्रमाण मौजूद हैं कि आरम्भिक कलीसिया ने इस सन्देश को पूरे दिल से गले लगाया और इसे मसीह के प्रति अपनी भक्ति का एक हिस्सा माना:

> . . . यदि तुम धर्म के कारण दुख भी उठाओ, तो धन्य हो। (1 पतरस 3:14; साथ ही 2 कुरिन्थियों 1:5; फिलिप्पियों 2:17-18; 1 पतरस 4:12-14 देखें।)

यीशु ने यह कहते हुए अपने चेलों को प्रोत्साहित भी किया कि अत्याचार के साथ-साथ उन्हें अनन्त जीवन का उपहार भी मिलेगा, लेकिन अगले जीवन में इस प्रतिज्ञा को प्राप्त करने के लिए उन्हें इस जीवन में विश्वासयोग्य रहना होगा (मरकुस 10:29-30, 13:13)।

पुनर्मेल

मसीही समझ के अनुसार मनुष्य की मूल समस्या पाप है, जो मनुष्यों को परमेश्वर से और एक दूसरे से अलग कर देता है। पाप की समस्या केवल अवज्ञा का मसला नहीं है। यह परमेश्वर के साथ सम्बन्ध में विश्वासघात है। जब आदम और हव्वा ने परमेश्वर की अवज्ञा की, तो वे उससे विमुख हो गए। उन्होंने चुना कि वे अब परमेश्वर पर भरोसा नहीं रखेंगे, बल्कि साँप की बात मानेंगे। उन्होंने परमेश्वर की ओर अपनी पीठ फेर ली, उसे अस्वीकार कर दिया, और उसके साथ अपने सम्बन्ध को ठुकरा दिया। इसके परिणामस्वरूप परमेश्वर ने उन्हें ठुकरा दिया और उन्हें अपनी उपस्थिति में से निकाल दिया। वे पतन के श्रापों के अधीन आ गए।

इस्राएल के इतिहास में परमेश्वर ने मूसा के द्वारा एक वाचा का प्रबन्ध किया था, ताकि परमेश्वर और मनुष्य में सही सम्बन्ध की स्थापना की जा सके, लेकिन उसके लोगों ने परमेश्वर के आदेशों का उल्लंघन कर दिया और अपने-अपने मार्ग को चुन लिया। अपनी अवज्ञा में उन्होंने परमेश्वर के साथ अपने सम्बन्ध को ठुकरा दिया और न्याय के अधीन आ गए। लेकिन परमेश्वर ने उन्हें पूरी रीति से नहीं ठुकराया था, बल्कि उनकी पुनर्स्थापना के लिए एक योजना बनाई। उसने उनके उद्धार तथा संसार के उद्धार की एक योजना बनाई।

हालाँकि लोगों ने परमेश्वर को अस्वीकार कर दिया था, लेकिन परमेश्वर ने उन्हें पूरी तरह से अस्वीकार नहीं किया था। उसका दिल उन मनुष्यों को फिर से पाने की चाहत में तड़पता था, जिन्हें उसने रचा था। इसलिए उसने उनसे पुनर्मेल के लिए एक योजना तैयार की। यीशु मसीह का देहधारण और क्रूस परमेश्वर की योजना की पूर्ति है, ताकि सारी मनुष्यजाति की परमेश्वर के साथ एक स्वस्थ सम्बन्ध में पुनर्स्थापना हो सके।

मनुष्यों द्वारा परमेश्वर को अस्वीकार किए जाने के गम्भीर मसले और इसके कारण आने वाले न्याय का समाधान क्रूस ही है। क्रूस की अस्वीकृति की अधीनता में आने के द्वारा यीशु ने अस्वीकृति पर विजयी होने का रास्ता दिखा दिया। अस्वीकृति की ताकत का रहस्य वे प्रतिक्रियाएँ हैं, जो अस्वीकृति के कारण सारी मनुष्यजाति के दिलों में से निकलती हैं। ठट्ठा करने वालों की नफरत को अपने भीतर समा लेने के द्वारा और सारे संसार के पापों के लिए अपना जीवन एक बलिदान के तौर पर देने के द्वारा यीशु ने अस्वीकृति की ताकत को परास्त कर दिया और प्रेम के द्वारा उस पर विजय प्राप्त की। यीशु द्वारा दर्शाया गया यह प्रेम परमेश्वर का अपना प्रेम था जो उसने अपने रचे गए संसार के लिए प्रकट किया था:

> क्योंकि परमेश्वर ने जगत से ऐसा प्रेम रखा कि उसने अपना एकलौता पुत्र दे दिया, ताकि जो कोई उस पर विश्वास करे वह नष्ट न हो, परन्तु अनन्त जीवन पाए। (यूहन्ना 3:16)

क्रूस पर अपनी मृत्यु के द्वारा यीशु ने उस दण्ड को अपने ऊपर ले लिया, जो मनुष्यजाति पर इसलिए आने वाला था, क्योंकि उन्होंने परमेश्वर को अस्वीकार कर दिया था। यह दण्ड मृत्यु था और इस दण्ड को मसीह ने अपने ऊपर ले लिया ताकि जो लोग उस पर ईमान लाएँ, वे क्षमा और अनन्त जीवन प्राप्त करें। इस प्रकार भी यीशु ने अस्वीकृति के जुर्माने की भरपाई करके अस्वीकृति को परास्त किया।

तोराह के अन्तर्गत बलिदान के पशुओं के बहने वाले लहू के द्वारा पापों का प्रायश्चित किया जाता था। मसीही लोग इसकी व्याख्या इस प्रकार करते हैं कि ये क्रूस पर यीशु की मृत्यु की ओर संकेत करते थे। इसे यशायाह द्वारा दुखी सेवक के लिए लिखे गए गीत में भी अभिव्यक्ति किया गया है:

> . . . हमारी ही शान्ति के लिये उस पर ताड़ना पड़ी, कि उसके कोड़े खाने से हम लोग चंगे हो जाएँ . . . तौभी यहोवा को यही भाया कि उसे कुचले; उसी ने उसको रोगी कर दिया; जब वह अपना प्राण दोषबलि करे, तब वह अपना वंश देखने पाएगा, वह बहुत दिन जीवित रहेगा . . . उसने अपना प्राण मृत्यु के लिये उण्डेल दिया, वह अपराधियों के संग गिना गया, तौभी उसने बहुतों के पाप का बोझ उठा लिया, और अपराधियों के लिये विनती करता है। (यशायाह 53:5, 10, 12)

पौलुस ने रोमियों को लिखे गए अपने सामर्थी पत्र में समझाया कि कैसे मसीह का बलिदान हमें पुनर्मेल देने के द्वारा, जो कि अस्वीकृति का विपरीत है, अस्वीकृति का अन्त कर देता है:

> क्योंकि बैरी होने की दशा में उसके पुत्र की मृत्यु के द्वारा हमारा मेल परमेश्वर के साथ हुआ, तो फिर मेल हो जाने पर उसके जीवन के कारण हम उद्धार क्यों न पाएँगे? केवल यही नहीं, परन्तु हम अपने प्रभु यीशु मसीह के द्वारा, जिसके द्वारा हमारा मेल हुआ है, परमेश्वर में आनन्दित होते हैं। (रोमियों 5:10-11)

यह पुनर्मेल दोष लगाने के उन सभी अधिकारों को भी परास्त कर देता है जो किसी के भी पास हो सकते हैं, फिर चाहे वे मनुष्य हों, फरिश्ते हों या फिर दुष्टात्माएँ हों (रोमियों 8:38):

> परमेश्वर के चुने हुओं पर दोष कौन लगाएगा? परमेश्वर ही है जो उनको धर्मी ठहरानेवाला है . . . [ऐसा कुछ भी नहीं है जो] हमें परमेश्वर के प्रेम से जो हमारे प्रभु मसीह यीशु में है, अलग कर सके। (रोमियों 8:33, 39)।

केवल इतना ही नहीं, इस पुनर्मेल का सेवाकार्य मसीहियों को सौंप दिया गया है, जिसे वे दो प्रकार से पूरा करते हैं, अर्थात् दूसरों के साथ स्वयं पुनर्मेल करने के द्वारा और क्रूस के सन्देश का तथा अस्वीकृति का नाश करने के इसके सामर्थ्य का प्रचार करने के द्वारा:

> ये सब बातें परमेश्वर की ओर से हैं, जिसने मसीह के द्वारा अपने साथ हमारा मेलमिलाप कर लिया, और मेलमिलाप की सेवा हमें सौंप दी है। अर्थात् परमेश्वर ने मसीह में होकर अपने साथ संसार का मेलमिलाप कर लिया, और उनके अपराधों का दोष उन पर नहीं लगाया, और उस ने मेलमिलाप का वचन हमें सौंप दिया है। इसलिये, हम मसीह के राजदूत हैं; मानो परमेश्वर हमारे द्वारा विनती कर रहा है। हम मसीह की ओर से निवेदन करते हैं कि परमेश्वर के साथ मेलमिलाप कर लो। (2 कुरिन्थियों 5:18-20)

पुनरुत्थान

मुहम्मद के 'प्रकाशनों' तथा वक्तव्यों में बार-बार आने वाला एक प्रसंग अपने आप को सही प्रमाणित करने अथवा प्रामाणिकता प्राप्त करने की उसकी चाहत थी। इसकी पूर्ति के लिए उसने अपने शत्रुओं को मजबूर किया कि वे उसके धर्म-सिद्धान्त की अधीनता में आएँ, ताकि वे अपने आप को उसके मार्गदर्शन और अधिकार की अधीनता में ले आएँ, या फिर उसने उन्हें दिम्मी अवस्था को कबूल करने के लिए बाध्य किया। उनका तीसरा विकल्प मृत्यु था।

मसीही आस्था बताती है कि मसीह द्वारा पूरे किए गए कार्य में प्रामाणिकता पाई जाती है, लेकिन इस प्रामाणिकता की प्राप्ति मसीह ने स्वयं नहीं की। दुखी मसीह का काम केवल इतना था कि वह खुद को दीन करे और अस्वीकृति को गले लगाए। यह प्रामाणिकता मसीह के पुनरुत्थान और स्वर्गारोहण के द्वारा आई, जिसके माध्यम से मृत्यु को और उसके सारे सामर्थ्य को परास्त कर दिया गया:

> . . . न तो उसका प्राण अधोलोक में छोड़ा गया और न उसकी देह सड़ने पाई। इसी यीशु को परमेश्वर ने जिलाया, जिसके हम सब गवाह हैं। इस प्रकार परमेश्वर के दाहिने हाथ से सर्वोच्च पद पाकर, और पिता से वह पवित्र आत्मा प्राप्त करके जिसकी प्रतिज्ञा की गई थी, उसने यह उंडेल दिया है जो तुम देखते और सुनते हो . . . परमेश्वर ने उसी यीशु को . . . प्रभु भी ठहराया और मसीह भी। (प्रेरितों 2:31-36)

पौलुस द्वारा फिलिप्पियों को लिखे गए पत्र में पाई जाने वाली प्रसिद्ध आयतें बताती हैं कि कैसे मसीह ने अपने आप को "दीन किया" और स्वेच्छा से एक सेवक की भूमिका को स्वीकार कर लिया। उसका आज्ञापालन मृत्यु तक जारी रहा। लेकिन परमेश्वर उसे ऊँचा उठाकर सर्वोच्च अधिकार वाले आत्मिक पद पर ले आया। यह विजय मसीह के खुद के प्रयासों से नहीं आई, बल्कि यह तो क्रूस पर उसके द्वारा खुद को बलिदान के तौर पर अर्पित करने के कारण परमेश्वर द्वारा अपने सर्वसत्ताधारी अधिकार में दी गई प्रामाणिकता थी:

> . . . जैसा मसीह यीशु का स्वभाव था वैसा ही तुम्हारा भी स्वभाव हो; जिसने परमेश्वर के स्वरूप में होकर भी परमेश्वर के तुल्य होने को अपने वश में रखने की वस्तु न समझा। वरन् अपने आप को ऐसा शून्य कर दिया, और दास का स्वरूप धारण किया, और मनुष्य की समानता में हो गया।
>
> और मनुष्य के रूप में प्रगट होकर अपने आप को दीन किया, और यहाँ तक आज्ञाकारी रहा कि मृत्यु, हाँ, क्रूस की मृत्यु भी सह ली।
>
> इस कारण परमेश्वर ने उसको अति महान् भी किया, और उसको वह नाम दिया जो सब नामों में श्रेष्ठ है, कि जो स्वर्ग में और पृथ्वी पर और पृथ्वी के नीचे हैं, वे सब यीशु के नाम पर घुटना टेकें . . . (फिलिप्पियों 2:4-10)।

क्रूस की शिष्यता

मसीहियों के लिए मसीह का अनुकरण करने का अर्थ उसकी मृत्यु और उसके पुनरुत्थान के साथ एक हो जाना है। यीशु और उसके अनुयायी बार-बार कहते रहे कि हमें मसीह के साथ "मरने" की आवश्यकता है, अर्थात् जीवन जीने के पुराने तरीके को मार डालने की आवश्यकता है और नया जन्म पाने की आवश्यकता है, मसीह के प्रेम तथा पुनर्मेल के अनुसार नए जीवन के लिए जी उठने की आवश्यकता है, ताकि अब से हम अपने लिए नहीं बल्कि परमेश्वर के लिए जीएँ। मसीही लोग दुखों की अनुभूतियों को मसीह के दुखों के साथ एक हो जाना मानते हैं। इससे उनके द्वारा सहे गए दुखों का महत्त्व स्पष्ट हो जाता है, अर्थात् इनके माध्यम से वे अनन्त जीवन के मार्ग पर आगे बढ़ रहे हैं और यह पराजय का नहीं बल्कि अवश्यम्भावी विजय का प्रतीक है। इन सबके मध्य में परमेश्वर ही था जो इस संसार की अत्याचारी ताकतों को नहीं, बल्कि वफादार विश्वासियों को प्रामाणिकता दे रहा था:

> जो कोई मेरे पीछे आना चाहे, वह अपने आपे से इनकार करे और अपना क्रूस उठाकर, मेरे पीछे हो ले। क्योंकि जो कोई अपना प्राण बचाना चाहे वह उसे खोएगा, पर जो कोई मेरे और सुसमाचार के लिये अपना प्राण खोएगा, वह उसे बचाएगा। (मरकुस 8:34-35; साथी ही 1 यूहन्ना 3:14, 16; 2 कुरिन्थियों 5:14-15; इब्रानियों 12:1-2 भी देखें।)

क्रूस के विरोध में मुहम्मद

हमने अब तक जो सीखा है और यह जानते हुए कि हम एक आत्मिक संसार में जी रहे हैं, इसलिए हमारे लिए यह बात हैरानीजनक नहीं होनी चाहिए कि मुहम्मद क्रूसों से नफरत करता था। एक *हदीस* बताती है कि यदि मुहम्मद को अपने घर में किसी भी वस्तु पर क्रूस की आकृति दिखती थी तो वह उस वस्तु को ही नष्ट कर देता था।[9]

जैसा कि हमने अध्याय 3 में देखा, क्रूस के लिए मुहम्मद की नफरत यहाँ तक थी कि उसने सिखाया कि जब इस्लामिक यीशु, ईसा वापिस आएगा तो इस्लाम के एक नबी के तौर पर आएगा और क्रूस को पृथ्वी पर से नाश कर देगा और पृथ्वी से मसीहत का नामो-निशान मिटा देगा।

मुहम्मद में पाई जाने वाली क्रूस की शत्रुता आज के अनेक मुसलमानों में देखी जा सकती है। आज संसार के अनेक हिस्सों में मुसलमानों द्वारा मसीही क्रूसों से नफरत की जाती है, उन पर पाबन्दी लगाई जाती है और उन्हें नष्ट किया जाता है।

इसका एक उल्लेखनीय उदाहरण यह है कि केण्टरबरी के आर्चबिशप जॉर्ज केरी को अपने गले में पहने हुए क्रूस को जबरन उतारने की सहमति देनी पड़ी, जब 1995 में किसी कारणवश उनके जहाज को साऊदी अरब में उतरना पड़ा था। इस घटनाक्रम की खबर डेविड स्किडमोर ने एपिस्कोपल न्यूज सर्विस में इस प्रकार दी:

> केरी का जहाज काइरो से सूडान जा रहा था, लेकिन किसी कारणवश उसे साऊदी अरब में उतरना पड़ा। साऊदी अरब में लाल समुद्र के तट पर बसे नगर जिद्दा में पहुँचने पर केरी से कहा गया कि वे सब धार्मिक चिह्नों को, जो उन्होंने पहने हुए थे, उतार दें, जिसमें उसका आधिकारिक कॉलर और गले में पहना हुआ क्रूस शामिल था।

हालाँकि मुसलमान क्रूस को ठुकराते हैं, लेकिन मसीहियों के लिए यह आज़ादी का चिह्न है।

इन भागों में हम यीशु का अनुकरण करने की प्रतिबद्धता की प्रार्थना, आज़ादी की कुछ गवाहियाँ, और इस्लाम तथा शहादा की वाचा से आज़ादी होने की प्रार्थना पर चर्चा करेंगे। ये प्रार्थनाएँ विशेष तौर पर उन लोगों के लिए हैं, जो इस्लाम को त्याग कर यीशु नासरी का अनुकरण करने का फैसला लेते हैं। वे लोग भी ये प्रार्थनाएँ कर सकते हैं, जिन्होंने यीशु का अनुकरण करने का फैसला कर लिया है और अब वे इस्लाम के सभी सिद्धान्तों और ताकत से आज़ादी पाने का दावा करने की इच्छा रखते हैं।

---

9. W. Muir, *The Life of Muhammad*, vol. 3, p. 61, note 47.

यीशु का अनुकरण करें

इस प्रार्थना को ऊँची आवाज़ में पढ़ने के द्वारा आपको मसीह का अनुकरण करने की प्रतिबद्धता की पुष्टि करने का निमन्त्रण दिया जाता है। इसे पढ़ने से पहले इसे सावधानीपूर्वक जाँच लें, ताकि आप सुनिश्चित हो सकें कि आप क्या पढ़ रहे हैं।

जब आप इस प्रार्थना को जाँचते हैं, तो ध्यान दें कि इसमें निम्नलिखित घटक शामिल हैं:

1. *दो अंगीकार:*
   - मैं पापी हूँ और अपने आप को नहीं बचा सकता।
   - सच्चा परमेश्वर एक ही है, जो सृष्टिकर्ता है और जिसने अपने पुत्र यीशु को मेरे पापों की खातिर मरने के लिए भेजा।
2. *मन फिराना:* (तौबा करना) अपने सारे पापों से और सारी दुष्टता से मन फिराना।
3. *विनती:* क्षमा, आज़ादी, अनन्त जीवन, और पवित्र आत्मा पाने की विनती।
4. *निष्ठा का स्थानान्तरण:* मसीह को प्रभु मानकर अपना जीवन उसे समर्पित कर देना।
5. *प्रतिज्ञा और शुद्धीकरण:* अपने जीवन के शुद्धीकरण के लिए मसीह की अधीनता में आना और उसकी सेवा करना।
6. *ऐलान:* मसीह के साथ अपनी पहचान का ऐलान करना।

यीशु मसीह का अनुसरण करने की प्रतिबद्धता का ऐलान और प्रार्थना

मैं एकमात्र परमेश्वर, सृष्टिकर्ता, सर्वशक्तिमान पिता पर विश्वास करता हूँ।

मैं बाकी सभी 'ईश्वर' कहलाने वालों से नाता तोड़ने का ऐलान करता हूँ।

मैं मान लेता हूँ कि मैंने परमेश्वर के विरुद्ध और अन्य लोगों के विरुद्ध पाप किया है। ऐसा करके मैंने परमेश्वर की अवज्ञा की है और उसके विरुद्ध तथा उसके नियमों के विरुद्ध विद्रोह किया है।

मैं खुद को अपने पापों से नहीं बचा सकता।

मैं विश्वास करता हूँ कि यीशु जीवित परमेश्वर का पुनरुत्थित पुत्र मसीह है। उसने मेरे बदले में क्रूस पर अपने प्राण दिए और मेरे पापों का न्याय अपने ऊपर ले लिया। मेरी ही खातिर वह मृतकों में से जीवित किया गया।

मैं अपने पापों से मन फिराता हूँ।

मैं मसीह से क्षमा के उपहार की माँग करता हूँ जिसे उसने क्रूस पर अर्जित किया है।

मैं क्षमा के इस उपहार को इसी समय प्राप्त कर लेता हूँ।

मैं परमेश्वर को अपना पिता मान लेता हूँ और उसका बन्दा हो जाने का चयन करता हूँ।

मैं उससे अनन्त जीवन के उपहार की मांग करता हूँ।

मैं अपने जीवन के सारे अधिकार मसीह को सौंप देता हूँ और आज से आगे मैं उसे अपने प्रभु के रूप में अपने जीवन पर शासन करने के लिए बुला लेता हूँ।

मैं अन्य सभी आत्मिक निष्ठाओं से नाता तोड़ने का ऐलान करता हूँ। खास तौर पर मैं शहादा से और अपने ऊपर उसके हर एक दावे से नाता तोड़ने का ऐलान करता हूँ।

मैं शैतान और सारी बुराई से नाता तोड़ने का ऐलान करता हूँ। मैंने दुष्टात्माओं अथवा दुष्टता की ताकतों के साथ जितनी भी ईश्वरहीन सन्धियाँ की हैं, उन सबसे मैं अपना नाता तोड़ लेता हूँ।

जितने लोगों ने मेरे ऊपर ईश्वरहीन अधिकार रखा था, उन सभी के साथ सारे ईश्वरहीन सम्बन्धों से मैं अपना नाता तोड़ने का ऐलान करता हूँ।

मैं उन सब ईश्वरहीन वाचाओं से नाता तोड़ने का ऐलान करता हूँ, जो मेरे पुरखों ने मेरे बदले में स्थापित की थीं, जिनका मेरे ऊपर किसी न किसी रूप में प्रभाव पड़ा था।

मैं उन सभी मानसिक और आत्मिक क्षमताओं से नाता तोड़ने का ऐलान करता हूँ, जो परमेश्वर और यीशु मसीह के द्वारा नहीं आतीं।

मैं प्रतिज्ञा किए हुए पवित्र आत्मा के उपहार की माँग करता हूँ।

पिता परमेश्वर, कृपया मुझे आज़ाद कीजिए और मुझे बदल दीजिए, ताकि मैं आपकी और केवल आप ही की महिमा करूँ।

मुझमें पवित्र आत्मा का फल भेजिए, ताकि मैं आपका सम्मान कर सकूँ और दूसरों से प्रेम कर सकूँ।

मैं मानवीय साक्षियों और सारे आत्मिक अधिकारियों के सामने ऐलान करता हूँ कि मैं अपने आप को यीशु मसीह के द्वारा परमेश्वर के लिए पवित्र ठहराता हूँ।

मैं ऐलान करता हूँ कि मैं स्वर्ग का नागरिक हूँ। परमेश्वर मेरा रक्षक है। पवित्र आत्मा की सहायता से मैं अपने जीवन भर यीशु मसीह की और केवल उसी की अधीनता में आने का और उसका अनुकरण करने का चयन करता हूँ।

आमीन!

आज़ादी की गवाहियाँ

यहाँ पर उन लोगों में से कुछ की गवाहियाँ दी गई हैं, जिन्होंने इस अध्याय में दी गई प्रार्थनाओं का उपयोग करके आज़ादी प्राप्त की।

एक शिष्यता कोर्स

उत्तरी अमेरीका में एक संस्था उन लोगों के लिए एक नियमित गहन प्रशिक्षण कार्यक्रम चला रही थी, जिन्होंने इस्लाम को त्याग कर यीशु मसीह को अपना प्रभु और मुक्तिदाता कबूल कर लिया था। कोर्स को चलाने वाले प्रबन्धकों ने पाया कि सहभागियों को उनकी शिष्यता में लगातार कठिनाइयों का सामना करना पड़ रहा था। उन्हें इस पुस्तक में दी गई प्रार्थनाओं के बारे में पता चला, जो शहादा से नाता तोड़ने का ऐलान करने के लिए की जाती हैं। उन्होंने सभी सहभागियों से कहा कि वे इस्लाम से नाता तोड़ने का ऐलान करने के लिए एकसाथ मिलकर इन प्रार्थनाओं को करें। सहभागियों का प्रतिउत्तर आज़ादी और आनन्द से भरा था। उन्होंने कहा, "हमें किसी ने यह क्यों नहीं बताया कि हमें इस्लाम से नाता तोड़ने का ऐलान करने की आवश्यकता है? हमें तो ऐसा बहुत पहले ही कर देना चाहिए था!" उसके बाद, इस्लाम से नाता तोड़ने का ऐलान उनके प्रशिक्षण कोर्स का एक अनिवार्य हिस्सा बन गया।

मध्यपूर्व के मसीही, जिन्होंने शहादा से नाता तोड़ने का ऐलान किया

ये दो गवाहियाँ मध्यपूर्व में इस्लाम को त्याग कर मसीह के अनुयायी बनने वाले उन दो मुसलमानों की हैं, जिन्होंने शहादा से नाता तोड़ने का ऐलान किया:

> मैं सचमुच आज़ादी महसूस कर रहा हूँ। ऐसा लग रहा है मानो मेरी गर्दन पर बँधा कोई जूआ तोड़ कर उतार दिया गया है। यह प्रार्थना बहुत शक्तिशाली है। मुझे लग रहा है कि जैसे मैं पिंजरे में पड़ा हुआ पक्षी था, जो अब आज़ाद कर दिया गया है। मैं आज़ादी को महसूस कर सकता हूँ।
>
> मुझे इसकी बहुत अधिक आवश्यकता थी और ऐसा लग रहा था कि मानो आपको पता था कि मेरे मन में क्या चल रहा था . . . जब मैं इस प्रार्थना को बार-बार दोहरा रहा था, मुझे ऐसी शान्ति अनभव हो रही थी, जिसका वर्णन मैं शब्दों में नहीं दे सकता। ऐसा लग रहा है कि मेरे ऊपर से कोई भारी बोझ हटा दिया गया है और मैं अब पूरी तरह से आज़ाद हो गया हूँ। मैं एकदम आज़ाद महसूस कर रहा हूँ!

सत्य से सामना

पहला कदम यह है कि *शहादा* (या *दिम्मा*) से नाता तोड़ने का ऐलान करने के उद्देश्य से अपने आप को तैयार करने के लिए बाइबल की कुछ आयतों पर ध्यान दिया जाए। ऐसा हम इसलिए करते हैं, ताकि

एक महत्त्वपूर्ण सत्य को जान सकें, जो हमारी प्रार्थनाओं का आधार है। इसे 'सत्य से सामना' कहा जा सकता है।

1 यूहन्ना और यूहन्ना लिखित सुसमाचार में से ये आयतें हमें क्या भरोसा करना और प्रार्थना करना सिखाती हैं?

> जो प्रेम परमेश्वर हम से रखता है, उसको हम जान गए और हमें उसका विश्वास है। परमेश्वर प्रेम है, और जो प्रेम में बना रहता है वह परमेश्वर में बना रहता है, और परमेश्वर उसमें बना रहता है। (1 यूहन्ना 4:16)

> [यीशु ने कहा:] क्योंकि परमेश्वर ने जगत से ऐसा प्रेम रखा कि उसने अपना एकलौता पुत्र दे दिया, ताकि जो कोई उस पर विश्वास करे वह नष्ट न हो, परन्तु अनन्त जीवन पाए। (यूहन्ना 3:16)

ये आयतें हमें सिखाती हैं कि परमेश्वर का प्रेम अस्वीकृति पर विजयी होता है।

ये दो आयतें हमें कौन से सत्य अपनाना और प्रार्थना करना सिखाती हैं?

> क्योंकि परमेश्वर ने हमें भय की नहीं पर सामर्थ्य और प्रेम और संयम की आत्मा दी है। (2 तीमुथियुस 1:7)

> क्योंकि तुम को दासत्व की आत्मा नहीं मिली कि फिर भयभीत हो, परन्तु लेपालकपन की आत्मा मिली है, जिससे हम "हे अब्बा, हे पिता" कहकर पुकारते हैं। आत्मा आप ही हमारी आत्मा के साथ गवाही देता है, कि हम परमेश्वर की सन्तान हैं; और यदि सन्तान हैं तो वारिस भी, वरन् परमेश्वर के वारिस और मसीह के संगी वारिस हैं, कि जब हम उसके साथ दुःख उठाएँ तो उसके साथ महिमा भी पाएँ। (रोमियों 8:15-17)

ये आयतें हमें सिखाती हैं कि हमारी विरासत डर नहीं है, बल्कि परमेश्वर है।

ये दो आयतें हमें कौन से सत्य पर विश्वास करना और प्रार्थना करना सिखाती हैं?

> [यीशु ने कहा:] तुम सत्य को जानोगे, और सत्य तुम्हें स्वतन्त्र करेगा। (यूहन्ना 8:32)

> मसीह ने स्वतन्त्रता के लिये हमें स्वतन्त्र किया है; अत: इसी में स्थिर रहो, और दासत्व के जूए में फिर से न जुतो। (गलातियों 5:1)

ये आयतें हमें सिखाती हैं कि हमें आज़ादी में जीने के लिए बुलाया गया है।

ये दो आयतें हमें कौन से सत्य पर भरोसा करना और प्रार्थना करना सिखाती हैं?

> क्या तुम नहीं जानते कि तुम्हारी देह पवित्र आत्मा का मन्दिर है, जो तुम में बसा हुआ है और तुम्हें परमेश्वर की ओर से मिला है; और तुम अपने नहीं हो? क्योंकि दाम देकर मोल लिये गए हो, इसलिये अपनी देह के द्वारा परमेश्वर की महिमा करो। (1 कुरिन्थियों 6:19-20)

> वे मेम्ने के लहू के कारण . . . जयवन्त हुए। (प्रकाशितवाक्य 12:11)

ये आयतें हमें सिखाती हैं कि हमारे शरीर परमेश्वर के हैं और अत्याचार के लिए नहीं हैं: हमारे लहू की कीमत अदा कर दी गई है।

यह आयत हमें कौन से सत्य पर दावा करना और प्रार्थना करना सिखाती है?

> अब न कोई यहूदी रहा और न यूनानी, न कोई दास न स्वतन्त्र, न कोई नर न नारी, क्योंकि तुम सब मसीह यीशु में एक हो। (गलातियों 3:28)

यह आयत हमें सिखाती है कि परमेश्वर की दृष्टि में पुरुष और स्त्रियाँ एक समान हैं, और कोई भी समूह किसी दूसरे से श्रेष्ठ नहीं है।

ये तीन आयतें हमें कौन से सत्य पर विश्वास करना और प्रार्थना करना सिखाती हैं?

> परन्तु परमेश्वर का धन्यवाद हो जो मसीह में सदा हम को जय के उत्सव में लिये फिरता है, और अपने ज्ञान की सुगन्ध हमारे द्वारा हर जगह फैलाता है। क्योंकि हम परमेश्वर के निकट उद्धार पानेवालों और नाश होनेवालों दोनों के लिये मसीह की सुगन्ध हैं। (2 कुरिन्थियों 2:14–15)

> वह महिमा जो तू ने मुझे दी मैं ने उन्हें दी है, कि वे वैसे ही एक हों जैसे कि हम एक हैं, मैं उनमें और तू मुझमें कि वे सिद्ध होकर एक हो जाएँ, और संसार जाने कि तू ही ने मुझे भेजा, और जैसा तू ने मुझ से प्रेम रखा वैसा ही उनसे प्रेम रखा। (यूहन्ना 17:22-23)

> [यीशु ने कहा:] यदि कोई मेरे पीछे आना चाहे, तो अपने आप से इन्कार करे और प्रतिदिन अपना क्रूस उठाए हुए मेरे पीछे हो ले। (लूका 9:23)

ये आयतें हमें सिखाती हैं कि हमारी पहचान अपमान या हीनता नहीं है, बल्कि मसीह की विजय, मसीह के प्रेम में एकता और क्रूस है।

ये दो आयतें हमें कौन से सत्य को अपनाना और प्रार्थना करना सिखाती हैं?

> [यीशु ने कहा:] यदि मैं न जाऊँ तो वह सहायक तुम्हारे पास न आएगा; परन्तु यदि मैं जाऊँगा, तो उसे तुम्हारे पास भेजूँगा। वह आकर संसार को पाप और धार्मिकता और न्याय के विषय में निरुत्तर करेगा। (यूहन्ना 16:7-8)

> [यीशु ने कहा:] परन्तु जब वह अर्थात् सत्य का आत्मा आएगा, तो तुम्हें सब सत्य का मार्ग बताएगा। (यूहन्ना 16:13)

ये आयतें हमें सिखाती हैं कि हमें पवित्र आत्मा का सामर्थ्य दिया गया है ताकि हम सत्य को उजागर करें।

यह आयत हमें कौन से सत्य पर विश्वास करना और प्रार्थना करना सिखाती है?

> विश्वास के कर्ता और सिद्ध करनेवाले यीशु की ओर ताकते रहें, जिसने उस आनन्द के लिये जो उसके आगे धरा था, लज्जा की कुछ चिन्ता न करके क्रूस का दु:ख सहा, और परमेश्वर के सिंहासन की दाहिनी ओर जा बैठा। (इब्रानियों 12:2)

यह आयत हमें सिखाती है कि लज्जा को पराजित करके मसीह का अनुकरण करने का अधिकार हमें दिया गया है।

यह आयत हमें कौन से सत्य पर भरोसा करना और प्रार्थना करना सिखाती है?

> यह अत्यन्त आवश्यक है कि तुम अपने विषय में सचेत रहो, और अपने मन की बड़ी चौकसी करो, कहीं ऐसा न हो कि जो जो बातें तुम ने अपनी आँखों से देखीं उनको भूल जाओ, और वह जीवन भर के लिये तुम्हारे मन से जाती रहें; किन्तु तुम उन्हें अपने बेटों पोतों को सिखाना। (व्यवस्थाविवरण 4:9)

यह आयत हमें सिखाती है कि आत्मिक मसलों के बारे में अपने आप को और अपने बच्चों को शिक्षित करना हमारा अधिकार और कर्तव्य है।

ये आयतें हमें कौन से सत्य अपनाना और प्रार्थना करना सिखाती हैं?

> जीभ के वश में मृत्यु और जीवन दोनों होते हैं, और जो उसे काम में लाना जानता है वह उसका फल भोगेगा। (नीतिवचन 18:21)

> अब हे प्रभु, उनकी धमकियों को देख; और अपने दासों को यह वरदान दे कि तेरा वचन बड़े हियाव से सुनाएँ। (प्रेरितों 4:29)

> प्रेम कुकर्म से आनन्दित नहीं होता, परन्तु सत्य से आनन्दित होता है। (1 कुरिन्थियों 13:6)

> जो कोई यह मान लेता है कि यीशु परमेश्वर का पुत्र है, परमेश्वर उसमें बना रहता है, और वह परमेश्वर में। (1 यूहन्ना 4:15)

> इसलिये अपना हियाव न छोड़ो क्योंकि उसका प्रतिफल बड़ा है। (इब्रानियों 10:35)

ये आयतें हमें सिखाती हैं कि हमें मसीह में अधिकार मिला है कि हम प्रेम और साहस के साथ सत्य बोलें।

ये दो आयतें हमें कौन से सत्य पर विश्वास करना और प्रार्थना करना सिखाती हैं?

परमेश्वर की गवाही तो उससे बढ़कर है; और परमेश्वर की गवाही यह है कि उसने अपने पुत्र के विषय में गवाही दी है। (1 यूहन्ना 5:9)

वे . . . अपनी गवाही के वचन के कारण उस पर जयवन्त हुए। (प्रकाशितवाक्य 12:11)

ये आयतें हमें सिखाती हैं कि हमें सत्य के वचन में पूरा भरोसा है।

ये दो आयतें हमें कौन से सत्य का दावा करना और प्रार्थना करना सिखाती हैं?

इसलिये प्रभु में और उसकी शक्ति के प्रभाव में बलवन्त बनो। परमेश्वर के सारे हथियार बाँध लो कि तुम शैतान की युक्तियों के सामने खड़े रह सको। (इफिसियों 6:10–11)

क्योंकि यद्यपि हम शरीर में चलते फिरते हैं, तौभी शरीर के अनुसार नहीं लड़ते। क्योंकि हमारी लड़ाई के हथियार शारीरिक नहीं, पर गढ़ों को ढाह देने के लिये परमेश्वर के द्वारा सामर्थी हैं। इसलिये हम कल्पनाओं का और हर एक ऊँची बात का, जो परमेश्वर की पहिचान के विरोध में उठती है, खण्डन करते हैं; और हर एक भावना को कैद करके मसीह का आज्ञाकारी बना देते हैं। (2 कुरिन्थियों 10:3-5)

ये आयतें हमें सिखाती हैं कि हम सुरक्षा अथवा हथियारों के बिना नहीं हैं, बल्कि हमें मसीह में आत्मिक हथियार मिले हैं।

यह आयत हमें कौन से सत्य पर भरोसा करना और प्रार्थना करना सिखाती है?

हे मेरे भाइयो, जब तुम नाना प्रकार की परीक्षाओं में पड़ो, तो इसको पूरे आनन्द की बात समझो . . . (याकूब 1:2; साथ ही फिलिप्पियों 1:29 भी देखें।)

ये आयतें हमें सिखाती हैं कि हमें मसीह के नाम के लिए दुख उठाने को आनन्द समझना चाहिए।

ये आयतें हमें कौन से सत्य को अपनाना और प्रार्थना करना सिखाती हैं?

[यीशु ने कहा:] अब इस संसार का न्याय होता है, अब इस संसार का सरदार निकाल दिया जाएगा; और मैं यदि पृथ्वी पर से ऊँचे पर चढ़ाया जाऊँगा, तो सब को अपने पास खीचूँगा। (यूहन्ना 12:31–32)

ये आयतें हमें सिखाती हैं कि क्रूस शैतान की शक्ति को नष्ट करता है और हमें मसीह में आज़ादी दिलाता है।

ये आयतें हमें कौन से सत्य का दावा करना और प्रार्थना करना सिखाती हैं?

उसने तुम्हें भी, जो अपने अपराधों और अपने शरीर की खतनारहित दशा में मुर्दा थे, उसके साथ जिलाया, और हमारे सब अपराधों को क्षमा किया, और विधियों का वह लेख जो हमारे नाम पर और हमारे विरोध में था मिटा डाला, और उसे क्रूस पर कीलों से जड़कर सामने से हटा दिया है।

> और उसने प्रधानताओं और अधिकारों को ऊपर से उतारकर उनका खुल्लमखुल्ला तमाशा बनाया और क्रूस के द्वारा उन पर जय-जयकार की ध्वनि सुनाई। (कुलुस्सियों 2:13–15)

ये आयतें हमें सिखाती हैं कि क्रूस प्रत्येक ईश्वरहीन वाचा को रद्द कर देता है और उनकी सारी शक्तियों को नष्ट कर देता है।

प्रार्थना करने से पहले हमें यह समझने की आवश्यकता है कि हमारी प्रार्थनाएँ और ऐलान शक्तिशाली और प्रभावशाली हैं। परमेश्वर के साथ सहमत होने का चयन करें कि आपको पूर्ण आज़ादी में लाना उसकी इच्छा है। अपनी आत्मा में इस सत्य को स्वीकार करने के लिए सहमत हों कि मसीह ने आपको स्वीकार कर लिया है और आपको दुष्ट के सारे फँदों से आज़ाद करना चाहता है। इस्लाम की वाचाओं के झूठ का सामना करने और उन्हें रद्द करने का संकल्प लें।

यह *शहादा* से नाता तोड़ने का ऐलान करने की प्रार्थना है। अच्छा होगा कि यह प्रार्थना खड़े होकर की जाए।

शहादा से नाता तोड़ने का ऐलान करने और इसके सामर्थ्य को तोड़ने की प्रार्थना

मैं मुहम्मद द्वारा दर्शाई और सिखाई गई झूठी प्रतिबद्धता से नाता तोड़ने का ऐलान करता हूँ।

मैं इस मान्यता से, कि मुहम्मद परमेश्वर का रसूल है, नाता तोड़ने का ऐलान करता हूँ और इस मान्यता को झूठा मानता हूँ।

मैं इस दावे को मानने से इनकार करता हूँ कि क़ुरआन परमेश्वर का वचन (कलाम) है।

मैं शहादा तथा उसके हर एक अंगीकार से नाता तोड़ने का ऐलान करता हूँ और उसे मानने से इनकार करता हूँ।

मैं अल-फ़ातिहा का अंगीकार करने से मना करता हूँ। मैं इसके इस दावे को मानने से इनकार करता हूँ कि यहूदी परमेश्वर के क्रोध के अधीन हैं और मसीही भटक चुके हैं।

मैं यहूदियों से की जाने वाली नफरत से नाता तोड़ने का ऐलान करता हूँ। मैं इस दावे को मानने से इनकार करता हूँ कि उन्होंने बाइबल में बदलाव किए हैं।

मैं इस दावे को मानने से इनकार करता हूँ कि परमेश्वर ने यहूदियों को ठुकरा दिया है और मैं इस दावे को झूठ मानता हूँ।

मैं क़ुरआन को कण्ठस्थ करने की रस्मों से नाता तोड़ने का ऐलान करता हूँ और अपने जीवन पर इसके अधिकार को मानने से इनकार करता हूँ।

मैं मुहम्मद के आदर्श के आधार पर की जाने वाली सारी झूठी आराधना से नाता तोड़ने का ऐलान करता हूँ।

मैं मुहम्मद द्वारा परमेश्वर के बारे में दी गई सारी झूठी शिक्षा को मानने से इनकार करता हूँ और इस दावे को मानने से भी इनकार करता हूँ कि क़ुरआन में अल्लाह को परमेश्वर कहा गया है।

[उन लोगों के लिए जो शिया पृष्ठभूमि से आए हैं: मैं अली और बारह खलीफाओं से सारे सम्बन्धों को रद्द करता हूँ और उनसे नाता तोड़ने का ऐलान करता हूँ। मैं हुसैन और अन्य इस्लामिक शहीदों के लिए किए जाने वाले सारे शोक से नाता तोड़ने का ऐलान करता हूँ।]

मैं अपन जन्म के समय से ही इस्लाम का पालन करने के लिए दी गई अपनी तथा अपने पुरखों की सारी प्रतिबद्धता से नाता तोड़ने का ऐलान करता हूँ।

मैं खास तौर पर मुहम्मद के आदर्श को मानने से इनकार करता हूँ और उससे नाता तोड़ने का ऐलान करता हूँ। मैं सारी हिंसा, धमकियों, नफरत, बुरा मानने के स्वभाव, छल, श्रेष्ठता, बलात्कार, महिलाओं के साथ किए जाने वाले बुरे व्यवहार, चोरी और मुहम्मद द्वारा किए गए सारे पापों से नाता तोड़ने का ऐलान करता हूँ।

मैं सारी लज्जा को ठुकराता हूँ और उससे नाता तोड़ने का ऐलान करता हूँ। मैं ऐलान करता हूँ कि मसीह का अनुकरण करने वालों पर दण्ड की कोई आज्ञा नहीं है और मसीह का लहू मुझे सारी लज्जा से शुद्ध करता है।

मैं इस्लाम द्वारा लाए गए सारे डर को ठुकराता हूँ और उससे नाता तोड़ने का ऐलान करता हूँ। इस्लाम के कारण आए डर को स्वीकार करने के लिए मैं परमेश्वर से क्षमा माँगता हूँ और सब बातों में परमेश्वर पर और अपने प्रभु यीशु मसीह के पिता पर भरोसा रखने का चयन करता हूँ।

मैं दूसरों को श्राप देने को ठुकराता हूँ और उससे नाता तोड़ने का ऐलान करता हूँ। मैं आशीष देने वाला व्यक्ति बनने का चयन करता हूँ।

मैं जिन्नों के साथ सारे सम्बन्धों को ठुकराता हूँ और उनसे नाता तोड़ने का ऐलान करता हूँ। मैं क़ारिन के बारे में दी जाने वाली इस्लामिक शिक्षा को ठुकराता हूँ और दुष्टात्माओं के साथ सारे सम्बन्धों को तोड़ डालता हूँ।

मैं परमेश्वर के वचन को अपने मार्ग का उजाला मानते हुए पवित्र आत्मा के अनुसार चलने का चयन करता हूँ।

मैंने मुहम्मद को अल्लाह का रसूल मानते हुए जितने भी ईश्वरहीन काम किए हैं, उन सभी के लिए मैं परमेश्वर से क्षमा माँगता हूँ।

मैं इस निन्दनीय दावे को मानने से इनकार करता हूँ और उससे नाता तोड़ने का ऐलान करता हूँ कि जब यीशु वापिस आएगा तो पृथ्वी के लोगों को मुहम्मद की शरीअत का पालन करने के लिए मजबूर करेगा।

मैं मसीह का और केवल उसी का अनुकरण करने का चयन करता हूँ।

मैं अंगीकार करता हूँ कि मसीह परमेश्वर का पुत्र है, मेरे पापों के लिए उसने क्रूस पर अपनी जान दी, और मेरे उद्धार के लिए उसे मृतकों में से जीवित किया गया। मसीह के क्रूस के लिए मैं परमेश्वर की स्तुति करता हूँ और अपना क्रूस उठाकर उसके पीछे हो लेने का चयन करता हूँ।

मैं अंगीकार करता हूँ कि मसीह सबका प्रभु है। वह स्वर्ग और पृथ्वी पर शासन करता है। वह मेरे जीवन का प्रभु है। मैं अंगीकार करता हूँ कि मसीह वापिस आएगा और जीवितों तथा मरे हुओं का न्याय करेगा। मैं मसीह को थाम लेता हूँ और ऐलान करता हूँ कि स्वर्ग और पृथ्वी पर कोई अन्य नाम नहीं है, जिसमें मुझे मुक्ति मिल सकती है।

मैं अपने पिता परमेश्वर से माँगता हूँ कि वह मुझे एक नया हृदय दे, मसीह का हृदय दे और मेरे शब्दों तथा कामों में मेरी अगुवाई करे।

मैं हर प्रकार की झूठी आराधना से नाता तोड़ने का ऐलान करता हूँ और जीवित परमेश्वर अर्थात् पिता, पुत्र और पवित्र आत्मा की आराधना करने के लिए अपने शरीर को अर्पित करता हूँ।

आमीन।

6

दिम्मा से आज़ादी

"उसका लहू उत्तम बातें कहता है।"
इब्रानियों 12:24

इस अध्याय में हम इस्लामिक शासन के अधीन रहने वाले गैर-मुसलमानों के प्रति इस्लाम की नीतियों और व्यवहार पर चर्चा करेंगे। ये लोग, जिनमें मसीही और यहूदी भी शामिल हैं, इस्लाम में *दिम्मी* कहलाते हैं।

दिम्मा वाचा

2006 में रीगनज़बर्ग में अपना प्रसिद्ध भाषण देते समय पोप बेनेडिक्ट XVI ने बीज़ेनटाईन सम्राट मैनुएल द्वितीय पालेओलोगस का हवाला दिया, जिसमें मुहम्मद के इस आदेश का उल्लेख किया गया था कि "जिस आस्था का वह प्रचार कर रहा था, उसका प्रसार तलवार के द्वारा किया जाए।"

पोप का यह बयान सुनकर संसारभर से मुसलमानों ने कड़ी आपत्ति जताई थी। इस भाषण के बाद संसारभर में हुए दंगों में लगभग 100 लोग मारे गए। इनमें से सबसे अधिक रुचिकर प्रतिक्रिया साऊदी अरब के ग्रैंड मुफ्ती शेख अब्दुल अज़ीज़ अल-शेख के द्वारा की गई थी, जिसने प्रेस में एक विज्ञप्ति दी थी कि इस्लाम का प्रसार हिंसा से नहीं हुआ था। उसने तर्क दिया कि इस्लाम पर इस प्रकार का दोष लगाया जाना गलत है, क्योंकि काफ़िरों के पास तीसरा चयन भी था। पहला चयन था इस्लाम, दूसरा चयन था तलवार, लेकिन तीसरा चयन था कि "वे समर्पण करें और जिज़्या दें। तब उन्हें उनके देश में बसे रहने दिया जाएगा, जिससे वे मुसलमानों की सुरक्षा के अधीन अपने धर्म का पालन कर सकते हैं।"

ग्रैंड मुफ्ती ने अपने पाठकों का ध्यान मुहम्मद के आदर्श की ओर खींचा। उसने कहा, "जो लोग क़ुरआन और *सुन्ना* को पढ़ते हैं, वे तथ्यों को समझ सकते हैं।"

मुफ्ती द्वारा दिए गए तीन चयन ये थे:
1. इस्लाम को कबूल करो;
2. तलवार का सामना करो—मरो या मारो;
3. इस्लाम की सेना के आगे समर्पण करो।

पहले दो चयनों का आरम्भ मुहम्मद से ही हुआ था, जब उसने कहा था:

> मुझे (अल्लाह) का हुक्म हुआ है कि मैं लोगों से लड़ूँ, जब तक कि वे यह गवाही न दें कि इबादत का हकदार अल्लाह के अलावा और कोई नहीं है और यह कि अल्लाह का रसूल केवल मुहम्मद ही है . . . अगर वे यह मान जाते हैं तो वे अपनी जान और अपने माल की मुझसे रक्षा कर सकते हैं . . .

लेकिन मुहम्मद द्वारा कही गई अन्य बातों के द्वारा इन्हें थोड़ा मध्यम कर दिया गया, जब उसने इस्लाम या तलवार के अतिरिक्त एक तीसरा विकल्प दे दिया, जो समर्पण करके *जिज़्या* देना था:

> अल्लाह के नाम में और अल्लाह के मार्ग पर लड़ो।
> अल्लाह पर ईमान न लाने वालों से लड़ो। जिहाद करो . . .
> जब तुम अपने शत्रुओं से, बहुदेववादियों से मिलो, तो उन्हें तीन चयन दो।
> यदि वे इन तीनों में से किसी एक को भी मान लेते हैं, तो तुम इसे कबूल करो और उन्हें कोई नुकसान न पहुँचाओ।
> उन्हें इस्लाम कबूल करने का चयन दो; यदि वे कबूल कर लेते हैं, तो उन्हें कबूल करो और उनसे न लड़ो . . .
> यदि वे इस्लाम को कबूल नहीं करते, तो उनसे *जिज़्या* की माँग करो।
> यदि वे देने के लिए राज़ी हो जाते हैं, तो उनसे कबूल करो और उनसे न लड़ो।
> अगर वे जिज़्या देने से मना करते हैं, तो अल्लाह से मदद की पुकार करते हुए उनसे लड़ो।

जिज़्या अदा करने की मांग भी क़ुरआन की एक आयत पर आधारित है:

> इस प्रभुता को प्राप्त करने के लिए मुसलमानों को यहूदियों और मसीहियों (किताबवालों) से तब तक लड़ना है, जब तक कि वे हार न जाएँ और शर्मिन्दा न हो जाएँ और मुस्लिम समाज को जिज़्या देने के लिए तैयार न हो जाएँ (क़ु.9:29)।

जिन समुदायों ने इस्लामिक कानून के आगे समर्पण कर दिया, उनके बारे में इस्लामिक शरीअत कहती है कि उन्होंने दिम्मा सन्धि को कबूल कर लिया है, जो समर्पण की वाचा कहलाती है, जिसके अन्तर्गत

गैर-मुस्लिम समुदाय दो बातों की सहमति देता है: 1) मुस्लिम समुदाय को वार्षिक *जिज़्या* देना, और 2) निन्दित होने अथवा 'छोटे बने रहने,' और परास्त दीनता वाला रवैया अपना कर रखना।

मुस्लिम टिप्पणीकार इब्न खातिर ने क़ु.9:29 पर की गई अपनी व्याख्या में कहा कि "मुसलमानों को *दिम्मा* सन्धि के अधीन आए लोगों को सम्मान देने की या उन्हें मुसलमानों से ऊँचा दर्जा देने की अनुमति नहीं है, क्योंकि वे दयनीय हैं, निन्दित हैं, और लज्जित हैं।" उसका कहना था कि उनकी इस दयनीय दशा को शरीअत के कानून के द्वारा सुनिश्चित किया जाना था, ताकि "उनकी लज्जा, दयनीय अवस्था और निन्दा निरन्तर जारी रहे।"

इस *दिम्मा* वाचा के प्रति सहमति दर्शाने के बदले में शरीअत अनुमति देती है कि गैर-मुसलमान अपने धर्म का पालन कर सकते हैं, जिसका पालन वे परास्त होने से पहले करते आ रहे थे। ऐसे हालातों में रहने वाले गैर-मुसलमानों को *दिम्मी* कहा जाता है।

दिम्मा प्रणाली क़ुरआन के दो थियोलॉजिकल सिद्धान्तों का राजनीतिक प्रकटीकरण है:

1. इस्लाम को अन्य धर्मों पर विजयी होना है:

   वही है जिसने अपने रसूल को मार्गदर्शन और सत्यधर्म के साथ भेजा, ताकि उसे पूरे के पूरे धर्म पर प्रभुत्व प्रदान करे और गवाह की हैसियत से अल्लाह काफ़ी है। (क़ु.48:28)

2. मुसलमानों को अधिकार के स्तर पर रहना है, ताकि वे सही और गलत के मामलों में इस्लाम की शिक्षा को लागू कर सकें:

   तुम एक उत्तम समुदाय हो, जो लोगों के समक्ष लाया गया है। तुम नेकी का हुक्म देते हो और बुराई से रोकते हो और अल्लाह पर ईमान रखते हो। (क़ु.3:110)

जिज़्या

इस्लामिक शरीअत कानून में *दिम्मा* वाचा के अनुसार गैर-मुसलमानों के साथ ऐसा व्यवहार किया जाता है कि यदि मुसलमान उन्हें जीवनदान न देते, तो वे तो कब के मर चुके होते। यह रीति इस्लामिक युग से पहले से अस्तित्व में थी, जिसके अनुसार यदि कोई जाति आपको परास्त करके आप पर प्रभुता कर लेती और आपको जीवित छोड़ देती, तो आपका सिर उनका कर्जदार होता। इसी कारण आधिकारिक इस्लामिक दस्तावेजों में वार्षिक *जिज़्या* अर्थात् सिर टैक्स का उल्लेख किया गया है, जो *दिम्मी* पुरुषों द्वारा इस्लामिक सरकार को छुटकारा-राशि के तौर पर दिया जाता था और *दिम्मी* इसे अपने लहू के बदले में दिया करते थे। *जिज़्या* शब्द का अर्थ 'क्षतिपूर्ति', 'मुआवज़ा' अथवा 'शुल्क' होता है। मुस्लिम कोशकारों ने इसके अर्थ की परिभाषा इस प्रकार दी:

> . . . यह वह टैक्स है जो मुस्लिम सरकार के अधीन रहने वाले आज़ाद गैर-मुस्लिम लोग अदा करते हैं, जिसके माध्यम से वे उस सन्धि [*दिम्मा* सन्धि] की पुष्टि करते हैं, जिसके अन्तर्गत उन्हें

> सुरक्षा प्रदान की जाती है, मानो वे यह राशि उनकी हत्या न किए जाने के मुआवज़े के तौर पर अदा कर रहे हैं। (लेन का अरबी-अंग्रेजी कोश)[10]

19वीं शताब्दी में हुए एक अलजेरियन टिप्पणीकार मुहम्मद इब्न यूसुफ अतफाय्यिश ने इस सिद्धान्त को क़ु.9:29 के अपने टीका में इस प्रकार समझाया:

> ऐसा कहा गया था: यह [*जिज़्या*] उनके लहू की अदायगी है। ऐसा कहा गया है कि इसे सन्तुष्ट कर दिया गया है . . . उनकी हत्या न करने का मुआवज़ा अदा कर दिया है। यह उनकी हत्या करने और उन्हें गुलाम बनाने के कर्तव्य (*वाजिब*) के बदले में अदा किया जाता है . . . यह मुसलमानों के लाभ के लिए है।

अथवा जैसा कि विलियम एटोन ने इससे एक शताब्दी से भी अधिक समय पहले 1798 में प्रकाशित अपने सारगर्भित *सर्वे ऑफ द टर्किश एम्पायर* में बताया था:

> उनके मसीही प्रजाजनों द्वारा प्रतिव्यक्ति टैक्स [*जिज़्या*] की अदायगी पर उन्हें दी जाने वाली धार्मिक नियमावली में बताया जाता था कि जो राशि उनसे स्वीकार की गई है वह एक वर्ष के लिए उनके कन्धों पर उनके सिर कायम रखने की अनुमति का मुआवज़ा है।

आज्ञा-उल्लंघन का दण्ड

इस्लामिक शरीअत के अन्तर्गत *दिम्मा* वाचा का उल्लंघन करने पर बहुत गम्भीर दण्ड दिया जाता था। यदि एक *दिम्मी*, *जिज़्या* देने से इनकार करता या *दिम्मियों* पर लागू किए गए नियमों को मानने में विफल हो जाता, तो इसका दण्ड यह होता कि जिहाद फिर से आरम्भ हो जाती थी। इसका अर्थ था कि उन्हें युद्ध की परिस्थितियों में जीवन व्यतीत करना पड़ता: *दिम्मियों* की सम्पत्ति लूट ली जाती, उनकी महिलाओं को गुलाम बनाया जाता और बलात्कार किए जाते, और पुरुषों को मार डाला जाता (या फिर तलवार के बल पर उन्हें इस्लाम कबूल करने के लिए मजबूर किया जाता)।

दिम्मा वाचा का एक प्रसिद्ध उदाहरण उमर सन्धि के नाम से जाना जाता है, जिसमें सीरिया के मसीही लोगों ने इस वाचा का उल्लंघन करने के दण्ड स्वरूप अपने ऊपर जिहाद लाने का ऐलान किया था:

> रक्षा और सुरक्षा के बदले में हम अपने ऊपर तथा अपने धर्म के अनुयायियों के ऊपर इन शर्तों का ऐलान करते हैं। यदि हम अपने लिए ठहराए गए नियमों और प्रतिज्ञाओं में से किसी एक को भी तोड़ते हैं, तो हमारा *दिम्मा* टूट जाएगा और आपको अनुमति मिल जाएगी कि आप हमारे साथ वैसा ही करें, जैसा आप गद्दारों और विद्रोहियों के साथ करते हैं।

---

10. Edward W. Lane, *Arabic-English Lexicon.*

इब्न कुदमा ने भी ऐसा ही कहा कि यदि गैर-मुसलमान *दिम्मी दिम्मा* वाचा का उल्लंघन करते हैं, तो वे अपने प्राण और सम्पत्ति का अधिकार खो बैठते हैं:

> यदि कोई सुरक्षा-प्राप्त व्यक्ति सुरक्षा की सन्धि का उल्लंघन करता है, चाहे *जिज़्या* देने से मना करने के द्वारा या चाहे समाज के नियमों की अधीनता में आने से मना करने के द्वारा . . . तो वह अपने लोगों और सम्पत्ति को हलाल ['जायज़'—मुसलमानों द्वारा घात करने या लूट लिए जाने के लिए उपलब्ध] घोषित कर देता है।

अनेक *दिम्मी* समुदायों का इतिहास बहुत पीड़ादायी ऐतिहासिक घटनाक्रमों से भरा पड़ा है, जिनमें नरसंहार, बलात्कार और लूटपाट इत्यादि शामिल हैं। इनके कारण गैर-मुसलमान निरन्तर डर की स्थिति में जीवन व्यतीत करते आए हैं और इससे सारे समुदाय पर *दिम्मा* के मनोवैज्ञानिक और आत्मिक बन्धन मजबूत होते आए हैं। इसके दो उदाहरण इस प्रकार हैं:

- ई.स. 1066 में ग्रानाडा में यहूदियों की आबादी लगभग 3,000 थी, जिनका मुसलमानों ने नरसंहार कर दिया। इसकी पृष्ठभूमि यह है कि ग्रानाडा का शाही वज़ीर सैमुएल हा-नागीद नामक एक यहूदी था, जो वहाँ के मुस्लिम सुल्तान की सेवा में तैनात था। उसके बाद उसके पद पर उसके बेटे जोसेफ हा-नागीद को नियुक्त कर दिया गया। इन यहूदियों की सफलता को *दिम्मा* की शर्तों का उल्लंघन माना गया, जिसमें गैर-मुसलमानों को मुसलमानों के ऊपर अधिकार रखने की मनाही थी। *दिम्मा* के नियमों को आधार बनाकर यहूदियों के विरुद्ध चलाए गए एक धार्मिक अभियान के दौरान यहूदियों का नरसंहार कर दिया गया। उत्तरी अफ्रीका के एक कानूनविद अल-माघिली ने बाद में लिखा कि जब भी किसी सुल्तान के राजदरबार में कोई यहूदी किसी ऊँचे पद पर नियुक्त किया जाता, तो वह "अपनी [*दिम्मी*] अवस्था के कारण निरन्तर बने रहने वाले विद्रोह की स्थिति में आ जाता, जिसके कारण वह अपनी सुरक्षा को खो बैठता था।" दूसरे शब्दों में, उसका लहू हलाल बन जाता था।

- 1860 में दमिश्क में 5,000 से अधिक मसीहियों को मौत के घाट उतार दिया गया। इसकी पृष्ठभूमि यह है कि ओटोमन साम्राज्य में *दिम्मा* के नियमों को आधिकारिक तौर पर रद्द कर दिया गया था। इसे यूरोप की ताकतों की ओर से आ रहे दबाव के कारण किया गया था। दमिश्क के मुस्लिम प्रचारकों ने इस स्थिति का विरोध किया और ऐलान कर दिया कि क्योंकि अब मसीही लोग उनकी *दिम्मी* अवस्था में नहीं थे, इसलिए वे अपनी सुरक्षा को खो बैठे थे। इसके परिणामस्वरूप जिहाद की परिस्थितियाँ पैदा हो गईं: उनके पुरुषों की हत्या कर दी गई, स्त्रियों और बच्चों को गुलाम बना लिया गया, गुलाम बनाई गई स्त्रियों के साथ बलात्कार किए गए, और उनकी सम्पत्ति लूट ली गई। कुछ मसीहियों ने इस्लाम को कबूल करके अपनी जान बचाई।

विचलित करने वाली एक रस्म

जिज़्या टैक्स प्रत्येक पुरुष द्वारा प्रतिवर्ष अदा किया जाता था, और इसके लिए एक रस्म का पालन किया जाता था। बीसवीं शताब्दी तक सारे मुस्लिम जगत में *दिम्मी* पुरुषों को इस रस्म का पालन करना अनिवार्य था।

जिज़्या की अदायगी की रस्म में एक शक्तिशाली प्रतीकात्मक कार्य किया जाता था, जिसके दौरान एक मुसलमान *दिम्मी* की गर्दन पर प्रतीकात्मक प्रहार करता था और कहीं-कहीं पर तो *दिम्मियों* को गले में रस्सी से बाँध कर घसीटा जाता था। यह रस्म इस बात का प्रतीक थी कि *दिम्मी* अपनी जान के बदले में यह टैक्स अदा कर रहा है, ताकि वह मृत्यु या गुलामी से बच सके। इस रस्म में सिर कलम करके मौत के घाट उतारने को नाटकीय तौर पर पेश किया जाता था, जिसमें सन्देश यह दिया जाता था कि *जिज़्या* की अदायगी के कारण उनकी मौत एक वर्ष के लिए रुक गई है।

मुस्लिम और गैर-मुस्लिम स्रोतों में 9वीं शताब्दी से लेकर 20वीं शताब्दी तक, मोरक्को से लेकर बुखारा तक इस रस्म अनेक उदाहरण दिए गए हैं। यह रस्म कुछ मुस्लिम देशों में, जैसे कि येमेन और अफगानिस्तान में तो 1940 के दशक से लेकर 1950 के दशक के आरम्भ तक यहूदियों के इस्राएल में पलायन के समय तक जारी रही। पिछले कुछ वर्षों में तो कट्टरपंथी मुसलमानों द्वारा इस रस्म को दोबारा आरम्भ करने की माँग तेजी पकड़ने लगी है।

सिर कलम करने के प्रतीक के तौर पर *जिज़्या* टैक्स को 'रक्त सन्धि' अथवा 'रक्त सौगन्ध' माना जा सकता है (जैसा कि अध्याय 2 में चर्चा की गई है), जिसके द्वारा इसमें शामिल होने वाले लोग अपना सिर कलम किए जाने को नाटकीय तौर पर दर्शाते हुए अपने ऊपर मृत्यु-दण्ड का ऐलान करते हैं कि यदि वे इस सन्धि की शर्तों का पालन करने में विफल हो जाएँ, तो उनके साथ ऐसा ही किया जाए। कई शताब्दियों से ही इस प्रकार की सौगन्ध रहस्यमयी समुदायों और कुछ विशिष्ट पंथों में शामिल होने वाले नए अनुयायियों द्वारा ली जाती रही हैं, क्योंकि ऐसा माना जाता है कि इनमें मानसिक-आत्मिक शक्ति होती है, जो इन नए अनुयायियों को अधीनता और आज्ञापालन में बाँध देती है।

जिज़्या की रस्म इसमें शामिल होने वाले *दिम्मी* से प्रतीकात्मक तौर पर माँग करती है कि यदि वह दिम्मा वाचा की एक भी शर्त को तोड़ता है, तो इसके बदले में वह अपना सिर देगा, क्योंकि इसी वाचा के कारण ही उसका सिर सुरक्षित बचा हुआ था। इसे बोलने वाला व्यक्ति अपने ऊपर श्राप लाता है, जो कहता है, "यदि मैं अपनी वाचा की शर्तों में से किसी एक को भी तोड़ता हूँ, तो आपको मेरा सिर ले लेने का अधिकार है।" आगे चलकर, यदि कोई *दिम्मी* अपनी वाचा का उल्लंघन करता है, तो वह अपने ऊपर मृत्यु-दण्ड बोल चुका है, क्योंकि वह सार्वजनिक तौर पर इस रस्म में शामिल हुआ था और अब यदि उसकी हत्या कर दी जाती है, तो वह इसकी अनुमति पहले ही दे चुका है।

इन भागों में हम गैर-मुसलमानों के ऊपर *दिम्मा* प्रणाली के मनोवैज्ञानिक प्रभाव पर चर्चा करेंगे।

दीनतापूर्वक आभार

मूल रूप से कहा जाए तो ऐतिहासिक इस्लामिक शरीअत में गैर-मुसलमानों को ऐसे लोग माना जाता है, जिनके जीवन उनके मुस्लिम विजेताओं के कर्जदार हैं। उनसे अपेक्षा की जाती है कि वे आभार और दीनतापूर्वक हीनता का व्यवहार अपनाए रखें। इस बारे में इस्लामिक टिप्पणीकार बहुत स्पष्टता से बोलते हैं।

शरीअत के अनेक नियम इस प्रकार तैयार किए गए हैं कि वे गैर-मुसलमानों के ऊपर हीनता और निर्बलता को थोपें। उदाहरण के लिए:

- शरीअत अदालतों में *दिम्मियों* की गवाही कबूल नहीं की जाती थी। इसके कारण वे हर प्रकार के अत्याचार का सामना करने के लिए मजबूर थे।
- *दिम्मियों* के घरों की ऊँचाई मुसलमानों के घरों से कम होनी चाहिए थी।
- *दिम्मियों* को न तो घुड़सवारी करने की अनुमति थी और न ही उन्हें मुसलमानों से ऊपर सिर उठाने की अनुमति थी।
- *दिम्मियों* को सार्वजनिक सड़कों पर मुसलमानों के रास्ते से हटना पड़ता था, और एक किनारे पर हो जाना पड़ता था ताकि मुसलमान वहाँ से गुज़र सकें।
- *दिम्मियों* को आत्म-रक्षा के लिए कुछ भी प्रबन्ध करने की अनुमति नहीं थी, जिसके कारण मुसलमानों के हाथों हिंसा का शिकार होने का खतरा उन पर हमेशा बना रहता था।
- किसी भी प्रकार के धार्मिक चिह्नों या प्रथाओं को सार्वजनिक रूप से दिखाए जाने की अनुमति नहीं थी।
- नए चर्च नहीं बनाए जा सकते थे और टूटे चर्चों की मरम्मत नहीं की जा सकती थी।
- इस्लाम की आलोचना करने की अनुमति नहीं थी।
- *दिम्मियों* को मुसलमानों से भिन्न कपड़े पहनने होते थे, उनके कपड़े अलग रंगों के होते थे या उन पर एक विशिष्ट रंग का पैबन्द लगाया जाता था।
- मुस्लिम पुरुष *दिम्मी* महिलाओं से विवाह कर सकते थे और उनके बच्चों का पालन-पोषण मुसलमानों के तौर पर किया जाता था। लेकिन कोई मुस्लिम महिला किसी *दिम्मी* पुरुष से विवाह नहीं कर सकती थी।
- ऐसे और भी बहुत सारे नियम थे जो गैर-मुसलमानों को लज्जित करते थे और उन्हें अलग-थलग कर देते थे।

इस प्रकार के नियमों को दूसरों को "छोटा" दिखाने की सामाजिक और कानूनी अभिव्यक्ति माना जाता था, जैसा कि क़ुरआन (9:29) में आदेश दिया गया है।

दिम्मा प्रणाली को इस रीति से तैयार किया गया था कि इस्लाम की अधीनता में रहने वाले गैर-मुसलमान समुदायों को सीमित और गुलाम रखा जा सके। 18वीं सदी में हुए मोरक्को के टिप्पणीकार इब्न अजीबाह ने इसके उद्देश्य को अन्तरात्मा की हत्या बताया है:

> [*दिम्मियों*] को आदेश दिया गया है कि वे अपनी अन्तरात्मा, अपनी सर्वोत्तम सम्पत्ति और इच्छाओं को मौत के घाट उतार दें। सबसे बढ़कर उन्हें जीवन, नेतृत्व और सम्मान के प्रेम को मार डालना होगा। [*दिम्मियों*] को अपनी अन्तरात्मा की चाहत को मारना होगा और उन्हें इसे यहाँ तक दबाना होगा कि यह इतनी दब जाए कि फिर से अपना सिर न उठा सके और हमेशा के लिए पूरी तरह अधीनता में आ जाए। उसके बाद कुछ भी उनके लिए असहनीय नहीं होगा। उन्हें अधीनता या आज़ादी से कोई फर्क नहीं पड़ेगा। उनके लिए निर्धनता और धन में कोई फर्क नहीं रह जाएगा; उनके लिए प्रशंसा और अपमान एक जैसा होगा; उनके लिए बचाव और समर्पण एक जैसा होगा; उनके लिए खोना और पाना एक जैसा होगा। फिर, जब सबकुछ एक जैसा हो जाएगा, तब वह [अन्तरात्मा] अधीनता में आ जाएगा और जो कुछ उससे माँगा जाए, वह स्वेच्छा से दे देगा।

हीनता की मानसिकता

दिम्मी अवस्था

'*दिम्मी* अवस्था' उस सम्पूर्ण अवस्था को कहा जाता है, जो *दिम्मा* वाचा के द्वारा उत्पन्न होती है। लिंगवाद और जातिवाद के समान ही *दिम्मी* अवस्था भी न केवल कानूनी और सामाजिक संरचना में, बल्कि आभारयुक्त हीनता की मानसिकता के साथ-साथ गुलामी की स्वेच्छा में भी प्रकट होती है, जिसे गुलाम बनाया गया समुदाय अपने आप को सुरक्षित रखने के लिए अपना लेता है।

मध्यकालीन युग में हुए एक आइबेरियन यहूदी विद्वान मायमोनिडेस ने इसे इस प्रकार अभिव्यक्त किया, "हम सबने, बड़ों और छोटों ने, अपमान की अवस्था में जीवन व्यतीत करने की आदत को अपना लिया है . . ।" और 20वीं शताब्दी के आरम्भ में सरबियन भूगोलशास्त्री जोवन क्विजिक ने बताया कि कैसे उस समय के शासक तुर्कों और अलबेनियन मुसलमानों द्वारा की जाने वाली हिंसा के कारण पीढ़ी-दर-पीढ़ी चले आ रहे डर ने बाल्कन में रहने वाले मसीहियों में ऐसी मानसिकता पैदा कर दी थी कि उन्होंने ऐसी परिस्थितियों में रहना स्वीकार कर लिया:

> [उन्होंने] . . . इस बात को स्वीकार कर लिया कि वे हीन और गुलाम लोग हैं, जिनका कर्तव्य यह है कि वे अपने मालिक की नज़र में स्वीकार योग्य बने रहें, उसके सामने अपने आप को दीन बनाए रखें और उसे खुश रखें। ऐसे लोग रहस्यमयी, संकोची और कुटिल बन जाते हैं; दूसरों में उनका भरोसा पूरी तरह से समाप्त हो जाता है; वे कपट और चालाकी के आदी हो जाते हैं

> क्योंकि ऐसा करना उनके लिए अनिवार्य हो जाता है ताकि वे अपना जीवन शान्ति से व्यतीत कर सकें और हिंसक दण्ड से बच सकें।
>
> अत्याचार और हिंसा का सीधा प्रभाव लगभग सभी मसीहियों में डर और संकोच की भावनाओं के रूप में दिखाई देता है . . . मकिदुनिया में तो मैंने लोगों को यह भी कहते सुना है: "हम तो अपने सपनों में भी तुर्कों और अलबेनियन लोगों से बचकर भागते रहते हैं।"

दिम्मियों की हीन दशा की तुलना मुसलमानों की श्रेष्ठता से पूरी तरह मेल खाती है, क्योंकि मुसलमानों को उदार प्रस्तुत किया जाता है, जिन्होंने *दिम्मियों* को जीवित रहने की अनुमति दी है और उनकी सम्पत्ति को लूटा नहीं है। मसीहत को कबूल करने वाले एक ईरानी व्यक्ति ने मुझसे कहा, "मसीहत को अभी भी हीन दर्जे के लोगों का धर्म माना जाता है। जहाँ इस्लाम स्वामियों और शासकों का धर्म है, वहीं मसीहत गुलामों का धर्म है।"

दिम्मी अवस्था का यह दृष्टिकोण गैर-मुसलमानों के लिए जितना अपमानजनक है, मुसलमानों के लिए भी यह उतना ही घातक है। उस समय मुसलमान अपना नुकसान कर बैठते हैं, जिस समय वे ऐसी परिस्थितियाँ स्थापित कर देते हैं जिनमें बराबरी का मुकाबला करते हुए उनके लिए सीखने की कोई सम्भावना ही नहीं रह जाती। जिस प्रकार आर्थिक सुरक्षावाद पूरे राष्ट्र की अर्थव्यवस्था को बर्बाद कर देता है, उसी प्रकार *दिम्मा* का धार्मिक सुरक्षावाद मुसलमानों को एक झूठी श्रेष्ठता पर आश्रित कर देता है, जो धीरे-धीरे उन्हें अन्दर से खोखला कर देती है और स्वयं तथा अपने आस-पास के संसार की सच्ची समझ प्राप्त करने की उनकी योग्यता को नुकसान पहुँचाती है।

दिम्मी अवस्था की प्रणाली दोनों तरफ के लोगों में एक पीढ़ी से अगली पीढ़ी तक में ऐसे रवैये पैदा कर देती है जो उनमें अपनी पैठ बना लेते हैं। जिस प्रकार अनेक देशों में जाति के आधार पर होने वाली गुलामी प्रथा समाप्त होने के बावजूद वहाँ जातिवाद अभी भी जारी है, उसी प्रकार *दिम्मी* अवस्था की प्रणाली भी मुसलमानों और गैर-मुसलमानों के सम्बन्धों को अभी तक प्रभावित कर रही है, यहाँ तक कि प्रभुता कर रही है, जबकि *जिज़्या* टैक्स को समाप्त हुए बहुत लम्बा समय बीत चुका है।

दिम्मी अवस्था की मानसिकता का प्रभाव उन समुदायों पर भी आ सकता है, जो शरीअत की अधीनता में कभी नहीं आए हैं। इससे शैक्षणिक शोध बाधित हो सकता है और राजनीतिक बातचीत का नुकसान हो सकता है। उदाहरण के लिए, ऐसे बहुत सारे पश्चिमी राजनेता हुए हैं, जिन्होंने इस्लाम की प्रशंसा करते हुए से शान्तिमय धर्म बताया है, और साथ ही साथ इसके लिए आभार भी व्यक्त किया है। इस प्रकार की प्रशंसा और आभार वाला व्यवहार इस्लामिक शासन के प्रति *दिम्मी* प्रतिउत्तर है।

धार्मिक अत्याचार और *दिम्मा* की वापसी

उन्नीसवीं और बीसवीं शताब्दी के दौरान यूरोप की अलग-अलग ताकतों ने मुस्लिम संसार पर दबाव डाला कि वे *दिम्मा* प्रणाली को या तो कम करें या फिर पूरी तरह से समाप्त कर दें। लेकिन हाल ही के

दशकों में देखा गया है कि संसारभर में शरीअत कानून को लेकर पुनः जागृति आ रही है। इस जागृति के कारण *दिम्मा* के कानून और दृष्टिकोण सारे मुस्लिम संसार में वापिस आ रहे हैं और इसके कारण मसीहियों और अन्य गैर-मुसलमानों के प्रति पक्षपात, डराने-धमकाने और धार्मिक भेदभाव के माहौल में तेजी से वृद्धि हुई है। इसका एक उदाहरण पाकिस्तान है, जिसकी स्थापना तो एक धर्मनिर्पेक्ष संविधान के आधार पर हुई थी, लेकिन आगे चलकर उन्होंने अपने आप को एक इस्लामिक देश घोषित कर दिया, शरीअत अदालतें वापिस लाई गईं, और ईश-निन्दा का कानून लाया गया, जो गैर-मुसलमानों के विरुद्ध पक्षपाती है। शरीअत को वापिस लाने की इस जागृति ने पाकिस्तानी मसीहियों पर धार्मिक अत्याचार बढ़ा दिया है।

आज संसारभर में जहाँ कहीं शरीअत को वापिस लाया गया है, वहाँ मसीहियों और गैर-मुसलमानों के जीवन खतरे में पड़ गए हैं। आज पाँच में से चार देश इस्लामिक हैं जहाँ मसीहियों पर अत्याचार किए जा रहे हैं, और इन देशों में मसीहियों पर होने वाले अत्याचार की पद्धति, जैसे कि धार्मिक स्थलों पर लगने वाली पाबन्दियाँ, शरीअत की वापसी के कारण हुई *दिम्मा* के नियमों की वापसी से समर्थन प्राप्त कर रही हैं।

इन भागों में हम *दिम्मा* वाचा और इसके हानिकारक आत्मिक प्रभाव से नाता तोड़ने का ऐलान करने के कारणों पर चर्चा करेंगे।

एक आत्मिक समाधान

मुहम्मद के जीवन में आई अस्वीकृति के गहरे अनुभवों ने उसके जीवन को आकार-विस्तार दिया था, जिससे उसकी अन्तरात्मा में घाव लगे, बुरा मानने का व्यवहार जागा, अपने आप को पीड़ित समझने की मानसिकता आई, हिंसक प्रवृत्ति जागी, और दूसरों पर प्रभुता करने की इच्छा हावी हो गई। उसके द्वारा दिया गया जिहाद 'संघर्ष' का बुलावा उसकी उत्पीड़ित आत्मिक अवस्था से प्रेरित था, जो दूसरों को हीन बनाकर तसल्ली पाना चाहता था। इसके परिणामस्वरूप दूसरों को हीन बनाने वाली *दिम्मा* प्रणाली का जन्म हुआ।

इसके विपरीत मसीह को अस्वीकार किया गया, लेकिन उसने इसका बुरा नहीं माना, उसने हिंसा नहीं की, उसने दूसरों पर प्रभुता करने का प्रयास नहीं किया, और अपनी अन्तरात्मा में घाव नहीं लगने दिया। उसके क्रूस और पुनरुत्थान ने अस्वीकृति और अन्धकार की ताकतों को परास्त कर दिया। *दिम्मा* की विरासत से आज़ादी पाने के लिए मसीही लोग क्रूस के पास आ सकते हैं।

दिम्मा से नाता तोड़ने की साक्षियाँ

यहाँ पर उन कुछ लोगों की गवाहियाँ दी गई हैं, जिन्होंने *दिम्मा* वाचा से नाता तोड़ने का ऐलान करने वाली प्रार्थनाएँ कीं और आज़ादी प्राप्त की।

पीढ़ीगत चलने वाले डर

मैंने एक महिला के लिए प्रार्थना की, जो अपने जीवन के विभिन्न क्षेत्रों में डर की सताई हुई थी। उसके पूर्वज लगभग एक शताब्दी पहले सीरिया के दमिश्क में *दिम्मी* के तौर पर रहते थे, जहाँ पर 1860 में मसीहियों का नरसंहार किया गया था। जब हमने प्रार्थना करते हुए *दिम्मा* वाचा से नाता तोड़ने का ऐलान किया, तो डर की शक्ति टूट गई और उसने अपने दैनिक जीवन में डर से मुक्ति पा ली।

नरसंहार की विरासत से आज़ादी

अर्मेनिया का रहने वाला एक व्यक्ति था, जिसके पुरखे अपने नाम बदल कर यूनानी नाम रखने के द्वारा नरसंहार से बच निकले थे और अपनी जान बचाकर स्मुरना के रास्ते मिस्र पहुँचे थे। एक शताब्दी के बाद भी इन शरणार्थियों के इस वंशज को प्रतिदिन डर बहुत अधिक सताया करता था। वह जब भी घर से निकलता था, तो इस बात को लेकर बहुत परेशान हो जाता था कि उसने घर के सारे दरवाज़े और खिड़कियाँ बन्द किए हैं या नहीं। लेकिन जब उसने अतीत में घटित हुए नरसंहार के सदमे से जुड़े पीढ़ीगत डर से नाता तोड़ने का ऐलान किया, और उसके डर से मुक्ति के लिए हमने एकसाथ मिलकर प्रार्थना की, तब उसने आत्मिक चंगाई और आज़ादी का अनुभव किया।

मुसलमानों में सेवाकार्य में अधिक प्रभावशीलता

न्यूज़ीलैण्ड की एक महिला ने मुझे बताया कि कैसे *दिम्मी* अवस्था और *दिम्मा* से नाता तोड़ने का ऐलान करने के बाद मुसलमानों के मध्य उसके सेवाकार्य में कितनी अधिक प्रभावशीलता आ गई थी:

> जब से मैंने आपके प्रार्थना सम्मेलन में *दिम्मी* अवस्था से नाता तोड़ने का ऐलान करने वाली प्रार्थनाएँ की हैं, तब से मैं हर प्रकार के डर और भय से व्यक्तिगत तौर पर आज़ाद हो गई हूँ और अब मुसलमानों के बीच सुसमाचार प्रचार करने में भी काफी प्रभावशाली हो गई हूँ। मैं 1989 से मुसलमानों में सुसमाचार का प्रचार करती आ रही हूँ . . . मेरी टीम की एक अन्य सदस्य भी आपके प्रार्थना सम्मेलन में आई थी और *दिम्मी* अवस्था से नाता तोड़ने का ऐलान करने के बाद वह भी अब मध्य पूर्व की महिलाओं में प्रभावशाली रूप से सुसमाचार प्रचार कर रही है।

डर से साहस की ओर: सुसमाचार प्रचार का प्रशिक्षण

अरबी बोलने वाले कुछ मसीहियों ने इस पुस्तक में दी गई प्रार्थनाओं का उपयोग सुसमाचार प्रचार के प्रशिक्षण के दौरान किया, जब वे यूरोप के एक देश में आए मुस्लिम सैलानियों में सुसमाचार प्रचार की तैयारी कर रहे थे। हालाँकि ये मसीही लोग एक आज़ाद देश में थे, तौभी उन्होंने कहा कि अपनी आस्था का प्रचार करने में उन्हें बहुत डर महसूस हो रहा है। *दिम्मी* अवस्था पर इस चर्चा ने उनके दिलों को खोला कि वे अपने इस डर से चंगाई की आवश्यकता को पहचानें। एक अगुवे ने इस प्रकार कहा, "आपके भीतर जो डर बैठा हुआ है, उसका कारण वह वाचा है जो आपके बदले में स्थापित की गई थी।" *दिम्मा* वाचा के विवरणों पर चर्चा करने के बाद लोगों ने एक साथ मिलकर आज़ादी के लिए

प्रार्थना की और *दिम्मा* वाचा से नाता तोड़ने का ऐलान किया। उनमें से एक व्यक्ति ने इस कार्यक्रम के अन्तिम दिन यह आकलन लिखा:

> इसके परिणाम हैरानीजनक थे। सब के सब लोगों ने बड़े जोरदार तरीके से इस बात को अभिव्यक्त किया कि सेवाकार्य के प्रशिक्षण के लिए यह एक अत्यन्त महत्त्वपूर्ण विषय था और इसके माध्यम से उन्हें बहुत गहरी आशिषें और सच्ची आज़ादी मिली थी, विशेषकर यह कि सभी को *दिम्मा* वाचा से नाता तोड़ने का ऐलान करने का और यीशु के लहू के द्वारा यीशु के साथ अपनी वाचा का ऐलान का अवसर मिला था। परमेश्वर की स्तुति हो कि यीशु के लहू और प्रार्थना के द्वारा इस सन्धि से आज़ादी मिल सकती है।

एक कॉप्टिक मसीही महिला को मुसलमानों में सुसमाचार प्रचार करने की आज़ादी और ताकत मिली

एक कॉप्टिक मसीही वकील ने अपनी गवाही देते हुए कहा:

> एक इस्लामिक देश में कानून की डिग्री की पढ़ाई करते समय एक मेजर विषय के तौर पर मैंने चार वर्षों तक शरीअत का अध्ययन किया। मैंने पाया कि शरीअत कानून के अन्तर्गत मसीहियों को कितना हीन माना जाता है, जिसमें *दिम्मा* के नियम शामिल हैं, लेकिन ऐसा कुछ था जो ऐसी शिक्षाओं के मेरे चरित्र पर पड़ने वाले व्यक्तिगत प्रभाव को समझने में बाधा बन रहा था। मैं एक समर्पित मसीही थी और प्रभु यीशु मसीह से प्रेम करती थी, लेकिन अपने मुसलमान मित्रों के सामने उसे अपना प्रभु मानने से बार-बार अपने आप को इसलिए रोकती रहती थी कि कहीं मैं उनकी भावनाओं को ठेस न पहुँचा दूँ।

> जब मैं *दिम्मी* अवस्था के बारे में की गई एक गोष्ठी में शामिल हुई, तब मैंने पाया कि मेरी आत्मिक अवस्था को प्रकाश में लाया जा रहा है, और मेरी आत्मा की गहरी परेशानियों को उजागर किया जा रहा है। मुझे याद आया कि कैसे मैंने अपने पुरखों के देश में, जिसे मुसलमानों ने अपने कब्जे में ले लिया था, मुसलमानों की श्रेष्ठता को अनेक बार खुशी-खुशी स्वीकार कर लिया था और उसे सही भी ठहराया था। मेरे भीतर यह कायलता आने लगी कि अनेक वर्षों से मैं *दिम्मी* होने की हीनता को स्वीकार करती और उसी में जीवन व्यतीत करती आ रही थी। मैंने प्रार्थना करवाई और तुरन्त मसीह में बहुत बड़ी आज़ादी का अनुभव किया।

> उसी रात जब मैं वापिस घर पहुँची तो मैंने अपनी एक घनिष्ठ मुस्लिम सहेली को फोन किया। मैंने उसे बताया कि यीशु मसीह उससे प्रेम करता है और उसके लिए उसने क्रूस पर अपने प्राणों का बलिदान दिया है। उस समय से ही मुसलमानों में मेरा सेवाकार्य बहुत प्रभावशाली हो गया है और मैंने देखा है कि उनमें से अनकों ने यीशु मसीह को अपना प्रभु और उद्धारकर्ता घोषित किया है।

दिम्मा वाचा से नाता तोड़ने का ऐलान करने के कुछ कारण

आप इस अध्याय में दिए गए ऐलान और प्रार्थनाएँ भिन्न-भिन्न कारणों से कर सकते हैं:

- हो सकता है कि आप या आपके पुरखे गैर-मुसलमानों के तौर पर इस्लामिक शासन के अधीन रहे हों और *दिम्मा* वाचा को स्वीकार किया है, या फिर आप या आपके पुरखे ऐसी परिस्थितियों में रहे हों, जो जिहाद और *दिम्मी* अवस्था से सिद्धान्तों से प्रभावित रही हैं।
- आपका व्यक्तिगत या आपका पारिवारिक इतिहास सदमे से भरे घटनाक्रमों से बहुत अधिक प्रभावित रहा है, जैसे कि जिहाद से सम्बन्धित हिंसात्मक अनुभव अथवा अन्य अत्याचार जो *दिम्मी* अवस्था के कारण आ सकते हैं। हो सकता है कि आपने ऐसे घटनाक्रमों के बारे में सुना भी न हो, लेकिन आपको सन्देह है कि ये आपके पारिवारिक इतिहास का एक भाग रहे हैं।
- आपको या आपके पुरखों को इस्लामिक जिहाद की धमकियाँ दी गई थीं और हालाँकि आप खुद कभी इस्लाम की अधीनता में नहीं रहे हैं, लेकिन फिर भी आप इस तरह के डर और धमकियों के स्मरण से आज़ाद होना चाहते हैं।
- आप या आपके पुरखे मुसलमान थे और अब आप *दिम्मा* वाचा और इसके सारे प्रभावों से नाता तोड़ने का ऐलान करना चाहते हैं।

ये प्रार्थनाएँ दिम्मा वाचा को तथा उसके सब प्रभावों को रद्द करने के उद्देश्य से तैयार की गई हैं, ताकि इसका आपके जीवन पर अब कोई प्रभाव न रह जाए। ये प्रार्थनाएँ इस रीति से तैयार की गई हैं कि आप या आपके पुरखों के इस्लामिक सरकार के अधीन दिम्मियों के तौर पर रहने के कारण आप पर आ पड़े श्रापों का विरोध करें और उन सभी श्रापों को तोड़ डालें। अतीत में ज्ञान की कमी के कारण आए दुख के भाव से भी आप ये प्रार्थनाएँ कर सकते हैं और परमेश्वर के वचन के सत्य पर खड़े रहने की इच्छा व्यक्त कर सकते हैं। ये प्रार्थनाएँ *दिम्मी* अवस्था के सारे नकारात्मक आत्मिक प्रभावों को तोड़ने के लिए तैयार की गई हैं, जैसे कि:

- दुख
- डर
- धमकियाँ
- लज्जा
- अपराध बोध
- हीन भावना
- स्वयं से नफरत और स्वयं को अस्वीकार करना

- दूसरों से नफरत
- तनाव
- छल
- लज्जित किया जाना
- खुद को दूसरों से अलग और अकेला कर लेना
- चुप्पी

अब हम *दिम्मा* वाचा से नाता तोड़ने का ऐलान करने की प्रार्थना करेंगे। यह प्रार्थना उन मसीहियों को आज़ाद करने के लिए तैयार की गई हैं, जो आज इस्लामिक देशों में रह रहे हैं या जिनके पुरखे इस्लामिक शासन के अधीन रहे हैं।

सत्य से सामना

यदि आपने पिछले अध्याय में इसे नहीं किया है, तो फिर दिम्मा से नाता तोड़ने का ऐलान करने की प्रार्थना करने से पहले अध्याय 5 में दी गई 'सत्य से सामना' की आयतें पढ़ें।

दिम्मा से नाता तोड़ने का ऐलान करने वाली इस प्रार्थना को सारे सहभागी एक साथ खड़े होकर और मिलकर ऊँची आवाज़ में दोहराएँ।

दिम्मा से नाता तोड़ने और इसकी शक्ति को भंग करने का ऐलान और प्रार्थना

अंगीकार की प्रार्थनाएँ

प्यारे परमेश्वर, मैं अंगीकार करता हूँ कि मैंने पाप किया है और आप से विमुख हो गया हूँ। अब मैं तौबा करता हूँ और मसीह को अपना मुक्तिदाता और प्रभु मानकर उसकी ओर मुड़ता हूँ। कृपया मुझ माफ कर दीजिए, खास तौर पर उन सब अवसरों के लिए जब मैंने दूसरों को धमकियाँ देकर डराया, दूसरों को हीन ठहराया, अथवा दूसरों को लज्जित किया। मेरे घमण्ड के लिए मुझे माफ कर दीजिए। कृपया मुझे उन अवसरों के लिए माफ कर दीजिए जब मैंने दूसरों के साथ बुरा व्यवहार किया और दूसरों पर प्रभुता की। मैं यीशु के नाम में इस सब बातों से नाता तोड़ने का ऐलान करता हूँ।

हमारे प्रभु यीशु मसीह के पिता और परमेश्वर, मैं आपकी स्तुति करता हूँ कि आपने मसीह के क्रूस के माध्यम से हमें माफी का तोहफा दिया है। मैं इस बात को पहचान लेता हूँ कि आपने मुझे स्वीकार कर लिया है। मैं आपका धन्यवाद करता हूँ कि क्रूस के माध्यम से आपके साथ और एक दूसरे के साथ हमारा पुनर्मेल हो गया है। आज मैं ऐलान करता हूँ कि मैं आपकी सन्तान हूँ और परमेश्वर के राज्य का वारिस हूँ।

घोषणा और नाता तोड़ने का ऐलान

पिता, मैं आपके साथ सहमत होता हूँ कि अब मैं डर की अधीनता में नहीं हूँ, बल्कि अब तो मैं आपके प्रेम की सन्तान बन गया हूँ। मैं मुहम्मद द्वारा सिखाई गई इस्लाम की सारी माँगों को ठुकराता हूँ और उनसे नाता तोड़ने का ऐलान करता हूँ। मैं "क़ुरआन के अल्लाह" के प्रति अपनी हर प्रकार की अधीनता से नाता तोड़ने का ऐलान करता हूँ और मैं यह भी ऐलान करता हूँ कि अब से मैं केवल हमारे प्रभु यीशु मसीह के परमेश्वर की आराधना करूँगा।

हम इस पाप का अंगीकार करते हैं कि हमारे पूर्वज दिम्मा वाचा की और इसके सिद्धान्तों की अधीनता में आए थे, और उनके पापों के लिए हम आपसे माफी माँगते हैं।

मैं अपने द्वारा या अपने पुरखों के द्वारा स्थापित की गई हर एक तरह की सन्धि से नाता तोड़ने का ऐलान करता और उसे रद्द करता हूँ, जो हमें इस्लाम के सिद्धान्तों तथा समाज की अधीनता में ले आई थी।

मैं दिम्मा का और उसकी हर प्रकार की शर्त से पूरी तरह नाता तोड़ने का ऐलान करता हूँ। मैं जिज़्या की रस्म के दौरान गर्दन पर किए जाने वाले प्रहार से और उसके हर एक प्रतीक से नाता तोड़ने का ऐलान करता हूँ। इस रस्म के प्रतीक के तौर पर दिए जाने वाले सिर कलम करने और मृत्यु के श्राप से खास तौर पर नाता तोड़ने का ऐलान करता हूँ।

मैं ऐलान करता हूँ कि दिम्मा वाचा को मसीह के क्रूस पर कीलों से जड़ दिया गया है। दिम्मा का खुल्लम-खुल्ला तमाशा बनाया गया है और अब मेरे ऊपर इसका कोई अधिकार नहीं है। मैं ऐलान करता हूँ कि मसीह के क्रूस के द्वारा दिम्मा वाचा की सच्चाइयों को उजागर, निहत्था, पराजित और अपमानित कर दिया गया है।

मैं इस्लाम के प्रति आभार की झूठी भावनाओं से नाता तोड़ने का ऐलान करता हूँ।

मैं अपराध-बोध की झूठी भावनाओं से नाता तोड़ने का ऐलान करता हूँ।

मैं छल और झूठ से नाता तोड़ने का ऐलान करता हूँ।

मैं मसीह में अपनी आस्था के प्रति चुप रहने की अपनी सारी सहमति से नाता तोड़ने का ऐलान करता हूँ।

मैं दिम्मा अथवा इस्लाम के प्रति चुप रहने की अपनी सारी सहमति से नाता तोड़ने का ऐलान करता हूँ।

मैं बोलूँगा और चुप नहीं रहूँगा।

मैं ऐलान करता हूँ कि "सत्य मुझे स्वतन्त्र करेगा"[11] और मैं मसीह यीशु में स्वतन्त्र व्यक्ति के तौर पर जीवन जीने का चयन करता हूँ।

इस्लाम के नाम में मुझ पर और मेरे परिवार पर बोले गए सारे श्रापों से मैं नाता तोड़ने का ऐलान करता हूँ और उन्हें रद्द करता हूँ। मैं अपने पुरखों पर बोले गए सारे श्रापों से नाता तोड़ने का ऐलान करता हूँ और उन्हें रद्द करता हूँ।

मैं खास तौर पर मृत्यु के श्राप से नाता तोड़ने का ऐलान करता हूँ और उसे रद्द करता हूँ। मृत्यु, अब से मुझ पर तेरा कोई अधिकार नहीं है!

मैं ऐलान करता हूँ कि इन श्रापों का मुझ पर कोई अधिकार नहीं है।

मैं मसीह की आशिषों को अपनी आत्मिक मीरास के तौर पर ले लेता हूँ।

मैं धमकियों के डर से नाता तोड़ने का ऐलान करता हूँ। मैं मसीह में साहसी बनने का चयन करता हूँ।

मैं हर प्रकार की चालबाजी और नियन्त्रण से नाता तोड़ने का ऐलान करता हूँ।

मैं बुरे व्यवहार और हिंसा से नाता तोड़ने का ऐलान करता हूँ।

मैं हर प्रकार के डर से, अस्वीकृति के डर से, अपनी सम्पत्ति और दौलत खो देने के डर से, गरीबी के डर से, गुलाम बनाए जाने के डर से, बलात्कार के डर से, अकेलेपन के डर से, अपने परिवार को खो देने के डर से, हत्या के डर से, और मौत के डर से नाता तोड़ने का ऐलान करता हूँ।

मैं इस्लाम के डर से नाता तोड़ने का ऐलान करता हूँ। मैं मुसलमानों के डर से नाता तोड़ने का ऐलान करता हूँ।

मैं सार्वजनिक या राजनीतिक गतिविधियों में शामिल होने के डर से नाता तोड़ने का ऐलान करता हूँ।

मैं ऐलान करता हूँ कि यीशु मसीह सबका प्रभु है।

मैं अपने जीवन के हर एक क्षेत्र में यीशु को प्रभु मानकर उसकी अधीनता में आता हूँ। यीशु मसीह मेरे घर का प्रभु है। यीशु मसीह मेरे नगर का प्रभु है। यीशु मसीह मेरे राष्ट्र का प्रभु है। यीशु मसीह मेरे देश के सब लोगों का प्रभु है। मैं यीशु को प्रभु मानकर उसकी अधीनता में आता हूँ।

मैं लज्जित किए जाने से नाता तोड़ने का ऐलान करता हूँ। मैं ऐलान करता हूँ कि मसीह ने मुझे कबूल कर लिया है। मैं उसकी और केवल उसी की आराधना करता हूँ।

मैं लज्जा से नाता तोड़ने का ऐलान करता हूँ। मैं ऐलान करता हूँ कि मैं सब पापों से शुद्ध किया जा चुका हूँ। लज्जा का अब मुझ पर कोई अधिकार नहीं है और मैं मसीह के साथ महिमा में शासन करूँगा।

---

11. यूहन्ना 8:32.

प्रभु, मुसलमानों से नफरत करने के लिए मुझे और मेरे सब पुरखों को माफ कर दीजिए। मैं मुसलमानों और अन्य सब लोगों से नफरत करने की अपनी आदत से नाता तोड़ने का ऐलान करता हूँ और मुसलमानों तथा पृथ्वी के सब लोगों के लिए मसीह के प्रेम का ऐलान करता हूँ।

मैं कलीसिया के पापों से और कलीसिया के अगुवों द्वारा गलत तरीके से लोगों को अपनी अधीनता में लाने के पाप से तौबा करता हूँ।

मैं बहिष्कार से नाता तोड़ने का ऐलान करता हूँ। मैं ऐलान करता हूँ कि परमेश्वर ने मसीह के द्वारा मुझे माफ कर दिया और कबूल कर लिया है। परमेश्वर के साथ मेरा पुनर्मेल हो चुका है। स्वर्ग या पृथ्वी की कोई भी ताकत परमेश्वर के सिंहासन के सामने मुझ पर कोई दोष नहीं लगा सकती।

मैं अपने परमेश्वर पिता, अपने एकमात्र उद्धारकर्ता प्रभु यीशु मसीह और जीवनदायी पवित्र आत्मा के लिए अपनी स्तुति और धन्यवाद का ऐलान करता हूँ।

मैं यीशु मसीह को प्रभु मानकर उसका जीवित साक्षी बनने के लिए अपने आप को प्रतिबद्ध करता हूँ। मैं उसके क्रूस से लजाता नहीं हूँ। मैं उसके पुनरुत्थान से लजाता नहीं हूँ।

मैं ऐलान करता हूँ कि मैं जीवित परमेश्वर की, अब्राहम, इसहाक और याकूब के परमेश्वर की सन्तान हूँ।

मैं परमेश्वर की और उसके मसीह की विजय का ऐलान करता हूँ। मैं ऐलान करता हूँ कि हर एक घुटना झुकेगा और हर एक ज़ुबान परमेश्वर पिता की महिमा के लिए यह अंगीकार करेगी कि यीशु मसीह ही प्रभु है।

दिम्मी अवस्था में लोगों को धकेलने के लिए मैं मुसलमानों को माफी देने का ऐलान करता हूँ।

पिता परमेश्वर, कृपया मुझे दिम्मा से, दिम्मी अवस्था के स्वभाव से, और दिम्मा वाचा से जुड़े हर एक ईश्वरहीन सिद्धान्त से मुक्त कर दीजिए।

मैं माँगता हूँ कि अब आप मुझे अपने पवित्र आत्मा से भर दीजिए, और यीशु मसीह के राज्य की सारी आशिषें मुझ पर डाल दीजिए। आपके वचन को स्पष्ट तौर पर समझने और उसे अपने जीवन के हर एक क्षेत्र में लागू करने का अनुग्रह दीजिए। मुझे आशा और जीवन के वचन दीजिए, जिन्हें देने की प्रतिज्ञा आपने की थी और मेरे ओंठों को आशीष दीजिए ताकि मैं यीशु के नाम और अधिकार से ये वचन दूसरों के जीवन में बोल सकूँ। मसीह का विश्वासयोग्य साक्षी बनने का साहस मुझे दीजिए। मुसलमानों के लिए गहरा प्रेम मेरे भीतर डालिए, ताकि मैं उनके साथ मसीह के प्रेम को पूरे जोश के साथ बाँट सकूँ।

मेरे प्रभु और उद्धारकर्ता यीशु मसीह के नाम से मैं यह सब माँग लेता हूँ और इन सबका ऐलान करता हूँ।

आमीन।

7

झूठ बोलना, झूठी श्रेष्ठता, और श्राप देना

"जीभ के वश में मृत्यु और जीवन दोनों होते हैं,
और जो उसे काम में लाना जानता है वह उसका फल भोगेगा।"
नीतिवचन 18:21

झूठ बोलने से आज़ादी

इन भागों में हम झूठ बोलने के बारे में इस्लाम की शिक्षा को देखेंगे और झूठ बोलने से नाता तोड़ने का ऐलान करने का फैसला लेंगे।

सच अनमोल है

पास्टर दामानिक ने, जिन्हें इस्लामिक जिहाद के विरुद्ध बोलने पर इण्डोनेशिया में कारावास में डाल दिया गया था, सच्चाई के बारे में यह कहा:

> . . . हालाँकि सच्चाई कठिन होती है और इसे बोलना बहुत महँगा पड़ सकता है, फिर भी हमारे पास कोई अन्य विकल्प नहीं है। हमें महँगी कीमत चुकाने के लिए तैयार रहना होगा। इसका एक ही अन्य विकल्प है और वह यह है कि हम सच्चाई को अलविदा कह दें। सच्चाई से प्यार करने वाले व्यक्ति को अपनी लड़ाई लड़ने के लिए ऐसा व्यक्ति बनना पड़ता है, जिसकी इच्छा लोहे की तरह मजबूत हो और साथ ही जिसका दिल (शीशे की तरह) साफ और पारदर्शी हो। लोहे की तरह मजबूत इच्छा को मोड़ा नहीं जा सकता। वह सच्चाई के प्रति अपनी प्रतिबद्धता से डगमगाता नहीं है . . . शीशे जैसा दिल इतना साफ होता है कि उसमें कोई भी निजी लालच और निजी मकसद छिपा नहीं रह सकता। सच्चाई से प्यार करने वाला व्यक्ति शीशे की तरह

नाजुक होता है और संसार में पाई जाने वाली नाइंसाफी और झूठ से बहुत जल्दी टूट जाता है। इस तरह टूट जाना कमज़ोरी की निशानी नहीं, बल्कि बल और शक्ति की निशानी है। उसकी इच्छा लोहे की तरह मजबूत होती है और उसका मुँह पैना होता है ताकि वह अपने आस-पास के असत्य और झूठ के बीच में भी सच्चाई को बोल सके। उसके दिल को चुप नहीं किया जा सकता। उसका दिल नाइंसाफी के खिलाफ लड़ने की इच्छा से हमेशा भरा रहता है।

परमेश्वर के साथ हमारे सम्बन्ध में प्रवेश करने से पहले हमें इस बुनियादी तथ्य को मान लेना होगा कि परमेश्वर सत्य है। परमेश्वर मनुष्य के साथ सम्बन्ध चाहता है: वह अपने आप को मनुष्यजाति के साथ सम्बन्ध में बाँध लेता है।

शरीअत की संस्कृति

क़ुरआन और इस्लाम की शिक्षा के अनुसार कुछ विशिष्ट परिस्थितियों में झूठ बोलने की अनुमति होती है। अध्याय 3 में हम देख चुके हैं कि कैसे इस्लाम में झूठ बोलने की अनुमति दी गई है और कभी-कभी तो इसे अनिवार्य भी कहा गया है।

क़ुरआन में अल्लाह को भी छल करने वाला बताया गया है, जो लोगों को भरमा देता है:

> अल्लाह जिसे चाहता है पथभ्रष्ट रहने देता है और जिसे चाहता है सीधे मार्ग पर लगा देता है। वह है भी प्रभुत्वशाली, अत्यन्त तत्वदर्शी। (क़ु.14:4)

शरीअत द्वारा सही ठहराए जाने वाले झूठ में निम्नलिखित शामिल हैं:

- युद्ध में झूठ बोलना
- पति द्वारा पत्नी से झूठ बोलना
- अपनी रक्षा के लिए झूठ बोलना
- *उम्मा* की रक्षा के लिए झूठ बोलना
- आत्म-रक्षा के झूठ बोलना (*तक़िय्या*), जब मुसलमानों को लगे कि वे खतरे में हैं: ऐसा होने पर मुसलमानों को अनुमति दी गई है कि जरूरत पड़ने पर वे इस्लाम से भी इनकार कर सकते हैं (क़ु.16:106)

इन धार्मिक नियमों ने इस्लामिक संस्कृतियों पर बहुत गहरा प्रभाव डाला है।

सत्य से सामना

इस्लाम के विपरीत, एक मसीही व्यक्ति को अपने विश्वास से इनकार करने की अनुमति नहीं है:

जो कोई मनुष्यों के सामने मुझे मान लेगा, उसे मैं भी अपने स्वर्गीय पिता के सामने मान लूँगा। पर जो कोई मनुष्यों के सामने मेरा इनकार करेगा, उससे मैं भी अपने स्वर्गीय पिता के सामने इनकार करूँगा। (मत्ती 10:32-33)

यीशु ने कहा, "तुम्हारी बात 'हाँ' की 'हाँ,' या 'नहीं' की 'नहीं' हो . . ." (मत्ती 5:37)

उत्पत्ति 17 के अनुसार परमेश्वर ने अब्राहम के साथ क्या स्थापित किया?

मैं तेरे साथ, और तेरे पश्चात् पीढ़ी-पीढ़ी तक तेरे वंश के साथ भी इस आशय की युग-युग की वाचा बाँधता हूँ, कि मैं तेरा और तेरे पश्चात् तेरे वंश का भी परमेश्वर रहूँगा। और मैं तुझ को, और तेरे पश्चात् तेरे वंश को भी, यह सारा कनान देश जिसमें तू परदेशी होकर रहता है, इस रीति दूँगा कि वह युग-युग उनकी निज भूमि रहेगी, और मैं उनका परमेश्वर रहूँगा। (उत्पत्ति 17:7-8)

भजन 89 के अनुसार परमेश्वर ने दाऊद के साथ क्या स्थापित किया?

तू ने कहा, "मैं ने अपने चुने हुए से वाचा बाँधी है, मैं ने अपने दास दाऊद से शपथ खाई है, 'मैं तेरे वंश को सदा स्थिर रखूँगा; और तेरी राजगद्दी को पीढ़ी से पीढ़ी तक बनाए रखूँगा'।" (भजन संहिता 89:3-4)

बाइबल के ये दो हिस्से दर्शाते हैं कि परमेश्वर अपने लोगों के साथ विश्वासयोग्यता की वाचा स्थापित करता है।

बाइबल की इन अगली आयतों में से आप सम्बन्धों के विषय में परमेश्वर के किन गुणों की पहचान कर सकते हैं?

ईश्वर मनुष्य नहीं कि झूठ बोले, और न वह आदमी है कि अपनी इच्छा बदले। क्या जो कुछ उसने कहा उसे न करे? क्या वह वचन देकर उसे पूरा न करे? (गिनती 23:19)

यहोवा का धन्यवाद करो, क्योंकि वह भला है, और उसकी करुणा सदा की है। (भजन संहिता 136:1)

[यहूदियों के बारे में बोलते हुए] . . . परन्तु चुन लिये जाने के भाव से वे बापदादों के कारण प्यारे हैं। क्योंकि परमेश्वर के वरदान और बुलाहट अटल हैं। (रोमियों 11:28-29)

. . . विश्वास और उस सत्य की पहिचान के अनुसार जो भक्ति के अनुसार है, उस अनन्त जीवन की आशा पर जिसकी प्रतिज्ञा परमेश्वर ने, जो झूठ बोल नहीं सकता सनातन से की है . . . (तीतुस 1:1-2)

इसलिये जब परमेश्वर ने प्रतिज्ञा के वारिसों पर और भी साफ रीति से प्रगट करना चाहा कि उसका उद्देश्य बदल नहीं सकता, तो शपथ को बीच में लाया। ताकि दो बे-बदल बातों के द्वारा,

जिनके विषय में परमेश्वर का झूठा ठहरना अनहोना है, दृढ़ता से हमारा ढाढ़स बंध जाए, जो शरण लेने को इसलिये दौड़े हैं कि उस आशा को जो सामने रखी हुई है प्राप्त करें। वह आशा हमारे प्राण के लिये ऐसा लंगर है जो स्थिर और दृढ़ है, और परदे के भीतर तक पहुँचता है। (इब्रानियों 6:17-19)

परमेश्वर सच्चा गवाह है कि हमारे उस वचन में जो तुम से कहा 'हाँ' और 'नहीं' दोनों नहीं पाए जाते . . . उसमें 'हाँ' और 'नहीं' दोनों नहीं थे, परन्तु उसमें 'हाँ' ही 'हाँ' हुई। (2 कुरिन्थियों 1:18-19)

अपने सम्बन्धों में परमेश्वर विश्वासयोग्य रहता है और कभी नहीं बदलता। वह हमेशा अपने वचन का पालन करता है।

लैव्यव्यवस्था के अनुसार पमरेश्वर लोगों से क्या चाहता है?

फिर यहोवा ने मूसा से कहा, "इस्राएलियों की सारी मण्डली से कह कि तुम पवित्र बने रहो; क्योंकि मैं तुम्हारा परमेश्वर यहोवा पवित्र हूँ। (लैव्यव्यवस्था 19:1-2)

बाइबल का सच्चा परमेश्वर चाहता है कि हम उसके समान पवित्र बनें।

अगली तीन आयतों के अनुसार हम अपने जीवन में परमेश्वर की पवित्रता को कैसे प्रदर्शित करते हैं?

. . . तेरी करुणा तो मेरी आँखों के सामने है, और मैं तेरे सत्य मार्ग पर चलता रहा हूँ।[12] (भजन संहिता 26:3)

मैं अपनी आत्मा को तेरे ही हाथ में सौंप देता हूँ; हे यहोवा, हे सत्यवादी ईश्वर, तू ने मुझे मोल लेकर मुक्त किया है। (भजन संहिता 31:5)

हे यहोवा, तू भी अपनी बड़ी दया मुझ पर से न हटा ले, तेरी करुणा और सत्यता से निरन्तर मेरी रक्षा होती रहे! (भजन संहिता 40:11)

हम विश्वासयोग्य बने रहकर और सत्य में जीवन व्यतीत करके परमेश्वर की पवित्रता को प्रदर्शित कर सकते हैं, क्योंकि परमेश्वर सच्चा है और अपने वचन के प्रति विश्वासयोग्य है। हालाँकि शैतान को हमारे दिलों में झूठ डालना पसन्द है, तौभी परमेश्वर का सत्य हमारी रक्षा करता है।

दाऊद के इस भजन के अनुसार सत्य हमारे साथ क्या करता है?

देख, मैं अधर्म के साथ उत्पन्न हुआ, और पाप के साथ अपनी माता के गर्भ में पड़ा। देख, तू हृदय की सच्चाई से प्रसन्न होता है; और मेरे मन ही में ज्ञान सिखाएगा। जूफा से मुझे शुद्ध कर,

---

12. जिस शब्द का अनुवाद 'सत्य' किया गया है, उसका अर्थ 'विश्वासयोग्यता' भी हो सकता है।

तो मैं पवित्र हो जाऊँगा; मुझे धो, और मैं हिम से भी अधिक श्वेत बनूँगा। (भजन संहिता 51:5-7)

यह भजन बताता है कि सत्य हमें शुद्ध करता है।

इस आयत के अनुसार यीशु का जीवन किससे परिपूर्ण था?

> वचन देहधारी हुआ; और अनुग्रह और सच्चाई से परिपूर्ण होकर हमारे बीच में डेरा किया, और हम ने उसकी ऐसी महिमा देखी, जैसी पिता के एकलौते की महिमा। (यूहन्ना 1:14)

यीशु सच्चाई से परिपूर्ण था।

हमें किसमें जीवन जीने के लिए बुलाया गया है?

> परन्तु जो सत्य पर चलता है, वह ज्योति के निकट आता है, ताकि उसके काम प्रगट हों कि वह परमेश्वर की ओर से किए गए हैं। (यूहन्ना 3:21)

हमें सत्य में जीने के लिए बुलाया गया है।

इन अगली दो आयतों के अनुसार हम किस एकमात्र जरीए से परमेश्वर को जान सकते हैं?

> परमेश्वर आत्मा है, और अवश्य है कि उसकी आराधना करनेवाले आत्मा और सच्चाई से आराधना करें। (यूहन्ना 4:24)

> यीशु ने उससे कहा, "मार्ग और सत्य और जीवन मैं ही हूँ; बिना मेरे द्वारा कोई पिता के पास नहीं पहुँच सकता। (यूहन्ना 14:6)

यीशु हमें बता रहा है कि हम केवल सत्य के द्वारा ही परमेश्वर के पास आ सकते हैं। (इंजील में यीशु ने 78 बार कहा, "मैं तुमसे सच कहता हूँ।")

पौलुस के लिखे एक पत्र की इस आयत के अनुसार मसीह का अनुकरण करते हुए हम क्या नहीं कर सकते?

> यह जानकर कि व्यवस्था धर्मी जन के लिये नहीं पर अधर्मियों, निरंकुशों, भक्तिहीनों, पापियों, अपवित्र और अशुद्ध मनुष्यों, माँ-बाप के घात करनेवालों, हत्यारों, व्यभिचारियों, पुरुषगामियों, मनुष्य के बेचनेवालों, झूठ बोलनेवालों, और झूठी शपथ खानेवालों, और इनके अतिरिक्त खरे उपदेश के सब विरोधियों के लिये ठहराई गई है। यही परमधन्य परमेश्वर की महिमा के उस सुसमाचार के अनुसार है जो मुझे सौंपा गया है। (1 तीमुथियुस 1:9-11)

पौलुस समझा रहा है कि मसीह का अनुकरण करते हुए हम झूठ नहीं बोल सकते।

छल से नाता तोड़ने का ऐलान करने वाली यह प्रार्थना सभी सहभागी एकसाथ खड़े होकर करें।

छल से नाता तोड़ने का ऐलान और प्रार्थना

परमेश्वर, मैं आपका धन्यवाद करता हूँ कि आप सत्य के परमेश्वर हैं, कि आप सबसे अन्धेरी रात में भी अपना प्रकाश चमकाते हैं। आज मैं फैसला करता हूँ कि मैं अन्धेरे में नहीं जीऊँगा, बल्कि आपके प्रकाश में जीऊँगा।

मैंने जितने भी झूठ बोले हैं, कृपया उन सभी के लिए मुझे माफ कर दीजिए। ऐसा करके मैंने अक्सर वह रास्ता चुना है जो आरामदायक और आसान है, वह नहीं जो सही है। प्रभु, मैं आपसे विनती करता हूँ कि मेरे ओंठों को सारी ईश्वरहीनता से शुद्ध कर दीजिए। मुझे ऐसा हृदय दीजिए जो सत्य से खुश होता है और ऐसा मुँह दीजिए जो दूसरों से सच बोलता है।

मुझे साहस दीजिए कि मैं सत्य से सान्त्वना प्राप्त करूँ और झूठ को ठुकराऊँ।

आज से मैं अपने दैनिक जीवन में झूठ बोलने की आदत को ठुकराता हूँ और उससे नाता तोड़ने का ऐलान करता हूँ।

मैं इस्लाम की सारी शिक्षाओं को ठुकराता हूँ जिनका उपयोग झूठ को सही ठहराने के लिए किया जाता है, जिसमें तक़िय्या भी शामिल है। मैं हर प्रकार के झूठ और छल से तौबा करता हूँ। मैं सत्य में जीने का चयन करता हूँ।

मैं ऐलान करता हूँ कि यीशु मसीह ही मार्ग, सत्य और जीवन है। मैं उसके सत्य की सुरक्षा में जीने का चयन करता हूँ।

प्रभु, मैं ऐलान करता हूँ कि मेरी सुरक्षा आप में है और सत्य मुझे स्वतन्त्र कर देगा।

स्वर्गिक पिता, मुझे दिखाइए कि मैं आपके सत्य के प्रकाश में कैसे चलूँ। मुझे बोलने के लिए शब्द दीजिए और चलने के लिए रास्ता दिखाइए, जो आपके सत्य पर आधारित हो।

आमीन।

झूठी श्रेष्ठता से आज़ादी

इस भाग में हम इस्लाम की इस शिक्षा पर चर्चा करेंगे कि कुछ लोग दूसरों से श्रेष्ठ हैं, और फिर हम इसकी तुलना बाइबल की शिक्षा से करेंगे। तब हम झूठी श्रेष्ठता की भावनाओं से नाता तोड़ने का ऐलान करने का फैसला करेंगे।

इस्लाम का श्रेष्ठता का दावा

इस्लाम में श्रेष्ठता पर बहुत अधिक बल दिया गया है, कि कौन 'सर्वश्रेष्ठ' है। क़ुरआन कहता है कि यहूदियों और मसीहियों की तुलना में मुसलमान उत्तम हैं:

[मुसलमानो] तुम एक उत्तम समुदाय हो, जो लोगों के समक्ष लाया गया है। तुम नेकी का हुक्म देते हो और बुराई से रोकते हो और अल्लाह पर ईमान रखते हो। और यदि किताबवाले भी ईमान लाते तो उनके लिए यह अच्छा होता। उनमें ईमानवाले भी हैं, किन्तु उनमें अधिकतर लोग अवज्ञाकारी ही हैं। (कु.3:110)

ऐसा कहा गया है कि इस्लाम बाकी सब धर्मों पर प्रभुता करेगा:

वही है जिसने अपने रसूल को मार्गदर्शन और सत्यधर्म के साथ भेजा, ताकि उसे पूरे के पूरे धर्म पर प्रभुत्व प्रदान करे और गवाह की हैसियत से अल्लाह काफ़ी है। (कु.48:28)

इस्लाम में हीन कहलाना लज्जाजनक माना जाता है। मुहम्मद की ऐसी बहुत सारी *हदीस* हैं, जो श्रेष्ठता पर बहुत बल देती हैं। उदाहरण के लिए, अल-तिमिर्धी के अनुसार मुहम्मद ने एक *हदीस* में ऐलान किया कि वह संसार में पैदा हुए हर एक व्यक्ति से श्रेष्ठ है:

न्याय के दिन में आदम की सन्तानों में सर्वश्रेष्ठ ठहरूँगा, और मैं यह अभिमान के साथ नहीं कह रहा हूँ। मेरे हाथों में श्रेष्ठता का ध्वज होगा, और मैं यह अभिमान के साथ नहीं कह रहा हूँ। उस दिन, आदम सहित, हर एक नबी मेरे ध्वज के नीचे होगा। और मैं पहला ऐसा जन हूँ, जिसके लिए कब्रें खोली जाएँगी [अर्थात, सबसे पहले पुनरुत्थान मेरा होगा], और मैं यह अभिमान के साथ नहीं कह रहा हूँ।

इस्लाम धर्म का अरबी संस्कृति पर बहुत अधिक प्रभाव पड़ा है, जिसके कारण एक हजार वर्षों से अधिक समयकाल के दौरान इसे एक आकार मिला है। अरबी संस्कृति में 'सम्मान' और 'लज्जा' की धारणाएँ बहुत महत्त्वपूर्ण हैं, इसलिए लोगों को यह बिल्कुल पसन्द नहीं है कि उन्हें हीन समझा जाए। जब भी कोई विवाद होता है, तो लोग अक्सर एक-दूसरे को लज्जित करने का प्रयास करते हैं और दूसरों पर हमला करने की भावना से काम करते हैं।

जब कोई व्यक्ति इस्लाम को छोड़ देता है और मसीह का अनुकरण करने का फैसला लेता है, तो उन्हें इस भावनात्मक विचारधारा से नाता तोड़ने का ऐलान करने की जरूरत है, जिसमें वह अपने आस-पास के लोगों से अपने आप को श्रेष्ठ मानता है, इससे आत्म-सन्तुष्टि प्राप्त करता है, और लज्जित किए जाने से डरता है।

सत्य से सामना

अदन के बगीचे में साँप ने हव्वा को यह कहकर बहकाया कि वह "परमेश्वर के समान" हो जाएगी और यह बात सुनकर हव्वा ने वह किया जो साँप उससे करवाना चाहता था। इसके कारण आदम और हव्वा का पतन हो गया। इन आयतों में से हम श्रेष्ठ बनने की इच्छा के खतरे के बारे में क्या सीख सकते हैं?

स्त्री ने सर्प से कहा, "इस वाटिका के वृक्षों के फल हम खा सकते हैं; पर जो वृक्ष वाटिका के बीच में है, उसके फल के विषय में परमेश्वर ने कहा है कि न तो तुम उसको खाना और न उसको छूना, नहीं तो मर जाओगे।" तब सर्प ने स्त्री से कहा, "तुम निश्चय न मरोगे! वरन् परमेश्वर आप जानता है कि जिस दिन तुम उसका फल खाओगे उसी दिन तुम्हारी आँखें खुल जाएँगी, और तुम भले बुरे का ज्ञान पाकर परमेश्वर के तुल्य हो जाओगे।" (उत्पत्ति 3:2-5)

श्रेष्ठ बनने की चाहत मनुष्यों के लिए एक फन्दा है। जो लोग दूसरों से श्रेष्ठ होना चाहते हैं, वे इस संसार में बहुत समस्याएँ और पीड़ा लाने का कारण बनते हैं।

समय-समय पर यीशु के अनुयायियों में से यह प्रश्न उठता रहता था कि उनमें से कौन अन्य चेलों से उत्तम था या होगा। याकूब और यूहन्ना जानना चाहते थे कि यीशु के राज्य में सम्मानजनक स्थान किसे दिया जाएगा। याकूब और यूहन्ना के समान आज भी संसार भर में लोग सर्वश्रेष्ठ पदवियाँ और सम्मानजनक स्थान पाने की चाहत रखते हैं। यीशु ने इस बारे में क्या कहा?

तब जब्दी के पुत्र याकूब और यूहन्ना ने उसके पास आकर कहा, "हे गुरु, हम चाहते हैं कि जो कुछ हम तुझ से माँगें, वह तू हमारे लिये करे।"

उसने उनसे कहा, "तुम क्या चाहते हो कि मैं तुम्हारे लिये करूँ?"

उन्होंने उससे कहा, "हमें यह दे कि तेरी महिमा में हम में से एक तेरे दाहिने और दूसरा तेरे बाएँ बैठे।"...

यह सुनकर दसों याकूब और यूहन्ना पर रिसियाने लगे। तो यीशु ने उनको पास बुलाकर उनसे कहा, "तुम जानते हो कि जो अन्यजातियों[13] के हाकिम समझे जाते हैं, वे उन पर प्रभुता करते हैं; और उनमें जो बड़े हैं, उन पर अधिकार जताते हैं। पर तुम में ऐसा नहीं है, वरन् जो कोई तुम में बड़ा होना चाहे वह तुम्हारा सेवक बने; और जो कोई तुम में प्रधान होना चाहे, वह सब का दास बने। क्योंकि मनुष्य का पुत्र इसलिये नहीं आया कि उसकी सेवा टहल की जाए, पर इसलिये आया कि आप सेवा टहल करे, और बहुतों की छुड़ौती के लिये अपना प्राण दे।" (मरकुस 10:35-45)

इस चाहत के जवाब में यीशु ने अपने चेलों से कहा कि यदि वे सचमुच उसके अनुयायी बनना चाहते हैं, तो उन्हें दूसरों की सेवा करना सीखना होगा।

---

13. जब यीशु ने यहाँ पर अन्यजातियों का हवाला दिया, तो उसका भाव सब जातियों से था। अपने आप को दूसरों से अधिक महत्त्वपूर्ण महसूस करना मनुष्यजाति की सार्वभौमिक समस्या है।

अपने आप को श्रेष्ठ मानने के खतरे को उड़ाऊ पुत्र के दृष्टान्त में देखा जा सकता है (लूका 15:11-32)। 'भला' पुत्र अपने आप को अपने भाई से श्रेष्ठ मानता था और इसी कारण अपने पिता द्वारा दी गई दावत में शामिल नहीं होना चाहता था, जो उसने अपने खोए हुए पुत्र की वापसी पर दी थी। इसके कारण उसके पिता ने उसे डाँटा। परमेश्वर की दृष्टि में सफलता का असली मार्ग दूसरों पर प्रभुता करना नहीं, बल्कि दूसरों की सेवा करना है।

फिलिप्पियों 2 की इन सुन्दर आयतों में कुछ लोगों द्वारा स्वयं को दूसरों से श्रेष्ठ समझने के अत्याचार से आज़ाद होने की कुंजी क्या है?

> अत: यदि मसीह में कुछ शान्ति, और प्रेम से ढाढ़स, और आत्मा की सहभागिता, और कुछ करुणा और दया है, तो मेरा यह आनन्द पूरा करो कि एक मन रहो, और एक ही प्रेम, एक ही चित्त, और एक ही मनसा रखो। विरोध या झूठी बड़ाई के लिये कुछ न करो, पर दीनता से एक दूसरे को अपने से अच्छा समझो। हर एक अपने ही हित की नहीं, वरन् दूसरों के हित की भी चिन्ता करे।
>
> जैसा मसीह यीशु का स्वभाव था वैसा ही तुम्हारा भी स्वभाव हो; जिसने परमेश्वर के स्वरूप में होकर भी परमेश्वर के तुल्य होने को अपने वश में रखने की वस्तु न समझा। वरन् अपने आप को ऐसा शून्य कर दिया, और दास का स्वरूप धारण किया, और मनुष्य की समानता में हो गया।
>
> और मनुष्य के रूप में प्रगट होकर अपने आप को दीन किया, और यहाँ तक आज्ञाकारी रहा कि मृत्यु, हाँ, क्रूस की मृत्यु भी सह ली।
>
> इस कारण परमेश्वर ने उसको अति महान् भी किया, और उसको वह नाम दिया जो सब नामों में श्रेष्ठ है, कि जो स्वर्ग में और पृथ्वी पर और पृथ्वी के नीचे हैं, वे सब यीशु के नाम पर घुटना टेकें; और परमेश्वर पिता की महिमा के लिये हर एक जीभ अंगीकर कर ले कि यीशु मसीह ही प्रभु है। (फिलिप्पियों 2:1-11)

श्रेष्ठता पाने के अत्याचारी सांसारिक दृष्टिकोण से आज़ादी पाने की कुंजी यीशु मसीह का आदर्श है।

यीशु का हृदय एकदम भिन्न है। उसने प्रभुता करने की बजाय सेवा करने का चयन किया। उसने हत्या करने की बजाय दूसरों के लिए अपने प्राण दे देने का चयन किया। बड़े ही व्यावहारिक तरीके से यीशु ने दर्शाया कि अपने आप को दीन करने का क्या अर्थ है: उसने "अपने आप को शून्य कर दिया" (फिलिप्पियों 2:7, यहाँ तक कि उसने अपने आप को क्रूस पर चढ़ाए जाने के लिए दे दिया, जो कि उस समय के लोगों के लिए मृत्यु का सबसे अधिक शर्मनाक तरीका था।

मसीह का सच्चा अनुयायी भी ऐसा ही करता है। उसे दूसरों से श्रेष्ठ गिने जाने से कोई खुशी नहीं मिलती। मसीह के अनुयायी लज्जा से नहीं डरते या इस बात से नहीं डरते कि लोग उनके बारे में क्या सोचेंगे, क्योंकि वे परमेश्वर पर भरोसा रखते हैं कि वह उन्हें सही प्रमाणित करेगा और उनकी रक्षा करेगा।

झूठी श्रेष्ठता से नाता तोड़ने का ऐलान करने वाली यह प्रार्थना को सारे सहभागी एकसाथ खड़े होकर करें।

झूठी श्रेष्ठता से नाता तोड़ने का ऐलान और प्रार्थना

पिता, मैं आपका धन्यवाद करता हूँ कि मैं अद्भुत रीति से बनाया गया हूँ, क्योंकि आपने ही मुझे बनाया है। आपका धन्यवाद, कि आप मुझसे प्रेम करते हैं और मुझे अपना कहते हैं। आपका धन्यवाद, कि आपने मुझे यीशु मसीह का अनुकरण करने का सौभाग्य दिया है।

कृपया मुझे माफ कर दीजिए कि मैंने खुद को दूसरों से श्रेष्ठ मानने की इच्छा को अपने दिल में आने दिया। मैं ऐसी चाहतों को पूरी तरह ठुकराता हूँ और उनसे नाता तोड़ने का ऐलान करता हूँ। मैं खुद को दूसरों से श्रेष्ठ मानने की भावना से सन्तुष्टि प्राप्त नहीं करूँगा। मैं मान लेता हूँ कि बाकी सब लोगों की तरह ही मैं भी पापी हूँ, और आपके बिना मैं कुछ भी नहीं कर सकता।

मैं एक उत्तम समूह का व्यक्ति होने की भावना रखने से भी तौबा करता हूँ और इस भावना से नाता तोड़ने का ऐलान करता हूँ। मैं अंगीकार करता हूँ कि आपकी दृष्टि में सब लोग एक समान हैं।

दूसरों के लिए निन्दनीय शब्द बोलने और दूसरों को अस्वीकार करने से मैं तौबा करता हूँ और इस सबके लिए आपसे माफी माँगता हूँ।

लोगों को उनकी जाति, उनके लिंग, उनकी दौलत या उनकी शिक्षा के कारण उन्हें हीन मानने की सोच को मैं ठुकरा देता हूँ।

मैं मान लेता हूँ कि केवल आपके अनुग्रह के कारण ही मैं आपकी उपस्थिति में खड़ा हो सकता हूँ। मैं मनुष्यों के सारे न्याय से अपने आप को अलग कर लेता हूँ और अपनी मुक्ति के लिए केवल आप पर दृष्टि लगा लेता हूँ।

मैं इस्लाम की इस शिक्षा से खास तौर पर नाता तोड़ने का ऐलान करता हूँ कि धर्मी मुसलमान दूसरों से उत्तम हैं, कि इस्लाम लोगों को सफलता देता है, और गैर-मुसलमानों की तुलना में मुसलमान श्रेष्ठ हैं।

मैं इस दावे को मानने से इनकार करता हूँ और इससे नाता तोड़ने का ऐलान करता हूँ कि पुरुष महिलाओं से श्रेष्ठ हैं।

स्वर्गिक पिता, मैं श्रेष्ठता की सारी झूठी भावनाओं से तौबा करता हूँ और आपकी सेवा करने का चयन करता हूँ।

प्रभु, मैं दूसरों की सफलता पर प्रसन्न होने का चयन करता हूँ। मैं दूसरों के प्रति हर प्रकार की ईर्ष्या और जलन को ठुकराता हूँ और उससे नाता तोड़ने का ऐलान करता हूँ।

प्रभु, कृपया मुझे सही-सही रीति से समझाइए कि मैं आप में कौन हूँ। मुझे इस सत्य की शिक्षा दीजिए कि आप मुझे कैसे देखते हैं। आपने मुझे जैसा व्यक्ति बनाया है, वैसे ही सन्तुष्ट रहने में आप मेरी मदद करें।

आमीन।

श्राप देने से आज़ादी

इन भागों में हम इस्लाम में दूसरों को श्राप देने के व्यवहार पर चर्चा करेंगे, इस व्यवहार से नाता तोड़ने का ऐलान करेंगे, और हम पर बोले गए किसी भी श्राप को तोड़ेंगे।

इस्लाम में श्राप देना

अध्याय 2 के संसाधनों का उपयोग करते हुए विश्वासी जन अन्य लोगों को विभिन्न प्रकार के बन्धनों से आज़ाद करने के लिए प्रार्थना की रणनीतियाँ तैयार कर सकते हैं, फिर चाहे ये बन्धन इस्लाम से आए हों या अन्य स्रोतों से। इन प्रार्थनाओं के कुछ उदाहरण 'अगुवों के लिए निर्देशिका' भाग में दिए गए हैं।

इस भाग में हम एक विशिष्ट इस्लामिक रस्म को देखेंगे और इससे नाता तोड़ने का ऐलान करने की प्रार्थना भी देंगे। यह प्रार्थना तब विकसित की गई जब मुस्लिम पृष्ठभूमि से आए एक मसीही विश्वासी ने मुझे बताया कि यह रस्म उसके मुस्लिम धार्मिक जीवन का एक अभिन्न हिस्सा रही थी और उसे लगता था कि इसमें आत्मिक सामर्थ्य है।

कुरआन कहता है कि जो मसीही लोग मसीह को परमेश्वर मानते हैं, उन्हें श्राप दिया जाए: "आओ, फिर मिलकर प्रार्थना करें और झूठों पर अल्लाह की लानत भेजें" (कु.3:61)। लेकिन हदीस में श्राप देने के बारे में विरोधाभासी कथन दिए गए हैं। एक ओर, विभिन्न हदीस में बताया गया है कि मुहम्मद अलग-अलग वर्ग के लोगों को श्राप देता है, जिनमें यहूदी और मसीही, तथा समलिंगी लोग शामिल हैं। वहीं दूसरी ओर, ऐसी हदीस भी हैं, जिनमें श्राप देने के विरुद्ध चेतावनियाँ दी गई हैं, और कहा गया है कि मुसलमान अपने मुसलमान भाइयों को कभी श्राप न दें।

इन विरोधाभासी लेखों के कारण मुस्लिम विद्वानों में भिन्न-भिन्न विचार पाए जाते हैं कि मुसलमानों को अन्य लोगों को श्राप देना चाहिए या नहीं, वे किसे श्राप दे सकते हैं, और श्राप देने का इस्लामिक तरीका क्या है। फिर भी, गैर-मुसलमानों को श्राप देना इस्लामिक संस्कृतियों में एक सामान्य बात है। 1836 में एडवर्ड लेन ने लिखा कि मिस्र में स्कूल जाने वाले मुस्लिम बच्चों को मसीहियों, यहूदियों और अन्य गैर-मुसलमानों को दिए जाने वाले श्राप याद कराए जा रहे थे।[14]

रस्मी तौर पर श्राप देना

मैंने विभिन्न देशों में मुस्लिम पृष्ठभूमि से आए मसीहियों से बात की है और उन्होंने मुझे बताया है कि वे मस्जिदों में ऐसे कार्यक्रम हुआ करते थे, जहाँ गैर-मुसलमानों को श्राप दिए जाते थे।

एक मित्र ने इन कार्यक्रमों का विवरण दिया, जिनमें शुक्रवार की नमाज में अगुवाई करने वाले आधिकारिक इमाम ही इन कार्यक्रमों में भी अगुवाई किया करते थे। पुरुष लोग एक दूसरे के साथ "कन्धे से कन्धा मिलाकर" पंक्तियों में खड़े होते थे। वे इमाम के पीछे-पीछे दोहराते हुए उन्हें श्राप देते थे, जिन्हें इस्लाम के दुश्मन माना जाता है। ये श्राप रस्मी तौर पर दिए जाते थे और बार-बार दोहराए जाते थे। इस मित्र ने बताया कि श्राप देने वाले लोग तीव्र भावनाओं, नफरत और उत्साह का अनुभव करते थे और साथ ही एक तीव्र आत्मिक "जोश" का भी अनुभव करते थे (उन्हें लगता था कि उनके शरीर में से कोई शक्ति निकल रही है)। उसके अनुसार इस रस्म को पिता से पुत्र में स्थानान्तरित किया जाता था, जिससे वे आपस में घनिष्ठ सम्बन्ध का अनुभव करते थे। उसे लगता था कि ऐसा करके वह अपने पिता से, अपने दादा से और यहाँ तक कि अपने पुरखों के साथ जुड़ गया है, क्योंकि वे भी एक दूसरे के साथ "कन्धे से कन्धा मिलाकर" इस्लाम की खातिर दूसरों को श्राप दिया करते थे।

साऊदी अरब के एक अन्य मित्र ने, जो अब मसीही बन गया है, बताया कि वह उपवास रखे जाने के रमदान महीने में उस खास दिन का खास तौर पर इंतज़ार करता था, जब हजारों मुसलमान मक्का की विशाल मस्जिद में एक साथ नमाज अदा करने के लिए जमा होते थे। उसे विशेष तौर पर उस समय का इंतज़ार रहता था, जब सारी भीड़ एक साथ मिलकर गैर-मुसलमानों को श्राप देती थी। जब वह उनके साथ मिलकर श्राप देता था, तो वह भी एक आत्मिक "जोश" का अनुभव करता था। काफिरों पर श्राप बोलते समय इमाम रोने लग जाता था, और वहाँ मौजूद सब लोग अपनी ऊर्जा और नफरत को एकाग्रता के साथ इमाम के श्राप से भरे शब्दों के साथ जोड़ देते थे।

ऐसे कार्यक्रम यीशु की शिक्षा के एकदम विपरीत हैं, जिसमें उसने श्राप देने की मनाही की है (लूका 6:28): मसीहियों को सिखाया जाता है कि वे दूसरों को श्राप न दें, बल्कि जो उन्हें श्राप देते हैं उन्हें वे

14. Edward W. Lane, *An Account of the Manners and Customs of the Modern Egyptians*, p. 276.

आशीष दें। श्राप देने की ये रस्में मुसलमानों और उनके इमाम में और इस रस्म में शामिल होने वाले पिता तथा पुत्र में ईश्वरहीन 'अन्तरात्मा के बन्धन' स्थापित कर देती है। दूसरों को श्राप देने के इन अनुभवों ने मेरे मित्र पर बहुत गहरा प्रभाव डाला था, जब अभी वह यीशु को नहीं जानता था।

'अन्तरात्मा के बन्धन' से हमारा क्या तात्पर्य है? इसका अर्थ है कि एक व्यक्ति की अन्तरात्मा दूसरे व्यक्ति की अन्तरात्मा से बँध जाती है। वे एक दूसरे से आज़ाद नहीं रह जाते। अन्तरात्मा के बन्धन शैतान के लिए एक प्रकार का खुला द्वार अथवा पाँव रखने का अवसर है, जिस बारे में हमने अध्याय 2 में बात नहीं की थी। मूल रूप से, अन्तरात्मा का बन्धन एक वाचा है, जो दो लोगों को आपस में इस प्रकार बाँध देती है कि एक व्यक्ति में से आत्मिक प्रभाव दूसरे व्यक्ति में जा सके। कुछ अन्तरात्मा के बन्धन अच्छे हो सकते हैं और लोगों के लिए आशीष का स्रोत हो सकते हैं, जैसे कि माता-पिता और उनके बच्चों में ईश्वरीय अन्तरात्मा के बन्धन, लेकिन अन्य प्रकार के बन्धन हानिकारक हो सकते हैं।

जब किसी व्यक्ति के जीवन में अन्तरात्मा का बन्धन पाया जाता है, तो उसके लिए क्षमा बहुत महत्त्वपूर्ण हो जाती है ताकि उसकी अन्तरात्मा के बन्धन को काटा जा सके। जब तक एक व्यक्ति किसी दूसरे को क्षमा न करने का भाव बनाए रखता है, तब तक उसके साथ उसका एक ईश्वरहीन बन्धन या सम्पर्क—अन्तरात्मा का बन्धन—बना रहता है।

अन्तरात्मा के बन्धन ईश्वरहीन हो सकते हैं। खुशखबरी यह है कि मसीही लोग इन ईश्वरहीन अन्तरात्मा के बन्धनों को काट अथवा तोड़ सकते हैं और अध्याय 2 में दी गई पाँच कदमों वाली प्रक्रिया का पालन करके उन्हें समाप्त कर सकते हैं: अंगीकार करना, नाता तोड़ने का ऐलान करना, सामर्थ्य तोड़ना, दुष्टात्माओं को निकालना (जब आवश्यक हो), और अन्त में आशीष देना।

श्रापों को कैसे तोड़ें

मैं एक सम्मेलन में शिक्षा दे रहा था, जब एक नौजवान मदद माँगने के लिए मेरे पास आया। वह और उसका परिवार मध्य-पूर्व के देश में जाकर बस गया था, जहाँ उसे मिशनरी बनने का प्रशिक्षण दिया जा रहा था। लेकिन पूरे परिवार को दुर्घटनाओं और बीमारियों जैसी कठिनाइयों का सामना करना पड़ रहा था। उनके हालात इतने कठिन हो गए थे कि वे सबकुछ छोड़ कर वापिस घर जाने पर विचार करने लगे थे। उस नौजवान को लग रहा था कि उनका घर श्राप के अधीन था, लेकिन उसे समझ नहीं आ रहा था कि वह क्या करे। मैं उसे बताया कि श्रापों को कैसे तोड़ा जा सकता है। इस सुझाव को लेकर वह घर गया और अधिकार के साथ अपने घर के लिए प्रार्थना करने और सारे श्रापों को तोड़ने लगा। इसके बाद उस परिवार की सारी कठिनाइयाँ चली गईं और उनके घर में शान्ति आ गई।

मुसलमानों में सेवा करने वाले लोग, यहाँ तक कि मुस्लिम पृष्ठभूमि से आने वाले मसीही लोग भी मुसलमानों द्वारा श्रापित किए जाते रहे हैं। ये श्राप अल्लाह के नाम में या फिर जादू-टोने के द्वारा दिए जाते हैं।

यदि आपको लगता है कि आप पर या आपके किसी प्रिय जन पर श्राप डाले गए हैं, तो इन श्रापों को तोड़ने के लिए आप इन नौ कदमों का पालन कर सकते हैं:

- सबसे पहले, सारे पाप का अंगीकार करके उससे मन फिराएँ और अपने जीवन के ऊपर यीशु के लहू की सुरक्षा बोलें।
- फिर अपने घर में से किसी भी ईश्वरहीन प्रभाव वाली या किसी अन्य शक्ति को समर्पित वस्तु को निकाल दें।
- अब उन्हें माफ कर दें, जिन्होंने आप पर श्राप डाले हैं, जिसमें आप खुद भी शामिल हैं, फिर चाहे यह श्राप आपके पाप द्वारा आया हो या फिर किसी ने जानबूझ कर आप पर श्राप डाला है।
- मसीह में आपको मिले अधिकार को पहचानें और उसका दावा करें।
- यह बोलते हुए श्राप को तोड़ें और उससे नाता तोड़ने का ऐलान करें, *"मैं इस श्राप को यीशु ने नाम में तोड़ता हूँ और इससे नाता तोड़ने का ऐलान करता हूँ।"* अब अन्धकार की प्रत्येक ताकत के ऊपर यीशु मसीह और उसके क्रूस का सामर्थ्य और अधिकार बोलें।
- क्रूस पर मसीह द्वारा पूरे किए गए कार्य कारण प्रत्येक बुराई के ऊपर मसीह में अपनी आज़ादी का दावा करें।
- उस श्राप से सम्बन्धित प्रत्येक दुष्टात्मा को आपको, आपके परिवार को और आपके घर को छोड़कर चले जाने का आदेश दें।
- अब अपने आप पर, अपने परिवार पर और अपने घर पर आशीष बोलें, जिसमें आप पर डाले गए श्राप की विपरीत परिस्थितियों की आशीष भी शामिल है, और इसके लिए बाइबल की उपयुक्त आयतों का उपयोग करें, जैसे कि "मैं न मरूँगा वरन् जीवित रहूँगा, और परमेश्वर के कामों का वर्णन करता रहूँगा।" (भजन 118:17)

- परमेश्वर के प्रेम, सामर्थ्य और अनुग्रह के लिए परमेश्वर की स्तुति करें।

सत्य से सामना

इस आयत के अनुसार हम श्रापों से छुटकारा कैसे पाते हैं?

> हम को उसमें उसके लहू के द्वारा छुटकारा, अर्थात् अपराधों की क्षमा, उसके उस अनुग्रह के धन के अनुसार मिला है . . . (इफिसियों 1:7)

हम पापों से छुटकारा इसलिए पाते हैं क्योंकि मसीह के लहू के द्वारा हमारा छुटकारा हो चुका है।

एक मसीही को दुष्टता के सामर्थ्य के ऊपर क्या अधिकार मिला है?

> "देखो, मैं ने तुम्हें साँपों और बिच्छुओं को रौंदने का, और शत्रु की सारी सामर्थ्य पर अधिकार दिया है; और किसी वस्तु से तुम्हें कुछ हानि न होगी।" (लूका 10:19)

हमें पहचानना होगा कि मसीह में हमें शत्रु के सारे सामर्थ्य पर अधिकार मिला है, जिसमें सारे श्राप भी शामिल हैं।

इस अगली आयत के अनुसार यीशु इस संसार में क्यों आया?

> . . . परमेश्वर का पुत्र इसलिये प्रगट हुआ कि शैतान के कामों का नाश करे। (1 यूहन्ना 3:8)

यीशु इसलिए आया ताकि शैतान के सारे सामर्थ्य का नाश करे, जिसमें सारे बुरे श्राप भी शामिल हैं।

क्रूस पर यीशु की मृत्यु ने व्यवस्था 21:23 के व्यवस्था विधान को कैसे पूरा किया?

> मसीह ने जो हमारे लिये शापित बना, हमें मोल लेकर व्यवस्था के शाप से छुड़ाया, क्योंकि लिखा है, "जो कोई काठ पर लटकाया जाता है वह शापित है।" यह इसलिये हुआ कि अब्राहम की आशीष मसीह यीशु में अन्यजातियों तक पहुँचे, और हम विश्वास के द्वारा उस आत्मा को प्राप्त करें जिसकी प्रतिज्ञा हुई है। (गलातियों 3:13-14)

व्यवस्था 21:23 में लिखा है कि जो व्यक्ति काठ पर लटकाया जाता है, वह श्रापित है। इस प्रकार यीशु ने श्रापों को अपने ऊपर ले लिया, और क्रूस पर मृत्यु को गले लगाया, ताकि हम सारे श्रापों से आज़ाद हो सकें। उसने हमारी खातिर श्रापों को उठा लिया, ताकि हमें आशीष मिल सके।

यह आयत व्यर्थ के श्राप के बारे में क्या कहती है?

> जैसे गौरैया घूमते-घूमते और सूपाबेनी उड़ते-उड़ते नहीं बैठती, वैसे ही व्यर्थ शाप नहीं पड़ता। (नीतिवचन 26:2)

यह आयत हमें याद दिलाती है कि जब हम यीशु के लहू की सुरक्षा और क्रूस की आज़ादी को अपने जीवन और परिस्थितियों में स्वीकार कर लेते हैं, तब हम सारे श्रापों से मुक्त और सुरक्षित हो जाते हैं।

अगली आयत श्रापों के ऊपर यीशु के लहू के सामर्थ्य के बारे में क्या कहती है?

तुम सिय्योन के पहाड़ के पास . . . और नई वाचा के मध्यस्थ यीशु और छिड़काव के उस लहू के पास आए हो, जो हाबिल के लहू से उत्तम बातें कहता है। (इब्रानियों 12:22-24)

यीशु का लहू हाबिल के श्राप से बेहतर बातें बोलता है, जिसका लहू उसके भाई कैन ने बहाया था। यीशु का लहू उन श्रापों से भी बेहतर बातें बोलता है, जिनके अधीन हम किए जाते रहे हैं।

लूका 6 अध्याय और पौलुस के पत्रों में मसीहियों को कौन सा सकारात्मक आदेश और आदर्श दिया गया है?

"... अपने शत्रुओं से प्रेम रखो; जो तुम से बैर करें, उनका भला करो। जो तुम्हें स्राप दें, उनको आशीष दो; जो तुम्हारा अपमान करें, उनके लिये प्रार्थना करो।" (लूका 6:27-28)

अपने सतानेवालों को आशीष दो; आशीष दो स्राप न दो। (रोमियों 12:14)

अपने ही हाथों से काम करके परिश्रम करते हैं। लोग हमें बुरा कहते हैं, हम आशीष देते हैं; वे सताते हैं, हम सहते हैं। (1 कुरिन्थियों 4:12)

मसीहियों को अपने मित्रों के साथ-साथ अपने शत्रुओं को भी आशीष देने वाले लोग होने के लिए बुलाया गया है।

नीचे दी गई प्रार्थना श्राप देने की रस्मों में शामिल होने से आने वाले प्रभावों से मुक्त होने के लिए और दूसरों द्वारा आप पर बोले गए श्रापों से आज़ाद होने के लिए दी गई है। इसमें अध्याय 2 में दिए गए सिद्धान्त लागू होते हैं।

श्राप देने से नाता तोड़ने का ऐलान और प्रार्थना

मैं इस्लाम के नाम में दूसरों को श्राप देने के अपने पापों, अपने माता-पिता के पापों और अपने पुरखों के पापों का अंगीकार करता हूँ।

मैं अपने पिता, पुरखों और उन इमामों को माफ करता हूँ, जिन्होंने इन पापों में उनकी और मेरी अगुवाई की। मैं उन सब को भी माफ करता हूँ, जिन्होंने मुझे यह पाप करने और इसके परिणामों में धकेलने के लिए उकसाया।

मैं उन सब को माफ करता हूँ, जिन्होंने मेरे ऊपर तथा मेरे परिवार के ऊपर श्राप बोले हैं।

प्रभु, मैं आपसे माफी मांगता हूँ कि मैंने दूसरों को श्राप दिए और श्राप देने की रस्मों में शामिल हुआ।

अब मैं आपकी माफी स्वीकार कर लेता हूँ।

प्रभु, आपकी माफी के आधार पर मैं दूसरों को श्राप देने के पाप के लिए खुद को भी माफ करता हूँ।

मैं दूसरों को श्राप देने के पाप से और इसके कारण आए सारे श्रापों से नाता तोड़ने का ऐलान करता हूँ।

मैं दूसरों के लिए नफरत से नाता तोड़ने का ऐलान करता हूँ।

मैं दूसरों को श्राप देने की रस्म में शामिल होने पर आने वाली उत्तेजित भावनाओं से नाता तोड़ने का ऐलान करता हूँ।

मैं मसीह के क्रूस पर पूरे किए गए छुटकारे के काम के द्वारा अपने जीवन से (और अपने वंशजों के जीवन से) इन ताकतों को तोड़ता हूँ।

प्रभु, मैं आपसे विनती करता हूँ कि मैंने जितने श्रापों में भाग लिया है, आप उन सभी को तोड़ दीजिए। जिन्हें मैंने श्राप दिए थे, अब उन्हें आप परमेश्वर के राज्य की सारी आशिषें दीजिए।

मैं अपने ऊपर बोले गए सब श्रापों को यीशु के नाम में तोड़ता हूँ और उनसे नाता तोड़ने का ऐलान करता हूँ।

मैं नफरत और श्रापों की सारी दुष्टात्माओं को ठुकराता हूँ और उनसे नाता तोड़ने का ऐलान करता हूँ और यीशु के नाम में उन्हें आदेश देता हूँ कि इसी समय मुझे छोड़कर चली जाएँ।

मेरे परिवार और मेरे विरुद्ध बोले गए सारे श्रापों से मैं परमेश्वर की आज़ादी को स्वीकार करता हूँ। मैं शान्ति, नम्रता और दूसरों को आशीष देने का अधिकार स्वीकार करता हूँ।

मैं अपने जीवन भर प्रशंसा और आशिषों के वचन बोलने के लिए अपने ओंठों को पवित्र करता हूँ।

यीशु के नाम में, मैं अपने परिवार और अपने ऊपर जीवन, सेहत और आनन्द सहित परमेश्वर के राज्य की सारी आशिषों को खोलता हूँ।

मैं सारे ईश्वरहीन सम्बन्धों, अन्तरात्मा के बन्धनों और इस्लामिक रस्मों तथा दूसरों को श्राप देने की रस्मों में मेरी अगुवाई करने वाले सारे इमामों तथा अन्य मुस्लिम अगुवों के साथ अपने सारे सम्बन्धों को तोड़ता हूँ और उनसे नाता तोड़ने का ऐलान करता हूँ।

मेरे साथ ईश्वरहीन अन्तरात्मा के बन्धन स्थापित करने और उन्हें बनाए रखने के लिए मैं इन अगुवों को माफ करता हूँ।

सारे मुस्लिम अगुवों की अधीनता में आने के कारण बने अन्तरात्मा के बन्धनों को बनाए रखने के पाप के लिए मैं खुद को भी माफ करता हूँ।

प्रभु, मैं इन सारे अन्तरात्मा के बन्धनों से जुड़े पापों के लिए और खास तौर पर दूसरों को श्राप देने और उनसे नफरत करने के पापों के लिए आपसे माफी मांगता हूँ।

मैं सारे मुस्लिम अगुवों से सारे अन्तरात्मा के बन्धनों को तोड़ता हूँ [आपके मन में यदि किसी खास व्यक्ति का नाम आता है, तो उसका नाम लेकर यह प्रार्थना करें] और मैं उनसे [अथवा नाम लेकर] नाता तोड़कर खुद को उनसे और खुद से उनको [अथवा नाम लेकर] आज़ाद करता हूँ।

प्रभु, इन सारे ईश्वरहीन सम्बन्धों की यादों से मेरे मन को शुद्ध कर दीजिए, ताकि मैं स्वेच्छा और आज़ादी के साथ खुद को आपके लिए समर्पित कर सकूँ।

जितनी दुष्टात्माओं को इन अन्तरात्मा के बन्धनों को कायम रखने का कार्यभार सौंपा गया था, मैं उनके नाता तोड़ने का ऐलान करता हूँ और उनसे सारे सम्पर्क को रद्द करता हूँ, और उन्हें यीशु के नाम में आदेश देता हूँ कि इसी समय मुझे छोड़कर चली जाएँ।

मैं खुद को यीशु मसीह के साथ बाँध लेता हूँ और केवल उसी का अनुकरण करने का फैसला लेता हूँ। आमीन।

8
एक मुक्त कलीसिया

"जो मुझ में बना रहता है और मैं उसमें, वह बहुत फल फलता है।"

यूहन्ना 15:5

इस अध्याय में सुझाव दिए गए हैं कि मुस्लिम पृष्ठभूमि से आने वाले मसीही विश्वासियों के लिए स्वस्थ शिष्यता पद्धति और स्वस्थ कलीसिया का निर्माण कैसे किया जाए। ये वे लोग हैं जिन्होंने मसीह का अनुकरण करने के लिए इस्लाम को त्याग दिया है। प्रत्येक चेले के लिए अच्छा है कि वह परमेश्वर के विशेष उद्देश्य की सेवा के लिए खुद को समर्पित करने के लिए इच्छुक और योग्य बने (2 तीमुथियुस 2:20-21)। लेकिन ऐसा करने के लिए प्रत्येक चेले को एक स्वस्थ कलीसिया का परिवेश चाहिए, जिसमें उनकी वृद्धि में सहयोग मिल सके। ऐसा करना सीखने के लिए हम पहले उन तीन चुनौतियों को देखेंगे, जिनका सामना ये नए विश्वासी करते हैं : इस्लाम में लौट जाने का खतरा, फलहीन शिष्यता, और अस्वस्थ कलीसियाएँ।

इस्लाम में लौट जाना

इस्लाम को त्याग कर मसीह के पास आने वाले कुछ लोग इस्लाम में लौट जाते हैं। इसके अनेक कारण हैं। इसका एक कारण अपने समाज को खो देने का दर्द हो सकता है, जब मसीही विश्वास को अपनाने वाले मुस्लिम व्यक्ति को उसका परिवार और दोस्त ठुकरा देते हैं। एक अन्य कारण वे रुकावटें और बाधाएँ हो सकती हैं, जो इस्लाम को त्यागने वाले लोगों के रास्ते में खड़े किए जाते हैं। एक अन्य कारण सीधा सताव भी हो सकता है।

एक अन्य कारण मसीहियों और कलीसिया से आने वाली निराशा भी हो सकता है। जब इस्लाम को त्यागने का प्रयास करने वाले लोग अपने आस-पास के मसीहियों से मदद और मार्गदर्शन मांगने आते हैं, तो उन्हें मसीही समाज से भी तिरस्कार और ऐसी बाधाओं का सामना करना पड़ सकता है, जिनकी उन्होंने उम्मीद नहीं की होती। अनेक लोगों को तो कलीसियाएँ वापिस भेज देती हैं। इसका एक कारण इस्लाम द्वारा लादी गई यह मांग होती है कि *दिम्मी* उस व्यक्ति की मदद न करें, जो इस्लाम को त्यागना चाहता है। किसी को इस्लाम का त्याग करने में मदद करने पर मसीही समाज खतरे में आ जाता है, क्योंकि यह गैर-मुसलमानों को दी गई 'सुरक्षा' से बाहर आ जाता है।

इस्लाम का त्याग करके आने वाले लोगों को मसीहियों द्वारा ठुकराए जाने की इस पद्धति को बदलने के लिए कलीसिया को *दिम्मा* वाचा और उसके द्वारा लादे जाने वाले बोझ को समझना और उसे रद्द करना होगा। जब तक कलीसिया और मसीही लोग *दिम्मा* के प्रभावों से आत्मिक तौर पर बँधे रहेंगे, वे इस आत्मिक दबाव के अधीन रहेंगे कि वे इस्लाम का त्याग करने वाले लोगों की मदद नहीं कर सकते। इस समस्या का समाधान करने के लिए कलीसिया को *दिम्मा* प्रणाली का विरोध करना, उसे रद्द करना और उससे नाता तोड़ने का ऐलान करना होगा।

इन लोगों का इस्लाम में लौट जाने का एक अन्य कारण यह है कि उनकी अन्तरात्मा पर इस्लाम का प्रभाव बना रहता है, और उनकी सोच तथा दूसरों के साथ उनके सम्बन्धों को आकार-विस्तार देता रहता है। ऐसा होने पर उनके लिए मसीही विश्वास में आगे बढ़ते रहने के बजाय इस्लाम में लौट जाना आसान होता है। यह ऐसा है मानो किसी ने नए जूते खरीदे हों : कभी-कभी पुराने जूते आसानी से पहने जाते हैं और पाँव को आरामदायक लगते हैं।

फलहीन शिष्यता

दूसरी समस्या फलहीन शिष्यता हो सकती है। मुस्लिम पृष्ठभूमि से आए लोग तीव्र भावनात्मक और आत्मिक बाधाओं और नियन्त्रणों का अनुभव कर सकते हैं, जो उनकी आत्मिक वृद्धि को रोक सकती हैं। सामान्य मसलों में डर, असुरक्षा की भावना, पैसे का प्यार, तिरस्कार की भावनाएँ, अपने आप को पीड़ित समझने की भावनाएँ, बुरा मानना, दूसरों पर भरोसा करने की कमी, भावनात्मक पीड़ा, लैंगिक पाप, चुगलियाँ, और झूठ बोलना शामिल हो सकते हैं। ये सारी बातें लोगों को वृद्धि करने से रोक सकती हैं।

इन सारी समस्याओं में छिपा हुआ एक कारण इस्लाम का अभी तक जारी नियन्त्रण करने वाला प्रभाव होता है। उदाहरण के लिए, इस्लाम में दूसरों से श्रेष्ठ होने पर बल दिया जाता है, और मुसलमानों को सिखाया जाता है कि वे गैर-मुसलमानों से श्रेष्ठ हैं। श्रेष्ठता की संस्कृति में लोग अपने को दूसरों से श्रेष्ठ मानते हुए सान्त्वना प्राप्त करते हैं। कलीसिया में ऐसा व्यवहार मुकाबलेबाजी ला सकता है। उदाहरण के लिए, यदि एक व्यक्ति को अगुवा नियुक्त किया जाता है, तो दूसरे लोग बुरा मान जाते हैं कि उन्हें अगुवा क्यों नहीं नियुक्त किया गया। अपने को दूसरों से श्रेष्ठ समझने की मानसिकता चुगलखोरी को भी जन्म देती है, जिससे दूसरों को नीचा दिखाने का एक जरिया मिल जाता है। लोग इसलिए चुगलियाँ करते हैं क्योंकि वे अपने को उनसे श्रेष्ठ मानते हैं, जिनके बारे में चुगलियाँ की जा रही हैं। बुरा मानने का स्वभाव एक अन्य समस्या हो सकता है, जिसे मुहम्मद द्वारा अस्वीकृति के प्रतिउत्तर से समर्थन मिलता है।

इराक का रहने वाला एक नौजवान मसीह का अनुयायी बन गया और उसे कनेडा में शरणार्थी के तौर पर स्वीकार कर लिया गया। उसने अलग-अलग कलीसियाओं में जाने का प्रयास किया, लेकिन जब भी वह किसी नई कलीसिया में जाता, उसे किसी न किसी बात का बुरा लग जाता, और वह कलीसिया

जाने वालों पर ढोंगी होने का दोष लगाता। आखिरकार यह व्यक्ति मसीही विश्वास में तो बना रहा, लेकिन मसीही समाज से पूरी तरह अलग होकर एकान्त में जीवन जीता रहा। इसका अर्थ है कि मसीही शिष्यता में उसकी वृद्धि पूरी तरह से रुक गई। वह परिपक्वता में आगे नहीं बढ़ पाया। वह फलवन्त नहीं हो पाया।

अस्वस्थ कलीसियाएँ

नए विश्वासियों के सामने आने वाली चुनौतियों में से एक बड़ी चुनौती स्वस्थ कलीसिया ढूँढना है। कलीसिया धर्मी लोगों के लिए मौज-मस्ती का स्थान नहीं बल्कि पापियों के लिए एक अस्पताल है—या कम से कम इसे ऐसा अवश्य होना चाहिए। पापी लोग कलीसिया का हिस्सा हैं, लेकिन जैसे लोग अस्पतालों में भी बीमार पड़ सकते हैं, वैसे ही जब कलीसिया के सदस्य मसीही परिपक्वता में आगे नहीं बढ़ रहे होते, तो उनके पाप और समस्याएँ बढ़ने लग जाती हैं और सारे मसीही समाज को हानि पहुँचा सकती हैं। इसके कारण कलीसियाओं में फूट पड़ सकती है और वे विफल हो सकती हैं। जिस प्रकार अस्वस्थ मसीही मिलकर अस्वस्थ कलीसियाओं का निर्माण करते हैं, उसी प्रकार अस्वस्थ कलीसियाएँ अपने सदस्यों को स्वस्थ परिपक्वता में आगे बढ़ने में कठिनाई पैदा कर सकती हैं।

यदि कलीसिया के सदस्य अपने पास्टर की चुगलियाँ करते हैं, तो अन्ततः उनका पास्टर खोटा हो जाएगा, अथवा पास्टर रह ही नहीं जाएगा। इससे सबको नुकसान होगा। इससे कलीसिया के समाज में फूट पड़ेगी और वह बिखर जाएगा, और ऐसी कलीसिया में कोई भी व्यक्ति अगुवाई नहीं लेना चाहेगा। एक अन्य उदाहरण के तौर पर, यदि किसी कलीसिया के सदस्यों में मुकाबलेबाजी होने लगती है, वे अपने को दूसरों से श्रेष्ठ समझने लगते हैं, तो इससे एक ही शहर की कलीसियाओं में एक दूसरे के प्रति आलोचनात्मक व्यवहार पैदा होने लगते हैं, और प्रत्येक कलीसिया दावा करने लगती है कि वे दूसरों से श्रेष्ठ हैं। एकसाथ मिलकर काम करने से आने वाली आशिषों का अनुभव करने के बजाय ऐसी कलीसियाएँ एक दूसरे को सुसमाचार के सहभागी नहीं बल्कि खतरा समझने लग जाती हैं।

आज़ाद रहने की आवश्यकता

याद करें कि अध्याय 2 में हमने देखा था कि शैतान दोष लगाने वाला है, और उसकी एक मुख्य रणनीति मसीही विश्वासियों पर दोष लगाना है। उन पर दोष लगाने के लिए वह उनके विरुद्ध पाए जाने वाले किसी भी 'कानूनी अधिकार' का फायदा उठाएगा, जैसे कि ऐसे पाप जिनका अंगीकार नहीं किया गया है, दूसरों को क्षमा न करना, हमें बाँध देने वाले शब्द (जैसे कि सौगन्ध, शपथ, और वाचा), अन्तरात्मा के घाव, और पीढ़ीगत श्राप। आज़ाद होने के लिए मसीह के चेलों को इन 'कानूनी अधिकारों' को रद्द करना होगा, उसके पाँव रखने के अवसरों को खत्म करना होगा, और खुले द्वारों को बन्द करना होगा।

मत्ती 12:43-45 में यीशु ने एक दृष्टान्त सुनाया कि जब एक दुष्टात्मा किसी व्यक्ति में से निकल जाती है, तो वह उस व्यक्ति में दोबारा समाने के लिए वापिस आ सकती है, और अपने साथ अपने से बुरी

सात आत्माएँ ला सकती है, और इस प्रकार उस व्यक्ति की दशा उससे भी अधिक बद्तर हो जाती है, जब पहली दुष्टात्मा निकाली गई थी। इस दृष्टान्त में यीशु ने एक घर की छवि का उपयोग किया है, जो खाली और साफ-सुथरा होता है, जो अब किसी के रहने के लिए तैयार है। दुष्टात्माएँ किसी व्यक्ति में दोबारा कैसे समा सकती हैं? पहला कारण यह है कि कोई न कोई द्वार खुला रह गया है और दूसरा कारण यह है कि घर अभी भी "खाली" है (मत्ती 12:44)।

इस प्रकार यहाँ दो समस्याएँ हैं:

1. एक द्वार खुला रह गया है।
2. घर अभी भी खाली है।

एक स्वस्थ कलीसिया का निर्माण करने के लिए हमें स्वस्थ मसीहियों की आवश्यकता है। और स्वस्थ रहने के लिए एक मसीही व्यक्ति को आज़ाद रहने की आवस्यकता है। इसका अर्थ है कि उसे सारे खुले द्वारों को, जिन्हें शैतान इस्तेमाल कर सकता है, बन्द करना होगा, और उसकी अन्तरात्मा में से सारी बुराई निकल जाने के बाद जो स्थान खाली हो गया है, उसे उसको अच्छी बातों से भरना होगा।

सभी द्वारों को बन्द किया जाने की आवश्यकता है। प्रत्येक द्वार को! आत्मिक आज़ादी के लिए एक बात जो अत्यन्त महत्त्वपूर्ण है, वह यह है कि केवल एक खुले द्वार को बन्द करना काफी नहीं है। सारे खुले द्वारों को बन्द किया जाने की आवश्यकता है। घर के पिछले दरवाजे पर संसार का सबसे बढ़िया ताला लगाने से क्या लाभ, यदि घर के सामने वाला दरवाजा खुला पड़ा है। यदि शैतान किसी व्यक्ति के जीवन में एक कानूनी अधिकार का उपयोग करता आ रहा है और हम उसे समाप्त कर दें, लेकिन बाकी खुले द्वारों को बन्द न करें, तो वह व्यक्ति अभी भी आज़ाद नहीं है।

आज़ाद होना एक बात है, और आज़ाद रहना दूसरी बात है। द्वारों को बन्द करना जितना महत्त्वपूर्ण है, उतना ही महत्त्वपूर्ण यह है कि घर को खाली न रखा जाए और उसे भर दिया जाए। इसमें यह प्रार्थना करना भी शामिल है कि वह व्यक्ति पवित्र आत्मा की भरपूरी प्राप्त कर ले। इसका अर्थ यह भी है कि भक्तिपूर्ण जीवन जीने की आदत बनाई जाए, ताकि उसकी अन्तरात्मा में अच्छी बातें भरती जाएँ।

मान लीजिए कि किसी व्यक्ति में पाए जाने वाले बन्धनों का कारण वे झूठ थे, जिन पर उसने विश्वास किया था और जो उसने बोले थे। इन सारे झूठों से नाता तोड़े जाने का ऐलान करने की आवश्यकता है, और साथ ही उस व्यक्ति को सत्य को अपनाने, उस पर मनन करने और उसमें प्रसन्न रहने की भी आवश्यकता है। सारे झूठ बाहर निकल जाएँ, और सत्य भीतर आ जाए!

एक अन्य परिस्थिति पर ध्यान दें: एक व्यक्ति है जो नफरत की दुष्टात्मा से ग्रसित रहा है, जिसके कारण उसने बहुत बुरे काम किए हैं, जिसमें लोगों पर नफरत भरे श्राप बोलना भी शामिल है। जब नफरत की इस दुष्टात्मा को निकाल दिया जाता है, तो उस व्यक्ति को न केवल नफरत को ठुकराने और उससे नाता तोड़ने का ऐलान करने की आवश्यकता है, बल्कि उसे दूसरों से प्रेम करने और उन्हें आशीष देने का

स्वभाव भी विकसित करने की आवश्यकता है, जिससे उनकी अपनी अन्तरात्मा विकसित और मजबूत होगी। उन्हें अपनी आदतों और अपनी सोच को बदलना होगा। इस व्यक्ति को आज़ाद रहने में कलीसिया का समुदाय भी महत्त्वपूर्ण भूमिका निभाता है। वे इस व्यक्ति को अपनी अन्तरात्मा को नया और मजबूत बनाने में और परिवर्तित व्यक्ति बनने में सहायता कर सकते हैं।

पौलुस अपने पत्रों में अक्सर इस पद्धति का उल्लेख करता है। वह निरन्तर प्रार्थना और परिश्रम करता है कि विश्वासी जन सत्य और प्रेम में बढ़ते जाएँ। वह हमेशा याद रखता है कि एक समय पर विश्वासी जन कैसे थे और कभी-कभी वह उन्हें भी याद दिलाता है कि वे कैसे थे, ताकि उन्हें वृद्धि करने का प्रोत्साहन दे सके:

> क्योंकि हम भी पहले निर्बुद्धि, और आज्ञा न माननेवाले, और भ्रम में पड़े हुए और विभिन्न प्रकार की अभिलाषाओं और सुखविलास के दासत्व में थे, और बैरभाव, और डाह करने में जीवन व्यतीत करते थे, और घृणित थे, और एक दूसरे से बैर रखते थे। (तीतुस 3:3)

लेकिन मसीह के चेलों को अब ऐसा जीवन नहीं जीना है। हम बदल गए हैं और हमें निरन्तर बदलते रहना है, ताकि हम अधिक से अधिक यीशु जैसे बनते जाएँ, जो निर्दोष था, और जिस पर शैतान को कोई कानूनी अधिकार नहीं मिला था। इसलिए पौलुस फिलिप्पियों की कलीसिया को लिखता है:

> मैं यह प्रार्थना करता हूँ कि तुम्हारा प्रेम ज्ञान और सब प्रकार के विवेक सहित और भी बढ़ता जाए, यहाँ तक कि तुम उत्तम से उत्तम बातों को प्रिय जानो, और मसीह के दिन तक सच्चे बने रहो, और ठोकर न खाओ; और उस धार्मिकता के फल से जो यीशु मसीह के द्वारा होते हैं, भरपूर होते जाओ जिससे परमेश्वर की महिमा और स्तुति होती रहे। (फिलिप्पियों 1:9-11)

यह एक स्वस्थ चेले की एक सुन्दर छवि है, जो प्रेम में, ज्ञान में और बुद्धि में, शुद्धता और निर्दोषता में वृद्धि करता जाता है, और फलवन्त होता जाता है, जिससे परमेश्वर की स्तुति होती है! यह व्यक्ति केवल आज़ाद ही नहीं हुआ है, बल्कि उसकी अन्तरात्मा का घर अब खतरनाक रीति से "खाली" रहने के बजाय यीशु मसीह के अच्छे चरित्र के साथ भर गया है।

कलीसिया और पास्टर की एक प्रमुख भूमिका यह है कि वे चेलों को ऐसा जीवन जीने में मदद करें, ताकि वे शैतान के लिए खुले सारे द्वारों को बन्द कर दें और मसीह के भले चरित्र से भरते जाएँ।

चेले बनाना एक उच्च बुलावा है और इसके बारे में बहुत कुछ सीखना बाकी है। यहाँ पर हम सीखेंगे कि इस्लाम के बन्धनों से आज़ाद हुए लोगों को मसीह के चेलों के तौर पर स्वस्थ वृद्धि प्राप्त करने में मदद कैसे की जाए।

चंगाई और छुटकारा

हमने इस बात पर बल दिया है कि सारे द्वार बन्द किए जाने चाहिएँ और शैतान के पाँव रखने के सारे अवसर खत्म किए जाने चाहिएँ। किसी भी चेले के जीवन में इनमें से कुछ का सीधा कारण इस्लाम का प्रभाव हो सकता है, और यहाँ दी गई प्रार्थनाओं के माध्यम से इस्लाम के सारे द्वार बन्द किए जा सकते हैं।

लेकिन मसीह के चेलों में ऐसे बन्धन भी हो सकते हैं जिनका सीधा सम्बन्ध इस्लाम से न हो। इनका कारण अध्याय 2 में दिए गए किसी भी क्षेत्र से सम्बन्धित हो सकता है: ऐसे पाप जिनका अंगीकार नहीं किया गया है, क्षमा न करना, अन्तरात्मा के घाव, रस्मों से सम्बन्धित शब्द और कार्य, झूठ, और पीढ़ीगत श्राप। मुस्लिम पृष्ठभूमि से आए लोगों के जीवनों में निम्नलिखित के कारण आने वाले हानिकारक प्रभावों को देखा जा सकता है:

- क्षमा न करना
- बुरा व्यवहार करने वाले पिता
- पारिवारिक समस्याएँ (तलाक, एक से अधिक विवाह)
- नशा
- तन्त्र-मन्त्र और जादू-टोना
- लैंगिक सदमे (हमला, बलात्कार, परिवार में ही बनाए गए शारीरिक सम्बन्ध)
- हिंसा
- पीढ़ीगत पाप
- क्रोध
- अस्वीकृति और आत्म-अस्वीकृति
- महिलाओं द्वारा पुरुषों पर भरोसा न करना और उनसे नफरत करना
- पुरुषों द्वारा महिलाओं को हीन समझना

इनमें से अनेक क्षेत्रों पर इस्लाम के कारण आए सांस्कृतिक और पारिवारिक प्रभाव हो सकते हैं, लेकिन लोगों के अपने व्यक्तिगत आत्मिक बोझ भी हो सकते हैं, जो उनके जीवन में जमा होते रहते हैं। मसीही परिपक्वता में आगे बढ़ने के लिए हमें न केवल इस्लाम से बल्कि इन सब बातों से भी आज़ाद होने की आवश्यकता है।

एक नौजवान के परिवारिक हालातों के कारण उसे पेट की समस्यएँ होने लगीं। उसके अधिकांश रिश्तेदार पेट के केंसर के कारण मर गए थे। ईरान और ऑस्ट्रेलिया के डॉक्टरों ने उसे बताया था कि उसके पेट में केंसर से पहले के लक्षण दिख रहे थे, जिसके कारण उसे लगातार दवा लेनी पड़नी थी। एक दिन उसे

महसूस हुआ कि इसका कारण उसके परिवार पर आया कोई श्राप हो सकता है। उसने इस पीढ़ीगत पाप को तोड़ा और उससे नाता तोड़ने का ऐलान किया और खुद को परमेश्वर के लिए एक नई सृष्टि घोषित किया। वह पूरी रीति से चंगा हो गया और उसने सारी दवा लेनी बन्द कर दी। इसके साथ-साथ एक अन्य उल्लेखनीय बात यह हुई कि इस शारीरिक चंगाई के साथ ही उसे बहुत जल्दी तनाव में आने और चिन्ता करने की आदत से भी चंगाई मिल गई। वह पहले से अधिक स्थिर स्वभाव वाला हो गया और अपने जीवन की परिस्थितियों में परमेश्वर पर पहले से अधिक भरोसा रखने लगा। एक पास्टर के तौर पर सेवा करने से आने वाले तनाव का सामना करने की तैयारी के लिए चंगाई और छुटकारा प्राप्त करना उसके लिए एक अनिवार्य कदम था।

एक स्वस्थ कलीसिया स्थापित करने के लिए ऐसा सेवाकार्य अनिवार्य है जो लगातार शैतान के लिए खुले द्वारों को बन्द करने और उसके पाँव रखने के अवसरों को खत्म करने में लगा रहे और यह पास्टर के सामान्य सेवाकार्य का हिस्सा बना रहे। याद रखें, घर को सुरक्षित बनाने के लिए केवल एक द्वार बन्द करना या केवल इस्लाम की वाचाओं के द्वार बन्द करना काफी नहीं है। उस घर के सारे खुले द्वार बन्द किए जाने अनिवार्य हैं।

उपयुक्त शिक्षा देना

एक पुराने उजाड़ पड़े घर की कल्पना करें। उसकी छत से पानी टपक रहा है, आपको इसमें से आसमान नज़र आ रहा है। खिड़की के काँच टूटे हुए हैं और हवा अन्दर आ रही है। दरवाज़े उखड़कर कर जमीन पर गिरे पड़े हैं। अन्दर की दीवारें गिर रही हैं और उनमें छेद हो गए हैं। फर्श सड़ रहा है। बुनियाद में दरारें आ गई हैं और यह टूट रही है। इस घर में ऐसे लोग रह रहे हैं, जो इसके मालिक नहीं हैं। उन्हें इस घर में नहीं होना चाहिए और वे ही हैं जो इस घर को नाश कर रहे हैं।

इस घर की मरम्मत करने में बहुत सारा काम करना पड़ेगा। सबसे पहला कदम यह है कि घर को सुरक्षित बनाया जाए। छत की मरम्मत की जाए, नई खिड़कियाँ लगाई जाएँ और मजबूत दरवाजे लगाकर ताले लगाए जाएँ, ताकि घर में ऐसा कोई व्यक्ति न घुस पाए जिसे यहाँ नहीं होना चाहिए। आज़ादी के सेवाकार्य में पहला कदम यही है कि सारे दरवाजे बन्द किए जाएँ। इस काम को सबसे पहले किया जाना चाहिए, क्योंकि यदि सारे दरवाजे बन्द नहीं हैं, तो ऐसे लोग (दुष्टात्माएँ) घर में घुसते रहेंगे, जिन्हें यहाँ नहीं होना चाहिए।

घर को सुरक्षित कर लेने के बाद बाकी के काम आरम्भ किए जा सकते हैं, जैसे कि बुनियाद को सुधारना, दीवारों की मरम्मत करना, और रहने के लिए घर को सुन्दर और आरामदायक बनाना।

जब मुसलमान लोग इस्लाम का त्याग करके मसीह के पास आते हैं, तो वे अपने साथ इस्लाम और इस्लामिक संस्कृति के कारण लगने वाले अन्तरात्मा के घाव ला सकते हैं, जिन्हें चंगा किया जाना जरूरी है।

एक विश्वासी की अन्तरात्मा एक बाल्टी के समान होती है। हमारा काम अपने भीतर साफ और पीने लायक पानी भरकर रखना है, अर्थात जीवन का जल जो यीशु मसीह के माध्यम से मिलता है। हमारा जीवन ऐसा ही होने के लिए बनाया गया है। लेकिन यदि बाल्टी में छेद हों, जैसे कि हमारे चरित्र में पाई जाने वाली कमजोरियाँ, तो बाल्टी में अधिक पानी नहीं समा पाएगा। बाल्टी में सबसे निचले दर्जे के छेद के स्तर तक ही पानी ठहर पाएगा। इस बाल्टी में पानी जमा करने के लिए हमें सारे छेद बन्द करने होंगे।

सारे संसार में जहाँ कहीं इस्लाम ने जड़ें जमाई हुई हैं, वहाँ अन्तरात्मा के ऐसे घाव अवश्य पाए जाते हैं। जैसा कि डॉन लिटल ने कहा, "अलग-अलग संस्कृतियों में पाया जाने वाला इस्लाम का प्रभाव इस्लाम का त्याग करके मसीह में आने वाले मुसलमानों के नए जीवन में एक जैसी रुकावटें पैदा करता है।"[15]

इसे इस प्रकार भी सोचा जा सकता है कि मानो किसी की बहुत बुरी दुर्घटना होने पर उन्हें पूरी तरह से चंगा होने में लम्बा समय लग सकता है। आम तौर पर उनकी कुछ मासपेशियाँ कमज़ोर पड़ जाएँगी या काम करना छोड़ देंगी, क्योंकि उनके शरीर के कुछ अंगों में लम्बे समय तक हलचल नहीं होती है। ऐसे व्यक्ति को पूरी रीति से चंगा होने के लिए कुछ खास व्यायाम करने पड़ते हैं, ताकि उनकी कमज़ोर मासपेशियों में फिर से बल आ सके। ये व्यायाम लम्बा समय लेते हैं और इनसे कुछ दर्द भी हो सकता है, लेकिन सारे शरीर के सामान्य तौर पर काम करने के लिए ये व्यायाम जरूरी हैं। आप केवल उतना व्यायाम ही कर पाएँगे, जितना आपकी सबसे कमज़ोर मासपेशी अनुमति देगी।

इसका अर्थ यह है कि मुस्लिम पृष्ठभूमि से आने वाले विश्वासियों को दी जाने वाली शिक्षा इस रीति से तैयार की जानी चाहिए कि इस हानि की चंगाई ला सके। इसे हमने 'उपयुक्त शिक्षा देना' नाम दिया है। इसके माध्यम से हम उन क्षेत्रों में बाइबल के सत्य बोलते हैं, जिनमें पहले झूठ का राज्य था। ऐसे अलग-अलग क्षेत्र हैं, जिनमें इस प्रकार की शिक्षा दी जानी अनिवार्य है।

मुहम्मद ने एक व्यक्ति के किसी दूसरे से श्रेष्ठ होने पर बहुत अधिक बल दिया था। उदाहरण के लिए, उसने कहा कि मुसलमान गैर-मुसलमानों से श्रेष्ठ हैं। वह किसी दूसरे व्यक्ति से हीन अथवा नीचे होने को लज्जाजनक मानता था। इस्लामिक समाज में अपने आप को दूसरों से बेहतर समझना उनके सांस्कृतिक भावनात्मक दृष्टिकोण का एक हिस्सा है। एक मसीही व्यक्ति ने बताया कि ईरानी संस्कृति में लोग तब बहुत खुश होते हैं, जब कोई व्यक्ति सड़क पर गिर पड़ता है या जब उन्हें पता चलता है कि कोई व्यक्ति परीक्षा में फेल हो गया है। वे इसलिए खुश होते हैं क्योंकि वे नहीं गिरे और वे नहीं फेल हुए, इसलिए वे दूसरों से श्रेष्ठ हैं।

दूसरों के प्रति ऐसा दृष्टिकोण रखने से कलीसिया में बहुत सारी समस्याएँ पैदा हो सकती हैं। उदाहरण के लिए, एक कलीसिया के लोग यह दावा कर सकते हैं कि उनकी कलीसिया बाकी की कलीसियाओं से श्रेष्ठ है। ऐसा होने से बाकी की कलीसियाओं को बुरा लगता है और वे एक दूसरे साथ मिलकर काम

15. Don Little, *Effective Discipling in Muslim Communities*, p. 170.

नहीं कर पातीं। जब किसी व्यक्ति को अगुवा नियुक्त किया जाता है, तो ऐसे स्वभाव वाले बाकी लोग तिरस्कृत महसूस करते हैं और ईर्ष्या से भरकर सवाल उठाते हैं, "उन्होंने मुझे क्यों नहीं चुना? क्या वे सोचते हैं कि मैं इस योग्य नहीं हूँ?" यह समस्या इतनी गम्भीर हो सकती है कि लोग अगुवाई के पद पर आने से कतराते हैं क्योंकि उन्हें लगता है कि कलासिया के लोग उन पर हमला करेंगे और उनकी आलोचना करेंगे।

ऐसे व्यवहार वाले लोग अक्सर नहीं जानते कि दीनता के साथ सकारात्मक टिप्पणियाँ कैसे दी जाती हैं, जिससे कलीसिया का जीवन बेहतर बन सके। इसके बजाय वे ऐसे बात करते हैं मानो वे विशेषज्ञ हैं, वे घमण्ड के साथ बात करते हैं, और बहुत ही निष्ठुरता के साथ लोगों को सुधारते हैं।

ऐसा व्यवहार चुगलखोरी को जन्म देता है, क्योंकि दूसरों को नीचा दिखाने में लोगों को मजा आता है।

इस गम्भीर समस्या का समाधान करने के लिए लोगों को सेवक जैसा हृदय विकसित करना सिखाना अनिवार्य हो जाता है। लोगों को यह सीखने की आवश्यकता है कि यीशु ने अपने चेलों के पाँव क्यों धोए, और उन्हें ऐसा ही करने के उसके आदेश को भी सुनने की आवश्यकता है। लोगों को यह भी सिखाए जाने की आवश्यकता है कि वे अपनी पहचान मसीह में खोजें, इसमें नहीं कि वे क्या काम करते हैं या लोग उनके बारे में क्या कहते अथवा सोचते हैं। उन्हें यह सिखाए जाने की आवश्यकता है कि वे अपनी निर्बलताओं में "गर्व" करें और उनमें "प्रसन्न" रहें (2 कुरिन्थियों 12:9-10)। उन्हें यह सिखाए जाने की आवश्यकता हैं कि लोगों से प्रेम करने का अर्थ उनकी सफलता में उनके साथ आनन्द करना और उनके कष्टों या दुखों में उनके साथ शोक करना है (रोमियों 12:15; 1 कुरिन्थियों 12:26)। लोगों को यह भी सिखाए जाने की आवश्यकता हैं कि प्रेम में होकर सत्य कैसे बोलें। विश्वासियों को यह भी सिखाए जाने की आवश्यकता हैं कि चुगलखोरी के क्या नुकसान होते हैं और यदि किसी विश्वासी भाई या बहन के बारे में कोई शिकायत आती है, तो वे इसका कैसे प्रतिउत्तर दें।

इस्लाम का त्याग करके मसीह में आने वाले लोगों को सच बोलना सीखने में भी कठिनाई हो सकती है। इस्लामिक संस्कृति में लोगों को सिखाया जाता है कि उन्हें पारदर्शी और खुले होने की आवश्यकता नहीं है (छल के बारे में अध्याय 7 देखें), ताकि लज्जा से बचा जा सके। उदाहरण के लिए, मान लीजिए कि आप कलीसिया के अपने किसी साथी मसीही व्यक्ति को किसी बात में संघर्ष करते हुए देखते हैं और उससे पूछते हैं, "आप कैसे हैं? क्या सबकुछ ठीक है?" वास्तव में, वे समस्या में हैं और सबकुछ ठीक नहीं है, लेकिन उत्तर में वह कहता है, "हाँ, मैं ठीक हूँ। सबकुछ ठीक चल रहा है।" इस प्रकार वे अपना मुखौटा पहने रहते हैं। इस तरह अपनी समस्याओं को छिपाना उन लोगों में सामान्य तौर पर पाया जाता है, जो इस्लाम को छोड़कर आते हैं। शैतान इन बातों का उपयोग करके चेलों को आत्मिक वृद्धि करने से रोकता है, क्योंकि वह उन्हें दूसरों से सहायता नहीं मांगने देता।

इस मसले का समाधान करने के लिए चेलों को बार-बार सिखाया जाना जरूरी है कि कैसे एक दूसरे से सच बोलना महत्त्वपूर्ण है, और व्यक्तिगत आज़ादी और आत्मिक वृद्धि के लिए यह कितना अनिवार्य है।

इस्लामिक संस्कृतियों में ऐसे और भी बहुत सारे क्षेत्र हैं, जिनमें 'उपयुक्त शिक्षा' दी जाने की आवश्यकता है, जैसे कि:

- क्षमा करने की आवश्यकता और यह जानना कि इसे लागू कैसे किया जाता है।
- बड़ी आसानी से लोगों की बातों का बुरा मानने और अस्वीकृति महसूस करने की आदत से छुटकारा पाना।
- इस प्रकार लोगों में सेवा करना, जिससे आपसी भरोसे का निर्माण होता है।
- जादू-टोने की रस्मों से नाता तोड़ने का ऐलान करना।
- पुरुषों और स्त्रियों को एक दूसरे का सम्मान करना सिखाना, और आपसी रिश्तों में प्रेम, दीनता और घमण्ड के बिना सत्य बोलना सीखना।
- माता-पिता द्वारा बच्चों को श्राप की बजाय आशीष देना सिखाना।

(अध्याय 4 के अन्त में उन मसलों की सूची देखें, जो इस्लाम का पालन करने और मुहम्मद के आदर्श का अनुकरण करने के कारण पैदा होते हैं।)

इस बात पर बल दिया जाना बहुत महत्त्वपूर्ण है कि यह 'उपयुक्त शिक्षा' सुनियोजित और विस्तृत होनी चाहिए, जो सब मसलों की जड़ तक पहुँचे, ताकि लोग अपने भावनात्मक और थियोलॉजिकल दृष्टिकोण का पुनः निर्माण कर सकें।

इन भागों में हम विश्वासियों और अगुवों के निर्माण पर चर्चा करेंगे।

अच्छा आरम्भ करें

डॉन लिटल ने उत्तरी अफ्रीका में मुसलमानों के मध्य काम करने वाले दो मिशनियों में तुलना पेश की है। दोनों ने ही वहाँ पर कई वर्षों से काम किया है।[16]

स्टीव के लिए मुसलमानों को मसीह के लिए समर्पित होने के फैसले तक लाना बहुत आसान था, जो कभी-कभी तो उसकी पहली मुलाकात में ही हो जाता था। लेकिन इनमें से लगभग सभी लोग इस्लाम में लौट जाते थे, और ऐसा अक्सर मसीह का अनुयायी बनने का फैसला लेने के कुछ सप्ताह के बाद ही हो जाता था। कुछ लोग ही एक वर्ष से अधिक तक कायम रहते थे। स्टीव का तरीका यह था कि वह जल्दी से लोगों को मसीह के पास लाता था, और फिर विश्वास रखता था कि पवित्र आत्मा उनकी वृद्धि करने में और मसीही विश्वास के बारे में अधिक सीखने में उनकी सहायता करेगा।

---

16. Don Little, *Effective Discipling in Muslim Communities*, pp. 26-27.

चेरी का तरीका और परिणाम दोनों ही एकदम विपरीत थे। वह लोगों को मसीह तक लाने में काफी समय लेती थी, कभी-कभी तो कई वर्ष का समय। वह जिन महिलाओं में काम करती थी, उन्हें मसीह का चेला बनने का निमन्त्रण केवल तभी देती थी, जब उसे लगता था कि वे मसीह का अनुयायी बनने को काफी अच्छी तरह से समझ गई हैं, जिसमें सताव के साथ-साथ उनके पतियों द्वारा तलाक दे दिए जाने के खतरे भी शामिल थे। वह जितनी महिलाओं को मसीह के पास लाई, वे सभी मजबूत विश्वासी बनीं, जिनका विश्वास चेरी को उत्तरी अफ्रीका से निकाल दिए जाने के बाद भी जारी रहा।

यह बात महत्त्वपूर्ण है कि जब मुसलमानों को मसीह के पास लाया जाता और चेले बनाया जाता है, तो मसीह विश्वास में आने की उनकी प्रक्रिया सुनियोजित और विस्तृत हो। अध्याय 5 में से मसीह का अनुकरण करने छः कदमों को याद करें:

1. दो अंगीकार:
   - मैं पापी हूँ और अपने आप को नहीं बचा सकता।
   - सच्चा परमेश्वर एक ही है, जो सृष्टिकर्ता है और जिसने अपने पुत्र यीशु को मेरे पापों की खातिर मरने के लिए भेजा।
2. मन फिराना: (तौबा करना) अपने सारे पापों से और सारी दुष्टता से मन फिराना।
3. विनती: क्षमा, आज़ादी, अनन्त जीवन, और पवित्र आत्मा पाने की विनती।
4. निष्ठा का स्थानान्तरण: मसीह को प्रभु मानकर अपना जीवन उसे समर्पित कर देना।
5. प्रतिज्ञा और शुद्धीकरण: अपने जीवन के शुद्धीकरण के लिए मसीह की अधीनता में आना और उसकी सेवा करना।
6. ऐलान: मसीह के साथ अपनी पहचान का ऐलान करना।

ऐसा लगता है कि स्टीव इन नए विश्वासियों को कदम 1-2 और शायद कदम 3 तक ला रहा था, लेकिन कदम 4-6 में उनकी अगुवाई नहीं कर रहा था। निष्ठा का पूरा स्थानान्तरण (कदम 4) इस्लाम से नाता तोड़ने और इसके स्थान पर यीशु के प्रति पूरी तरह से निष्ठावान होने की मांग करता है। प्रतिज्ञा और शुद्धीकरण (कदम 5) में यह बताया जाना अनिवार्य है कि सताव आ सकता है और साथ ही इसमें बाइबल के नैतिक सिद्धान्तों की समझ प्राप्त करना भी शामिल है, कि अपने आप को शुद्धीकरण के लिए सौंपने से पहले आपको यह समझना होगा कि आपको किस प्रकार का जीवन जीने के लिए शुद्ध किया जा रहा है। मसीह के साथ अपनी पहचान का ऐलान करने (कदम 6) के लिए मसीही पहचान की समझ प्राप्त करना और यह समझना अनिवार्य है कि केवल अल्लाह की "अधीनगी" में रहने के स्थान पर अब यीशु मसीह के द्वारा परमेश्वर की सन्तान बनने का क्या अर्थ है। इसमें यह समझ प्राप्त करना भी शामिल है कि *उम्मा* से बाहर निकलकर और सम्भवतः अपने मित्रों तथा परिवार वालों को खो कर अपनी पुरानी पहचान को खो देने का क्या अर्थ है।

इसके अतिरिक्त, कदम 3 के लिए मसीह में आज़ाद हो जाने, दूसरों को क्षमा करने, और पवित्र आत्मा में जीवन जीने की परिपक्व समझ प्राप्त करना भी शामिल है।

इन कदमों के प्रति पूरे समर्पण के लिए शिष्यता की प्रक्रिया की पूरी समझ प्राप्त करना अनिवार्य है। इस प्रक्रिया को समझने के द्वारा वे इस्लामिक दृष्टिकोण को सावधानीपूर्वक और पूरी तरह से त्याग सकते हैं और बाइबल के दृष्टिकोण को प्राप्त कर सकते हैं।

जब कोई व्यक्ति मसीह के पास आता है और उसका अनुकरण करने की प्रतिबद्धता करता है, तो वह वास्तव में शैतान के साथ युद्ध का ऐलान कर देता है। वे शैतान के सारे अधिकार को नाश करने और अपने जीवन के सारे अधिकार यीशु मसीह को समर्पित करने का समर्पण करते हैं। यह फैसला साधारण अथवा हल्का नहीं है। इसके लिए उस व्यक्ति की पूरी इच्छा और समझ का शामिल होना अनिवार्य है।

इन कारणों के चलते सुसमाचार के सेवकों को परामर्श दिया जाता है कि वे इन लोगों को बपतिस्मा देने में जल्दबाजी न करें और लोगों को यीशु का अनुकरण करने के फैसले तक धीरे-धीरे लाएँ। वे ऐसा केवल तभी करें, जब वे पूरी तरह से समझ जाते हैं कि इसके उनके अपने लिए और अपने प्रिय जनों के लिए क्या मायने हैं।

हम यह परामर्श भी देते हैं कि जब तक लोग पूरी समझ और समर्पण के साथ '*शहादा* से नाता तोड़ने और इसकी शक्ति को भंग करने का ऐलान और प्रार्थना' (अध्याय 5 देखें) न कर लें, तब तक उन्हें बपतिस्मा न दें। ऐसा होने से ठीक पहले उन्हें यह सिखाया जाना चाहिए कि इसका क्या महत्त्व है। यह सब बपतिस्मा से कुछ समय पहले किया जाना चाहिए। बपतिस्मा देते समय भी इन सब बातों से नाता तोड़ने का ऐलान करने की प्रार्थना शामिल की जानी चाहिए। ऐसा होने से कदम 4 की पूरी प्रतिबद्धता सुनिश्चित हो जाती है, अर्थात यीशु मसीह को प्रभु मान कर सारी निष्ठा उसे सौप देना, जिसका अर्थ है अपने जीवन से इस्लाम के सारे दावे रद्द कर देना।

उभरते अगुवों को प्रशिक्षित करें

आज संसार भर में मुस्लिम पृष्ठभूमि से आने वाले मसीही विश्वासियों की सबसे बड़ी आवश्यकता मुस्लिम पृष्ठभूमि से आने वाले परिपक्व पास्टर हैं। अस्वस्थ अगुवे अस्वस्थ कलीसियाएँ बनाते हैं। स्वस्थ कलीसिया बनाने के लिए स्वस्थ अगुवों की आवश्यकता पड़ती है, जहाँ विश्वासी जन परिपक्वता में वृद्धि करते हैं। मुस्लिम पृष्ठभूमि से आने वाले अगुवों को तैयार करने के लिए निवेश किया जाना बहुत महत्त्वपूर्ण है, ताकि वे स्वस्थ कलीसियाओं की अगुवाई कर सकें। इस निवेश के लिए कई वर्षों की देखभाल और सहयोग की आवश्यकता पड़ती है।

भावी अगुवों में निवेश करने से पहले आपको उन्हें ढूँढना पड़ेगा! इसके लिए एक प्रमुख सिद्धान्त यह है कि लोगों को अगुवाई में धीरे-धीरे आगे बढ़ाएँ। यदि आप किसी व्यक्ति को अगुवाई करने के लिए बहुत तेजी से आगे बढ़ाते हैं, तो यदि आगे चलकर उससे बेहतर कोई अगुवा आएगा, तब आप

पछताएँगे। मुस्लिम पृष्ठभूमि से आने वाले लोग अस्वीकृति और मुकाबलेबाजी से संघर्ष करते हैं। इसलिए किसी व्यक्ति को अगुवे के पद पर लाने से पहले निम्नलिखित बातों को सुनिश्चित कर लें:

- वे बुलावे के लिए तैयार हैं।
- अगुवाई का पद सम्भालने के लिए अनिवार्य दीनता उनमें पाई जाती है।
- वे सीखने की इच्छा रखते हैं।
- आगे चलकर आने वाली आलोचना का सामना करने का साहस उनमें है।

यदि आप मुस्लिम पृष्ठभूमि से आए व्यक्ति हैं, और यदि आप कलीसिया की अगुवाई करने का बुलावा महसूस कर रहे हैं, तो फिर इसके लिए तैयारी करने का छोटा या आसान रास्ता न खोजें। दीनता के साथ स्वीकार करें कि इसके लिए तैयारी करने में आपको समय लगेगा। प्रशिक्षण प्राप्त करने की प्रतिबद्धता करें। धीरज रखें। सीखने का स्वभाव बनाए रखें।

मुस्लिम पृष्ठभूमि से आने वाले अगुवे तब बिगड़ जाते हैं, जब उन्हें बहुत तेजी के साथ आगे बढ़ाया जाता है। यदि वे बहुत तेजी के साथ आगे बढ़ते हैं, तो हो सकता है कि वे दीनता न सीख पाएँ। हो सकता है कि वे यह समझने लग जाएँ कि उन्हें जो कुछ जानना था वे जान चुके हैं और अब उन्हें अधिक तैयारी तथा प्रशिक्षण की जरूरत नहीं है। अगुवे बनने की क्षमता रखने वाले लोगों को अगुवाई में आगे बढ़ाने के लिए उन्हें थोड़े समय के लिए नियुक्त किया जाना बुद्धिमानी होता है। या फिर उन्हें परीक्षण के तौर पर या प्रशिक्षार्थी के तौर पर नियुक्त किया जा सकता है और जैसे-जैसे वे मण्डली के सामने अपने बुलावे को प्रमाणित करते तथा स्वयं को योग्य दर्शाते जाते हैं, वैसे-वैसे उन्हें अगुवाई के अधिक स्थाई पद पर धीरे-धीरे लाया जा सकता है। यदि लोगों को मण्डली के सामने अपने आप को प्रमाणित करने से पहले ही तेजी से अगुवाई के पद पर आगे बढ़ा दिया जाता है, तो वे समय से पहले ही अस्वीकृति का सामना कर सकते हैं, जिसके लिए वे अभी तैयार नहीं हैं और इस प्रकार अपनी वृद्धि को नुकसान पहुँचा सकते हैं।

स्वस्थ अगुवों को तैयार करने में बहुत समय लगता है और परिपक्व मसीही अगुवे तैयार करना लम्बे समय तक चलने वाली प्रतिबद्धता है। किसी भी नए विश्वासी को, जो आगे चलकर अगुवा बन सकता है, मसीही परिपक्वता में वृद्धि करने में कई वर्षों का समय लग सकता है। उन्हें सबकुछ सीखने में बहुत समय लग सकता है। इस्लामिक पृष्ठभूमि से आने वाले लोगों की सोच तथा जीवन और सम्बन्धों के बारे में उनकी भावनाओं को पूरी तरह से बदला जाना अनिवार्य होता है।

अगुवों को परिपक्वता में आगे बढ़ाने में निम्नलिखित 12 कदम सहायक प्रमाणित हो सकते हैं:

1. प्रशिक्षण प्राप्त करने वाला व्यक्ति (प्रशिक्षार्थी) नियमित तौर पर अथवा कम से कम सप्ताह में एक बार प्रशिक्षण देने वाले व्यक्ति (प्रशिक्षक) के साथ अवश्य मिले।

2. प्रशिक्षार्थी को थियोलॉजिकल चिन्तन करना और अपने जीवन के अनुभवों को अपने विश्वास के साथ जोड़ना सिखाएँ। इसका अर्थ है कि वे बाइबल तथा विश्वास के संसाधनों को अपने दैनिक जीवन और सेवाकार्य की व्यावहारिक चुनौतियों में लागू करना सीखें। सुनियोजित थियोलॉजिकल चिन्तन के द्वारा उस व्यक्ति के चरित्र का सामना सत्य से होगा और इस प्रकार वह धीरे-धीरे करके यीशु मसीह के आदर्श के अनुरूप ढलने लगेगा।

3. उन्हें पारदर्शी और ईमानदार बनने का प्रशिक्षण दें। इनके लिए ऊँची अपेक्षाएँ निर्धारित करें। यदि प्रशिक्षार्थी मुखौटा पहने हुए है, तो केवल उसका मुखौटा ही परिपक्व होता जाएगा! हो सकता है कि एक दिन असली व्यक्ति कमरे में से बाहर निकल जाए और अपना मुखौटा पीछे छोड़ जाए। उस दिन आपको पता चलेगा कि वह व्यक्ति वैसा नहीं था, जैसा आप सोच रहे थे।

यह भी महत्त्वपूर्ण है कि यदि प्रशिक्षक चाहता है कि प्रशिक्षार्थी खुलकर अपने संघर्षों के बारे में बात करे, तो फिर वह स्वयं भी पारदर्शिता का आदर्श बने।

जब मैंने मुस्लिम पृष्ठभूमि से आए लोगों की कलीसिया के लिए एक दम्पति को पास्टरों के तौर पर तैयार करना आरम्भ किया, तो पहली ही मीटिंग में मैंने उनसे पूछा, "क्या आप किसी समस्या का सामना कर रहे हैं?"

उन्होंने जवाब दिया, "नहीं।"

अगले सप्ताह हम फिर से मिले और मैंने फिर से पूछा, "क्या आप किसी समस्या का सामना कर रहे हैं?"

उन्होंने फिर से जवाब दिया, "नहीं।"

हम तीसरे सप्ताह फिर से मिले और फिर से मैंने उनसे पूछा, "क्या आप किसी समस्या का सामना कर रहे हैं?"

उन्होंने फिर से वही जवाब दिया, "नहीं।"

तब मैंने उनसे कहा, "यह सुनकर मुझे बहुत दुख हुआ है। या तो आपके जीवन में समस्याएँ हैं और आप इस बारे में कुछ भी नहीं जानते हैं, जो कि बहुत खतरनाक बात है, या फिर आपके जीवन में समस्याएँ हैं, लेकिन आप मुझे बताना नहीं चाहते हैं, और यह भी अच्छी बात नहीं है। अब बताइए, सच क्या है?"

तब वह दम्पति खुलकर बात करने लगा। उनके जीवन में समस्याएँ थीं, लेकिन उनकी इस्लामिक सांस्कृतिक पृष्ठभूमि ने उन्हें सिखाया था कि अपनी निर्बलताएँ या कठिनाइयाँ दूसरों को बताना बहुत लज्जाजनक बात है। लेकिन उस दिन से बाद हमारा सम्बन्ध पूरी तरह से बदल

गया, क्योंकि अब वे अपनी कठिनाइयों और चुनौतियों के बारे में खुलकर बात करने लगे थे। उस दिन के बाद मैं उनकी सहायता करने में सक्षम हो गया। इस प्रक्रिया के द्वारा भरोसे का निर्माण हुआ, और वे मसीही परिपक्वता में तेजी से आगे बढ़ने लगे।

4. प्रशिक्षक और प्रशिक्षार्थी, दोनों को खुद से और सुनियोजित तरीके से सारे मसलों पर मिलकर बात करनी होगी। प्रशिक्षार्थी को प्रोत्साहित करें कि वह सारे मसलों को पहचाने और आपके साथ होने वाली मीटिंग में उन सब पर आपसे बात करे।

5. प्रशिक्षक और प्रशिक्षार्थी को मिलकर मुख्य समस्याओं का समाधान करना होगा और उन फैसलों पर काम करना होगा, जिनका प्रभाव सारी मण्डली के जीवन पर पड़ता है। इस प्रकार प्रशिक्षार्थी अगुवा सीख पाएगा कि पास्टर के सेवाकार्य में आने वाली चुनौतियों का सामना ईश्वरीय और बाइबल पर आधारित तरीके से कैसे किया जाता है।

6. जब आप प्रशिक्षार्थी को प्रशिक्षण देते हैं, तो उन्हें आज़ादी में चलना सिखाएँ। प्रत्येक व्यक्ति को अपने सेवाकार्य के प्रशिक्षण के दौरान किसी न किसी बात से आज़ाद होने की आवश्यकता होती है। यदि बन्धन तोड़े न जाएँ और घाव चंगे न किए जाएँ, तो फिर चंगाई और आज़ादी की कमी उस व्यक्ति की भावी फलवन्तता में बाधा बन जाएगी। जब व्यक्तिगत आज़ादी से सम्बन्धित मसले सामने आने लगें, तो मसीह में उपलब्ध संसाधनों का उपयोग करके इन मसलों का समाधान करें। इनका विवरण अध्याय 2 में दिया गया है। साथ ही, जो व्यक्ति आज़ाद होने की प्रक्रिया में से गुजर चुका है, वह दूसरों को आज़ाद होने में अच्छी रीति से सहायता कर पाएगा।

7. मुस्लिम पृष्ठभूमि से आने वाले प्रशिक्षार्थियों को अपनी देखभाल करना सिखाएँ। इन अगुवों के लिए अपनी और अपने परिवार की देखभाल को उच्च प्राथमिकता देना बहुत जरूरी है। इस कठिन सेवाकार्य में बहुत सारी चुनौतियाँ आती हैं, और यदि पास्टर अपनी खुद की और अपने परिवार की देखभाल करने को प्राथमिकता नहीं देता, तो वह सेवाकार्य में लम्बे समय तक ठहर नहीं पाएगा। यदि पास्टर अपने परिवार की देखभाल नहीं करता, तो उनके सेवाकार्य पर भरोसा नहीं किया जा सकता। लोग पूछने लगेंगे, "यदि वह अपने परिवार की देखभाल नहीं कर सकता, तो फिर कलीसिया की देखभाल कैसे करेगा?"

8. यदि आपके अगुवे दम्पति हैं, तो फिर उन्हें इस समझ में वृद्धि करनी होगी कि मसीही वैवाहिक जीवन में सेवक के हृदय से निकलने वाला प्रेम और सम्मान कितना महत्त्वपूर्ण होता है और वे एक दूसरे के जीवन पर शासन और नियन्त्रण नहीं कर सकते।

9. सेवाकार्य में आत्म-जागृति पर बल दें। जब लोगों में मुकाबलेबाजी होती है, पारदर्शिता की कमी होती है, और वे अपने आप को दूसरों से श्रेष्ठ समझने लगते हैं, तो उनमें आत्म-जागृति की कमी आ जाती है। यह इस्लाम द्वारा किए गए नुकसान के कारण हो सकता है। आत्मिक वृद्धि करने के लिए प्रशिक्षार्थी को आलोचनात्मक टिप्पणियों को अनमोल उपहार और संसाधन समझना होगा। इसका अर्थ है कि वे हर बात को सही नहीं ठहरा सकते, या जब आलोचनात्मक टिप्पणियाँ आती हैं, तो उससे डरें न, बुरा न मानें और अस्वीकृति महसूस न करें। साथ ही, प्रशिक्षक को इन टिप्पणियों को सकारत्माकता से मांगने और स्वीकार करने वाला, खुले दिल वाला, और आत्म-जागृति का एक अच्छा आदर्श प्रस्तुत करना होगा। यदि प्रशिक्षार्थी यह देख सकता है कि प्रशिक्षक भी आलोचनात्मक टिप्पणियों को स्वीकार करता है, तो वे भी इन्हें आसानी से स्वीकार करने लगेंगे।

10. प्रशिक्षार्थियों को निराशा का सामना ईश्वरीय स्वभाव के साथ करना सीखने में मदद करें, ताकि वे मजबूत बनते जाएँ। मुस्लिम पृष्ठभूमि के इन अगुवे प्रशिक्षार्थियों को सिखाएँ कि जब लोग उन्हें निराश कर देते हैं, या जब जीवन की परिस्थितियाँ असहनीय हो जाती हैं, तो कैसे वे बाइबल के विश्वास के संसाधनों का सहारा ले सकते हैं।

11. उन्हें आत्मिक युद्ध के लिए तैयार करें। मसीह के पास आने वाले लोगों में सेवाकार्य करने में शैतान की ओर से आने वाला विरोध भी शामिल होता है। वे इससे बच नहीं सकते। मुस्लिम पृष्ठभूमि से आने वाले विश्वासियों को शैतान के हमले के दौरान दृढ़ता से स्थिर रहने के लिए प्रशिक्षित करें।

12. अन्य मसीहियों पर भरोसा करने और उनका सहयोग करने का आदर्श प्रस्तुत करें और अन्य सेवकाइयों के साथ ईश्वरीय सहभागिता विकसित करें। मुस्लिम पृष्ठभूमि से आने वाले विश्वासियों के लिए मसीह की देह को इस प्रकार जानना अनिवार्य है। इससे परमेश्वर को आदर मिलता है और आपकी कलीसिया को परमेश्वर की आशिषें मिलती हैं। यह दीनता सिखाने का भी एक अच्छा तरीका है।

अतिरिक्त संसाधन

इस्लाम के बारे में यहाँ सिखाए गए अधिकांश विषयों पर अधिक जानकारी के लिए Mark Durie की लिखी अन्य पुस्तक *The Third Choice: Islam, Dhimmitude and Freedom* देखें।

बन्दियों को छुटकारा और प्रार्थनाएँ अलग-अलग भाषाओं में luke4-18.com वेबसाइट पर उपलब्ध हैं।

लोगों को दुष्टात्माओं से मुक्त कराने के विषय में अधिक जानकारी प्राप्त करने के लिए Mark Durie ने Pablo Bottari की लिखी पुस्तक *Free in Christ* का सुझाव दिया है। यह अंग्रेजी और स्पैनिश भाषा में उपलब्ध है। वह freemin.org पर पाए जाने वाले कुछ प्रशिक्षण संसाधनों का भी सुझाव देते हैं (जो अंग्रेजी तथा अन्य कुछ भाषाओं में उपलब्ध हैं)।

लोगों को मुक्त कराने के लिए कुछ अन्य प्रार्थनाएँ यहाँ दी गई हैं।

माफी की प्रार्थना[17]

पिता, आपने यह स्पष्ट कर दिया है कि आप मुझसे दूसरों को माफ करने की मांग करते हैं। आप चाहते हैं कि मुझे वह चंगाई और आज़ादी मिले जो माफी के द्वारा आती है।

आज मैं उन सब को [नाम लेकर] माफ करता हूँ, जिन्होंने मुझे पाप करने के लिए उकसाया था और उन सब को [नाम लेकर] भी जिन्होंने मुझे दुख पहुँचाए हैं। मैं उन्हें हर एक गलत काम [उस पाप का नाम लेकर जो उन्होंने किए हैं] के लिए माफ करता और आज़ाद करता हूँ।

मैं उनके खिलाफ सारे न्याय को त्याग देता हूँ, और अपने मन में मैंने उनके लिए जो सज़ा सोची थी, उसे भी निकाल देता हूँ। मैं उन्हें [नाम लेकर] आपके हाथों में सौंप देता हूँ, क्योंकि केवल आप ही धर्मी न्यायी हैं।

प्रभु, मुझे माफ कर दीजिए क्योंकि मेरी प्रतिक्रियाओं ने दूसरों को और मुझे खुद को दुख पहुँचाएँ हैं।

मेरे दुख ने मेरे व्यवहार और बर्ताव पर जो बुरा प्रभाव डाला है, उसके लिए मैं अपने आप को आपकी माफी के आधार पर माफ करता हूँ।

---

17. यह तथा अगली दो प्रार्थनाएँ Chester और Betsy Kylstra की लिखी पुस्तक *Restoring the Foundations* में दी गई प्रार्थनाओं पर आधारित हैं।

पवित्र आत्मा, मैं आपका धन्यवाद करता हूँ कि आपने इस माफी को मेरे जीवन में काम करने दिया है, दूसरों को माफ करने के लिए अनिवार्य अनुग्रह आपने मुझे दिया है, जिससे मैं लगातार दूसरों को माफ करता रह सकता हूँ।

यीशु के नाम में,

आमीन।

झूठ (ईश्वरहीन मान्यताओं) से नाता तोड़ने का ऐलान करने की प्रार्थना

पिता, मैं अपने पापों (और अपने पुरखों के पापों) का अंगीकार करता हूँ कि हम इस झूठ [झूठ का नाम लेकर] पर विश्वास करते आ रहे थे।

मैं उन लोगों को माफ करता हूँ, जिन्होंने हमारे जीवन में ये ईश्वरहीन मान्यताएँ, खास तौर पर [नाम लेकर] को विकसित किया था।

मैं इस पाप से तौबा करता हूँ और प्रभु, मैं आपसे माफी मांगता हूँ कि मैंने इस ईश्वरहीन मान्यता को अपने जीवन में आने दिया, अपना जीवन इस मान्यता पर बिताया, और इसके आधार पर दूसरों का न्याय किया। अब मैं आपकी माफी को स्वीकार करता हूँ [रुकें और परमेश्वर की माफी को स्वीकार करें]।

प्रभु, आपकी माफी के आधार पर मैं अपने आप को माफ करता हूँ कि मैंने इस झूठ पर विश्वास कर लिया था।

मैंने इस ईश्वरहीन मान्यता के साथ जो भी सहमतियाँ की थीं, उन सबसे मैं नाता तोड़ने का ऐलान करता हूँ। मैं अन्धकार के राज्य के साथ अपनी सारी सहमतियाँ रद्द करता हूँ। मैंने दुष्टात्माओं के साथ जो भी सहमतियाँ की हैं, उन सभी को तोड़ देता हूँ।

प्रभु, इस ईश्वरहीन मान्यता के बारे में आप कौन सी सच्चाई मुझ पर प्रकट करना चाहते हैं? [रुकें और प्रभु को सुनें, ताकि आप उस झूठ को सुधारने वाले सत्य का ऐलान कर सकें।]

मैं इस सत्य [नाम लेकर] का ऐलान करता हूँ।

यीशु के नाम में,

आमीन।

पीढ़ीगत पाप के लिए प्रार्थना

मैं अपने पुरखों के पापों, अपने माता-पिता के पापों और अपने खुद के पापों [नाम लेकर] का अंगीकार करता हूँ।

मैं अपने पुरखों को और इस पाप के लिए तथा उनके द्वारा आने वाले श्रापों और मेरे जीवन में आने वाले उनके परिणामों के लिए मुझे प्रभावित करने वाले सभी लोगों को मैं माफ करता और आज़ाद करता हूँ [नाम लेकर]।

प्रभु, मैं आपसे मांगता हूँ कि आप मुझे इन पापों के लिए माफ कर दीजिए, क्योंकि मैंने अपने आप को इन पापों और श्रापों के लिए समर्पित किया था। मैं आपकी माफी को स्वीकार करता हूँ।

प्रभु, आपकी माफी के आधार पर मैं अपने आप को भी माफ करता हूँ कि मैं इन पापों में शामिल हुआ था।

मैं इन पापों और उनके कारण आए श्रापों [नाम लेकर] से नाता तोड़ने का ऐलान करता हूँ।

मैं अपने जीवन में से और अपने वंशजों के जीवन में से इन पापों को और उनके प्रभावों को मसीह के क्रूस पर पूरे किए गए छुटकारे के कार्य के द्वारा रद्द करता हूँ।

मैं इन पापों से और उनके कारण आने वाले श्रापों से आपकी आज़ादी को स्वीकार करता हूँ। मैं [परमेश्वर की उस विशिष्ट आशीष का नाम लें, जो आप विश्वास के द्वारा बन चुके हैं] स्वीकार करता हूँ।

यीशु के नाम में,

आमीन।

www.ingramcontent.com/pod-product-compliance
Lightning Source LLC
Chambersburg PA
CBHW070552050426
42450CB00011B/2825